高职高专

HUIZHAN

会展策划与管理

专业系列教材

U0623280

高职高专会展策划与管理专业系列教材

会展文案

主　编　韦晓军　副主编　王　飒　刘　艳

（第3版）

重庆大学出版社

内容提要

本书以会展操作过程及会展文案形成的时间阶段为章节安排依据,以实际操作需要掌握的写作技能为目的,以丰富的会展案例作为补充,并配以相应的实训设计构成了本书的主要编写特色。本书共7章,内容包括会展文案概述、会展计划、组织阶段的文案,会展运作阶段的文案(上、中、下),会展实施阶段的文案,以及会展总结、反馈阶段的文案。本书设置了案例导入、训练要领、例文评析、训练设计四大板块。

本书既可作为高职高专会展策划与管理专业学生的教材,也可作为会展从业人员岗位培训及参考书。

图书在版编目(CIP)数据

会展文案 / 韦晓军主编.—3 版.—重庆:重庆
大学出版社,2021.11(2024.1 重印)
高职高专会展策划与管理专业系列教材
ISBN 978-7-5624-7734-1

Ⅰ.会⋯　Ⅱ.韦⋯　Ⅲ.展览会—文书—写作—
高等职业教育—教材　Ⅳ.H152.3

中国版本图书馆 CIP 数据核字(2021)第 132149 号

高职高专会展策划与管理专业系列教材
会展文案
(第 3 版)
主　编　韦晓军
副主编　王　飒　刘　艳
策划编辑:顾丽萍
责任编辑:李定群　　版式设计:顾丽萍
责任校对:谢　芳　　责任印制:张　策
*
重庆大学出版社出版发行
出版人:陈晓阳
社址:重庆市沙坪坝区大学城西路 21 号
邮编:401331
电话:(023) 88617190　88617185(中小学)
传真:(023) 88617186　88617166
网址:http://www.cqup.com.cn
邮箱:fxk@ cqup.com.cn(营销中心)
全国新华书店经销
重庆升光电力印务有限公司印刷
*
开本:787mm×1092mm　1/16　印张:16.5　字数:393 千
2009 年 1 月第 1 版　2021 年 11 月第 3 版　2024 年 1 月第 14 次印刷
印数:33 801—35 800
ISBN 978-7-5624-7734-1　定价:49.00 元

编委会

第 3 版前言

随着会展业的快速发展，会展经济在国民经济中越发显示其不可或缺的重要地位。随着 2008 年北京奥运会和 2010 年上海世博会的举办，2017 年举办了"一带一路"国际合作论坛，2018 年举办了中国国际进口博览会……标志着中国会展业的发展水平已提升到一个新的高度，与会展活动密切相关的会展文案写作也受到了越来越多会展人的关注与重视。

本书是全国高职高专会展策划与管理专业系列教材之一。在编写及修订过程中，我们参考了大量的相关书籍，力求形成以下特色：

一、够用为度。本书力图贯彻高职高专的人才培养目标，即理论够用为度的原则，以会展操作过程及会展文案形成的时间阶段为章节安排依据，将全书按会展操作过程及会展文案形成的时间阶段为依据分为 7 章。

二、案例丰富。本书以丰富、最新和最好的会展案例作为导入和补充，并针对案例导入进行了必要的分析和引入，例文加评析是对文案知识的深化，以大量真实的会展文案为读者进行具体文案写作提供一个可直接参考和借鉴的范文库。

三、形式新颖。本书设置了案例导入、训练要领、例文评析、训练设计四大板块。在编写中，训练要领主要是针对理论知识的学习；训练设计是按照本章小结、复习思考题、实训题及案例分析等环节使读者充分领会本章节所教授的理论知识，力求让读者在理论与实践交错的空间中，更深刻地领会文案写作的知识和要求。

四、注重实训。针对高职学生应用型人才的培养目标，以实训设计为侧重点，在实训环节中，注重引导，注重设计，构成了本书的另一编写特色。

本书由杭州万向职业技术学院韦晓军担任主编，沈阳职业技术学院王飒、刘艳担任副主编。各章节编写分工如下：第 1 章由韦晓军编写；第 2 章、第 5 章由刘艳编写；第 3 章、第 4 章由王飒编写；第 6 章由沈阳职业技术学院吴瑱阳编写；第 7 章由杭州万向职业技术学院张瑞编写。全书由王飒、刘艳担任一部分审稿工作，由韦晓军进行最后的统稿、校稿和审稿。

由于会展仍属新兴的行业,相关的理论和实践资料较为缺乏,编写过程中疏漏之处在所难免,敬请批评指正。

编 者

2021 年 3 月

目 录 CONTENTS

第1章
会展文案概述

【本章导读】

　　会展活动是一个人流、物流、信息流高度集中的场合,也是一个能为众多参加会展活动的企业及人员提供交流、展示、洽谈及贸易的快速而有效的平台。本章主要学习会展、会展文案的相关概念,要求了解会展业的发展现状,明确会展文案写作的重要性,掌握会展文案的种类及写作要求等相关的理论知识。

【关键词汇】

　　会展　　会展文案

【案例导入】

聚焦世博主题演绎　展望上海世博会

在上海世博会举办前夕，上海世博局副局长汪均益应邀在上海图书馆做的一场题为"聚焦世博主题演绎，展望2010上海世博会"的讲座，受到了听众们的热烈欢迎。

他在讲座中提到，根据国际展览局的要求，申办国要向国际展览局提交申办报告。申办报告是"命题作文"，其中关于主题的部分，要求有足够的深度，"应有清晰精到的解释，表明其内容是有道理的，意义是深远的，也是做得到的"。当时，由市政府研究室、市政府发展研究中心、上海外国语大学、上海译文出版社等部门、单位的专家、学者200多人组成一个小组，历时8个多月，经历10余稿，才完成了申办报告。报告英法文对照，共3册，计15万字，还插有图片400多张。

主题的确立是整个世博会的灵魂，它将统领全局。主题不是一个孤立的口号，而是应当在世博会的全过程、全方位中得到体现。在主题的确定研究过程中，也经历了很多阶段。最初曾考虑把主题细分为"多样化的城市""高质量的生活""创新的城市技术""和谐的生活社区"4部分。经过多轮修改，定稿时明确为4个副主题："城市多元文化的融合""城市新经济的繁荣""城市科技的创新""和谐城市社区的重塑"。国际展览局考察团到上海考察时，提到了发达国家对城市过度发展的担忧，希望能增加对城乡关系的思考。在这个背景下，根据市领导的指示，又增加了一个副主题——"城市与乡村的互动"。此后，上海世博会正式确认为5个副主题。

正是申博工作者们"追求卓越"的工作精神和工作成果，确保了中国政府第一个向国际展览局提交了申办报告，且一举赢得国际展览局的高度评价：条理清晰、形式新颖、品质精美、内容翔实，具有很强的专业水准。

（资料来源：新民网）

会展申办报告的写作是一次会展活动的起点，属于会展文案的写作范畴。有人说，会展是一个城市的名片。通过会展申办报告成功地争取到一次国际性的会展活动举办权，是提升会展举办城市知名度的一种快速而有效方式。作为与会展活动各环节相关的会展文案写作工作十分重要。因此，在会展活动过程中，应认真对待、认真写作。

1.1　会展概述

【训练要领】

伴随着我国经济的快速发展，会展业作为一门新兴和朝阳产业，在我国取得了较大的发展。会展业的发展对一个国家、一个地区、一个城市经济效益和社会效益的促进与提升起着重要的作用，对一个国家、一个地区、一个城市的建设与发展具有不可估量的意义。

1.1.1 会展的含义

1)会展和会展业

随着社会和经济的快速发展,近年来"会展"一词呈现出高频点击率,会展也日渐成为一门新兴而朝阳的产业。

什么是会展? 从不同的角度看会展,可折射出不同的亮点。

组展商说,会展是特殊的服务行业,核心本质是服务。

参展商说,会展是最经济、最实惠、最有效的立体营销广告。

建筑家说,会展场馆规模宏大、气派,是城市标志性建筑。

学者说,会展是智者的峰会,是传播新思想、新观念的论坛。

经济学家说,会展是经济发展的又一个新的增长点。

环保专家说,会展是"不冒烟的工厂",是无污染的绿色产业。

市长说,会展是一项提升城市两个文明建设、利国利民的德政工程。

预言家说,会展是充满活力、前途无量的朝阳产业。

……

会展,其实是指在一定的地域和空间,围绕特定主题,多人定期或不定期举行的一种聚集交流活动。一般而言,会展是会议和展览的总称,会议、展览会、博览会、交易会、展销会、展示会等都是会展活动的基本形式。这是狭义的会展定义。

而国际上,会展的定义又称 MICE,即广义的会展,是由会议(meeting)、奖励旅游(incentive tour)、大型会议(conference)及展览会(exhibition or exposition)这 4 个词中的第一个字母组合而成的。随着会展业的不断发展,MICE 中的 E 又包含了新的含义:节事活动(event)。可见,广义的会展为会议、展览、节事活动及奖励旅游的统称。

随着会展企业的大量出现,以及会展行业协会和会展专业人才培养机制的建立等,会展为一种经济产业已成为人们的共识。会展业是指通过举办以上各种形式的活动而获取经济效益的一种行业。

2)国际会展业发展现状

会展业在国际上称为"触摸世界的窗口"。进入 21 世纪以来,国际会展产业已逐渐走向成熟,成为世界各国的朝阳产业。据不完全统计,目前全世界的大型会展总数超过15 万个,其中规模性的国际会议 7 万多个,国际展览超过 8 万个,全球会展产业的直接经济效益达到了 3 000 亿美元。按照 1∶(9~10)的产业拉动系数计算,国际会展产业为世界经济带来的增长总额超过 3 万亿美元。拉斯维加斯会展及观光局统计,2017 年拉斯维加斯举办 2.2 万多场会议和商贸展览会,吸引会展游客共计 750 万人次,增长量达 80 多万人次,同比增幅达 13.4%,经济收入超过 80 亿美元,解决直接就业人数逾 4.6 万个,间接就业岗位 2.9 万个。

美国网站 WWD 统计的数据显示,米兰举办一次国际展览活动,展览周期间的酒店入住率达 90%,其间米兰及周边地区的酒店收入高达 1 500 万欧元(1.16 亿人民币)。

会展活动这块"诱人的城市面包"成为全球经济中占有相当比重的新兴产业。

3）中国会展业发展现状

中国的会展业发展到现在，取得的成绩有目共睹。至今，中国已形成了5个会展经济产业带，即以北京为中心的京津—华北会展经济产业带；以东北边贸为中心的东北会展经济产业带；以上海为中心的长江三角洲—华东会展经济产业带；以广州、香港为中心的珠江—华南会展经济产业带；以武汉、昆明等城市为龙头的中西部会展经济产业带。

"十一五"期间，我国会展业获得了很大发展。中国会展业产值从2006年的约600亿元，增至2010年的1453亿元，5年间增长近1.5倍，年均增长率达到26%。在充满机遇与挑战的2011年增长幅度在10%左右，呈现出良好的发展态势。

在2017年商务部统计的数据中，中国展览业规模稳居全球前列。在专业展览场馆举办的各类展览会共5604场，展览总面积10642万平方米，分别较2016年增长1%和12.3%。平均单体展会规模持续扩大，展览面积在10万平方米以上的展会数量占3%，较2016年提升0.3个百分点。2017年全国展馆市场继续保持平稳增势，一部分大型展馆新建或投入使用，室内可供展览面积在5000平方米以上且正在运营使用的展馆共计211家，其中在10万平方米以上的展馆23家。展览企业经营效益持续向好，2017年全国展览会营业收入达872亿元人民币；展览行业利润率总体水平达21.6%，较2016年提升9.7个百分点；成本费用利润率为25.3%，同比提高12.8个百分点。

历经"十一五""十二五"两个阶段的发展，未来如何借助"一带一路"等所带来的新机遇，而谋求更大发展，是中国会展不得不面对的新课题。

进入"十三五"，中国会展又一次面临着再出发。在"互联网+"的背景下，大数据已成为会展业发展不可或缺的营销手段，这对于会展业而言也是一个不小的挑战和考验。因此，中国会展业要正视再出发这个契机，在未来的市场竞争中把握新的发展与机遇，中国会展业不是追求规模做大，而是要更好地为经济发展服务，预计在未来10年，中国会展业将超越德国，位居全球首位。

1.1.2　会展的作用

曾经有一个很形象的比喻，将会展比喻为"城市的面包"，会展作为全球瞩目的朝阳产业，对社会经济的发展和文化交流具有巨大的推动作用。

1）传递汇集信息

会展活动提供的是一个人流、物流及信息流高度集中的平台，即使是在信息技术和手段高速发展的今天，会议和展览等会展活动的便捷性、集中性、直观性及快速性，在新信息的发布、新技术的推广等方面仍起着不可替代的作用。可以说，会展活动在某种程度上甚至就是一个信息市场。

在会展活动中，组展商首先从参展商和其他信息提供者那里搜集必要信息，然后再进行综合整理和加工，汇编成册，印制成参展说明书，提供各类详尽信息。参展商在主动向组展商提供自身信息的同时，还在展会中主动搜集自身所需要的信息，密切联系组展商及其他信息提供者,尽可能地为今后的商务活动获取更多的信息,力争"不虚此行"。

会展活动期间,参展商还可以利用各种信息渠道,如会展的报刊、电视、广播、网络、户外广告、实地展示、洽谈沟通等各种营销方式宣传自己的产品,推介自己的品牌和形象。国际展览局秘书长洛塞泰斯曾说,世博会是主办国的一次超级盛会,也是关于主题的一次全球知识及信息大交流。德国IFO公司的调查结果也表明,企业之所以参展,就是为了宣传企业形象、提高企业声誉、密切与客户的联系、引入新产品、提高产品的知名度、交流信息等,而展会能汇集各方信息,很好地满足企业的这些需求。

北京每年举办的"中国国际科技产业博览会",是国内外高新产品的一个"比武台"。在展会中,中外高科技最新成果层出不穷,异彩纷呈,让人目不暇接。在第七届北京科博会上,海尔、首钢、联想、四通等国内著名企业纷纷在展会上强势推出最新"看家撒手锏";"863"项目成果"电动客车"每充电半小时就可行驶150~200千米,最高时速能达到90千米;集机、电、液一体的全断面隧道挖掘机,堪称现代"土行孙";新款个性化手机、数码相机令观众爱不释手;数码门锁、机器人吸尘器、智能化冰箱也十分抢眼,深得观众青睐……这些新产品一经展会亮相,经媒体报道,为全国众多消费群所了解,信息便得到了快速而有效的传递。可见,会展活动能够为企业带来直观的展示和新信息、新技术发布的契机,在汇集和传递信息方面具有其他活动及服务媒介不可比拟的优越性。

2)促进贸易合作

会展活动往往不仅是一项单纯的活动,而是一种以展示为主要手段的交流活动,是促进贸易、增强合作的一次盛会。在展销会上,参展商为卖而参展,参观者为买而参观。参展商可在有限的时间内最广泛地接触买主,观众购买商可以在有限的空间里最广泛地了解产品,通过商品展示和实物观看,供需双方能充分了解对方的信息和需求,买卖双方可完成介绍产品、了解产品、交流信息、建立联系、签约成交等买卖流通过程,参展商可在潜在客户表示兴趣时,抓住机会开展推销、洽谈工作,直至成交甚至当场回款,展会起到良好而有效的沟通、贸易、合作的作用,可迅速促成供需双方达成商务合同,孕育着无限的商机。相关统计数据表明,参展商通常都通过展会,接触整个行业或市场的大部分客户,这可能比使用其他常规方式一年甚至几年所接触的客户要多得多。阿里巴巴在线下每年还参加至少45个专业性国际展会,其中包括法兰克福、拉斯维加斯等国际著名展会,其最终目的就是为客户寻求更多的买家,提升用户的投资效果。

【案例】

2018年10月,第124届广交会,在广交会青岛海尔空调展区,一个透明玻璃房内充斥着PM2.5的大量烟雾,被海尔净界自清洁空调3分钟内净化;在冰箱展区,工作人员将在海尔馔宴冰箱内冷藏了7天的食材一一取出,拼成一条栩栩如生的"蔬菜长城";在热水器展区,一台通入220V电流的防电墙热水器悬挂在养有金鱼的鱼缸上方,热水器流出的水进入鱼缸后,里面的鱼仍能正常游动。

这些高端产品成为青岛海尔征战国际市场的"王牌"产品。这届广交会上,海尔以馔宴冰箱为主打的高端冰箱签下了来自欧盟和加拿大的1.2亿美元订单;净界自清洁空调提供了最先进的健康空气解决方案,签下了来自南非、中东以及加拿大的2.2亿美元订单;紫水晶洗衣机、空气洗洗衣机等高端产品则顺利签订了与欧盟、南非以及加拿大的

1.5 亿美元订单。展会现场如图 1.1 和图 1.2 所示。

图 1.1　展会现场(一)　　　　　　　图 1.2　展会现场(二)

　　2018 年 6 月 27—29 日举办的第十届 APEC 中小企业技术交流暨展览会在沈阳市国际展览中心举行,总展览面积 5.2 万平方米,3 天观展参会人数近 5 万人。21 个 APEC 成员经济体悉数参展参会,实现了 APEC 成员经济体大团圆。技展会期间,1 649 家企业参展,举办了 1 个主论坛、9 个分论坛、15 场对接洽谈配套活动、35 家企业进行项目路演;4 000 多人次参加了各场论坛及配套活动,110 家企业达成合作意向。"APEC 中小企业技术交流暨展览会"坚持"技术提升经济,合作创造未来"的主题,迄今已举办过十届,其中九届在中国举行,已成为 APEC 中小企业品牌活动之一,取得了丰硕的成果,为推动 APEC 中小企业技术交流和创新发展做出了重要贡献。

【案例】

　　2018 年 11 月 5—10 日在上海举行为期 6 天的首届中国国际进口博览会是全球唯一一个要求展品 100% 来自境外的国家级大型博览会。展会汇聚了 3 个国际组织,130 多个国家地区,近 3 600 家企业参展,160 000 多国内外采购商报名,5 000 多个展品首次亮相,全球各国"黑科技"同台竞技。6 天下来,累计意向成交 578.3 亿美元。其中,智能及高端装备展区成交 164.6 亿美元,消费电子及家电展区成交 43.3 亿美元,汽车展区成交 119.9 亿美元,服装服饰及日用消费品展区成交 33.7 亿美元,食品及农产品展区成交 126.8 亿美元,医疗器械及医药保健展区成交 57.6 亿美元,服务贸易展区成交 32.4 亿美元,各参展商采购成果丰硕。

(资料来源:青岛市商务局)

　　可见,展会提供的这个有效的信息交流和商务活动的平台,能使众多的参展商、生产商、批发商和分销商汇聚一堂,交流、沟通、贸易与合作的作用显而易见。

　　3)带动经济发展

　　会展活动可产生直接的经济效益,这是它得以迅速发展的重要原因。德国汉诺威和慕尼黑、瑞士日内瓦、美国纽约、法国巴黎、英国伦敦、新加坡以及中国香港等世界著名的"展览城",会展业为它们带来了直接的收益和经济的繁荣。美国一年举办 200 多个商业展会带来的经济效益超过 38 亿美元;法国展会每年营业额达 85 亿法郎,展商的交易额高达 1 500 亿法郎,展商和参观者的间接消费也在 250 亿法郎左右;中国香港每年也通过举办各种大型会议和展览获得了可观的收益。

【案例】

会展活动还可拉动其他产业的经济发展。与其他服务行业相比,会展产业最显著的一个特点就是其产业关联度高,可带动旅游、宾馆、餐饮、交通、通信、购物、物流、保险、金融、租赁、环保、广告、印刷、装潢设计及电子音像等第三产业内部相关行业的发展。

世界电信展创办于1971年,是全球规格最高、规模最大的信息通信展览会之一,被誉为"ICT领域的奥运会"。中国香港举办世界电信展的首日就吸引了5万电信迷到场参观。一个专业性的巨型国际展会如何成为拉动城市经济上升的加速器呢? 世界电信展在中国香港举办的实时数据给了我们不少启示。

酒店价格翻几番——来自160个国家的5万观众到香港观展,随之而来的是香港酒店的价格飙升。

深圳一位参展商告诉记者,原来打算在香港机场附近挑选酒店,可是发现标准房价格全部上涨至3 000多港元,后来他还是选择在深圳住。虽然像张先生这样选择住深圳的参展商占了一部分,但是香港酒店的价格并未因此下降,房价比原来攀升1倍以上。

一个豪装砸千万——专业的展会参展商比拼的是什么? 记者发现,在本届世界电信业盛会上,来自40个国家的650家企业不仅仅看重展示各自的技术和解决方案,更在各自的摊位装潢上砸下重金,争奇斗艳。

有参展商以豪华水晶吊灯做装饰,有的建起岭南亭台楼阁、休息室、咖啡厅,一家国内的知名电信设备企业还花费几百万元加装了专为VIP服务的专用电梯。一位业内人士透露,搭一个三层的摊位起码要耗资上千万元,普通的展位投资也在百万元以上。

而展会方面在硬件的投资上也非常大,仅安装逾两千米的临时桁架,就相当于将19 685部流动电话首尾连接摆放。大会还为650个参展商的所有电力设备提供所需总电压。这相当于供应给一个具有583 333个市民的城市电力,也差不多等于供应美国怀俄明州的电力。而在11个展厅铺设28 484平方米的地毯,也耗资不菲。

餐饮消费业大旺——素为美食、购物天堂的香港在本次电信展期间更是获益匪浅。遍布香港大街小巷的特色美食,聚集全球知名品牌的各色商品,都吸引了世界各地的参展商打开荷包。加拿大投资创新部门助理部长碧克表示,主办世界电信展肯定为香港带来巨大的经济效益。在香港的繁华街道,不少食肆都出现了等位的现象。而在展会现场,二楼的4间餐厅从11:00—16:00都爆满。其中一间西餐厅销售200港元一位的自助餐,记者粗略计算了一下,该餐厅大约200个位置,每日吃12轮,就可收入48万港元。

香港电信展一次会展活动创收9个亿!

会展活动可通过举办各类会议、展览、节庆、旅游等活动带来直接或间接的经济效益和社会效益。每一次会议或展览的举办吸引大量的商务客商和游客,吸引大批中外参展、观展人员,从而大大地推动了会展举办地的交通、旅游、餐饮、零售等第三产业的发展,带动了当地经济的发展,全面提升其综合经济实力。

4)提高知名度

"过去博鳌是个小渔港,吸引的是海南岛各地的渔民,现在博鳌是个'会议城',吸引的是来自世界各地的精英。"这句话充分显示了博鳌亚洲论坛给博鳌带来的巨大变化,说明了一次国际会议或展览不仅带来可观的经济效益,带来无法估价的社会效益,还可大大提升主办城市的知名度。国际展会是最大、最有特色、最有意义的城市广告,它能向世界各地的参展商、贸易商和观展人员宣传一个国家或地区的科学技术水平、经济发展实力,展示城市的风采和形象,扩大城市影响,提高城市在国际国内的知名度和美誉度。

世界著名的会展中心城市,如纽约、汉诺威、慕尼黑、杜塞尔多夫、巴黎、伦敦、达沃斯以及中国香港等,都是国际知名度很高的城市,会展业既为其带来巨额的利润和经济的繁荣,也成为这些城市向国际社会展示自己城市风采的重要窗口。全球财富论坛和APEC会议在上海的成功举办,有力地提升了上海的国际知名度,推广了上海作为国际金融及商贸中心的地位,带动了以上海为中心的长江三角洲地区的经济发展。

在重庆"老会展人"的记忆里,其会展先后经历了"工贸时代""展览中心时代""国际会展中心时代""国博时代"4个阶段。核心展馆的变迁,折射出重庆整个会展行业的发展状况。2005年,位于南坪的重庆国际会展中心建成投用,开始会展里程碑的发展。2013年,建筑面积西部第一、全国第二的悦来国际博览中心建成,将重庆会展行业推上新的高度。这个集展览、会议、商业、娱乐、酒店等功能于一体的国际大型综合性会展中心,逐渐让会展产业走向市场化、集群化,重庆也逐渐发展成"会展之都"。

2017年,重庆会展产业成效越来越明显,实现会展直接收入约152.8亿元,拉动会展产业链经济消费约1 181.6亿元,居西部地区首位。

2018年上半年,重庆成功举办各类会展活动297个,会展业直接收入88.6亿元,由会展拉动消费789.3亿元,重庆会展业交出了不错的"成绩单"。

目前,重庆已建成国际会议展览中心、国际博览中心、展览中心、农业展览馆、规划展览馆、三峡博物馆6个会展场馆,展场总面积达到约50万平方米,居全国第三。重庆会展经济的快速发展,无疑将给重庆经济带来一块非常诱人的"大蛋糕",成为这座城市的一张特殊的名片和经济发展的新亮点。

【案例】

随着展会经济的迅猛发展,越来越多的企业认识到参展的营销价值,通过参与展会的展示宣传、贸易推介、品牌营销、产品评奖等活动,可在一定程度上提高产品的市场知名度和品牌影响力,为产品营销拓展广阔市场。

2015年的国际电子消费展(CES)在美国拉斯维加斯开幕,据了解,参会者中超过四分之一的企业是中国企业,联想、华为、中兴等大型厂商都大力参展,希望通过这次展会能提高企业的品牌知名度和市场地位。

虽然中国的很多产品在国际市场上都很畅销,"中国制造"也已享誉国外市场,在国外消费者心中占有一席之地,但单一品牌的知名度却很低,很难有消费者能喊出每个中国品牌的名字,这也成为中国企业的硬伤。

作为中国第一大电视品牌,海信为美国大型超市沃尔玛等提供的电器都是以客户品牌生产的,这让海信品牌一直以来在美国市场上默默无闻。直到3年前海信决定以自主品牌生产产品,为了让更多的美国消费者知道海信,了解海信产品,海信不仅要在此次展会上展示自己的产品,也在拉斯维加斯会展中心主楼广告牌上推广了自有品牌产品:100英寸的海信电视。

联想一直以来的目标是实现在美国市场的扩张,为此,联想做了不懈努力,摩托罗拉手机业务和IBM低端服务器业务的收购就是其中最具代表性的行动。然而,尽管如此,作为全球最大 PC 制造商的联想在美国市场的占有份额却很低,在消费者心中的品牌知名度同样也不是很高。因此,联想计划抓住一切可利用的机会提高其品牌知名度,此次 CES 展会对联想来说就是一个契机。

与其他中国企业相比,华为在美国市场遭遇了更大的艰难,华为一度因被认为电信设备能够使中国政府监听海外客户信息而被美国市场拒之门外。尽管华为一直在否认这些,但在美国市场上产品销售还是受到了一些影响,不得不把业务转向智能手机等争议较小的产品,因华为手机运行的是标准的谷歌 Android 系统,能避免监听留言给产品带来的伤害。华为一直在努力,想要为国际消费者提供更好的产品和服务,CES 刚好就提供了一个展示的平台。

与华为一样,中兴也遭到了美国国会没有实质证据的指控,使中兴在美国的知名度还未打响,便饱受冲击。但因其销售的裸机设备质优价廉,在美国的销量超越索尼和诺基亚,使中兴成为美国第四大智能机厂商。现在,中兴想要推出更多的高端和创新产品,拓展新业务,就需要借助 CES。

CES 2015,对中国电子厂商来说,是一个展示自我,能更好地走出去的机会,也能让更多的国外消费者了解中国电子产品,了解中国品牌,并借此提高品牌形象和影响力,最终提高其产品在国际市场的竞争力。

5)增加就业机会

会展业隶属于服务行业,它所带动的交通、旅游、餐饮、基础建设等相关产业的同步发展对增加大量的社会就业岗位起着积极的作用。可见,会展经济的发展无疑为增加就业提供了一条有效的渠道。据测算结果显示,每增加 1 000 平方米的展览面积,就可创造近百个就业机会。在香港,一年的会展活动可为香港居民提供 9 000 多个就业机会;昆明世界园艺博览会使整个云南省的旅游业火爆起来,进而带动了相关行业的 40 万~50 万人就业;北京申奥成功,造就几百万个就业机会;世博会的成功、加速了上海经济持续健康发展,并给上海创造大量的就业机会。

会展活动在汇集传递信息、促进贸易合作、带动经济发展、提高知名度及提高就业机会等方面的作用显而易见,一次会展活动的举办对于会展举办地而言具有十分重要的意义。因此,围绕会展活动而产生的文案写作工作就更应受到高度的关注和重视。

1.2　会展文案概述

【训练要领】

会展文案作为会展活动中重要的文字材料,具备明确性、专业性、全面性、规范性、时效性及国际化的特点,除了了解文案的种类、作用外,学生的学习与训练更须着重掌握文案的具体写作要求,为下一步学习奠定良好的基础。

1.2.1　会展文案的含义

会展文案是指因会展活动需要而产生并在会展管理和举办过程中使用的文字材料。

会展文案的写作贯穿于会展活动的全过程。在一次展会的流程中,前期的策划需要拟写策划文案,如会展立项策划书等;市场推广需要拟写市场推广文案;招展就是以一些会展文案为文本基础进行会展活动的实际营销,如招商、招展书的拟写等;客户服务可通过参展说明书等为展商提供一切有关参展事宜的专业服务;展会期间通过拟写展会通讯等发布展会活动的及时信息;展后针对展商和参观商要进行回访,整理好数据库,然后撰写总结报告,提供给参展商,还需要在媒体上拟写并发表展会会后相关报道。在这一系列活动过程中,需要拟写众多相关的文字材料,这些材料都紧紧地围绕着一次会展活动的举办而产生。

因此,会展文案的外延十分宽泛,凡是会议、展览、节事活动组织者(包括主办、承办、协办方)或赞助者在筹办、举办和结束3个阶段中制作、发布、反馈、签订的文书,或与会者、参展者、客商之间的洽谈、交流、确认等文案,都可列入会展文案的范畴。

1.2.2　会展文案的特点

1)写作目的的明确性

会展文案是围绕着会展活动而进行的写作。因此,其目的性十分明确,即服务于整个会展活动。从颁布一项新的会展法规、政策到展会信息的发布,从申报一个会展项目到展会结束后的总结,会展文案都围绕着会展管理、会展活动的一切事件而写作,具有明确的目的性。例如,展会调查问卷中的专业观众调查问卷与展商调查问卷就是考量展览效果的重要依据,在问题的设置上最大可能地方便主办方今后组织更为专业的观众以及参展商;又如,参展说明书所包含的内容对参展商进行筹展、布展、展览和撤展等有较大的指引作用,也对参展商邀请其老客户来展会参观有辅助作用,无法体现以上作用、无法体现会展文案写作目的明确性特点的内容就不能编入参展商手册。

2)写作内容的专业性

会展文案具有专业性。会展行业需要将经济、营销、公关客户管理、礼仪、旅游、设计等学科知识相结合,涵盖较广的知识面,是综合性较强的行业。在写作中,文案涉及不少相关的专业知识,使用较多的行业术语,反映行业活动的具体情况。例如,参展说明书中,要使用行业熟悉的语言,所涉及的术语要符合行业规范,内容编排也要符合参展商筹展的筹备程序等。这些要求都体现了会展文案写作内容专业性的特点。

3)写作项目的全面性

会展文案写作围绕着会展管理和服务的宗旨,在写作中以会展活动参与各方为主要服务对象,写作项目注重详细、全面,才能更好地为会展活动服务。例如,参展说明书提到的各项内容要尽量详细,如对布展和撤展加班时间的规定可具体到小时和分钟,对各种表格返回的最后期限规定具体到某月、某日等,以便于展会具体操作和管理;参展说明书对展览场地基本情况的说明中,展馆入口的高度和宽度、对展馆的地面承重能力、对消防的注意事项等要一一列明,不能遗漏,如果没有提到展馆入口的高度和宽度,就有可能会使一些较大较长的物品进不了展馆,现场操作随即就会出现问题。

4)写作结构的规范性

会展文案写作结构的规范性,是指格式、形式上应符合行业需求和规范。例如,参展商表格具有固定而规范的表格格式;参展说明书需要使用惯用的写作格式向行业目标客户及潜在的合作伙伴传播展会相关信息;会展合同、招投标文件的结构体式都需要符合法定的规范及标准;展览企业对外文件、信函也都具有固定的格式和标准化的要求,以便于会展活动管理及行业需求,便于文案的专业信息沟通及归档管理。

5)写作活动的时效性

会展文案围绕着整个会展活动的展开而进行,只要活动结束,前期、中期写作的文案也将自动失去效力。因此,在活动期间,需要及时、迅速地拟写和发布相关文案,讲求时效,延误时间不仅会使会展文案失去应有的功效,还会严重影响会展活动,给工作带来不应有的麻烦和损失。

6)写作文字的国际化

如果需要举办一次国际性的会展活动,会展文案的写作还应注重文字使用的国际化需求。例如,参展说明书的内容编排和制作要尽量做到符合国际参展商的需要,除了要有中文的文本外,还要有外文的文本。围绕着会展活动的主要参加对象,文案需要进行相关的翻译。外文文本的参展说明书是海外参展商筹备各项参展事宜的依据。因此,翻译工作一定要细致准确,否则会给参展商参与会展活动带来极大的不便。

1.2.3　会展文案的作用

1)提供信息服务

及时了解和更多地掌握会展活动相关信息是参展商成功参展的基础。在会展活动期间,参展商可通过使用互联网查询、传统媒体、户外广告和公告栏、同行交流等方式获取会展信息。会展文案的写作目的正是为了参加会展活动的各方获取相关信息,通过各种媒介将文案发布,并将信息传播,以便使会展活动顺利进行。

2)记录会展活动

会展文案是记录整个会展活动的文字凭证。它真实地记载会展活动的全过程,并通过各种文案的拟写,将会展活动各环节的工作进行必要的记录,然后进行分析、归纳和整理,更好地为会展活动服务。

3）实现沟通交流

会展是一项信息密集的交流活动,文案则是促进会展参加对象之间信息交流与沟通的一种有效的方式。例如,会展简报、商品介绍等会展文案能使信息以最快的速度在参加对象间相互交流,会展宣传手册还能介绍会展情况与信息,从而发挥其沟通思想、交换意见、协调关系、宣传品牌、达成交易等作用,对会展活动的各方沟通交流奠定文字依据和基础。

4）促进规范管理

会展文案与别的文章不同,在促进规范会展管理方面起到不可忽视的作用。会展可行性研究报告能为会展活动的顺利开展提供依据;会展合同能为会展服务和管理提供具有法律效力的保障。会展活动中所拟写的各种文案,反映的是整个会展活动过程中的组织、开展及总结等相关情况,在会展活动结束后,可为今后查找文档提供依据,为今后举办类似的会展活动提供一个有利的借鉴和参考。

1.2.4　会展文案的种类

会展文案的种类可以根据不同的划分标准,分成不同的种类。本书主要以会展操作过程、文案形成的时间阶段,将会展文案分为以下4种主要类型:

1）会展计划、组织阶段文案

会展计划、组织阶段文案是指一次会展从确定展览题材、收集信息、进行展览项目立项策划一直到会展正式开幕前的预先准备阶段涉及的相关文案。它们为会展活动成功举办奠定了基础。

(1)会展市场调研文案

会展市场调研文案主要是指会展市场调查报告、会展调查问卷(包括参展商调查问卷和观众调查问卷)的写作。会展主办单位应通过分析市场需求及参展商、观众的需求,来确定该会展活动的主题及相关事项。

(2)会展立项策划书

会展立项策划书就是根据掌握的各种信息,对即将举办的展览会的有关事宜进行初步规划,设计出展览会的基本框架,提出计划举办的展览会的初步规划内容。

(3)会展项目立项可行性研究报告

作为会展项目申办审批的必备材料,会展项目立项可行性研究是在会展决策之前,运用专门的技术经济方法,对拟办会展项目的必要性、可行性等进行全面的分析、预测、计算、评估及论证,为选择最佳会展决策方案提供科学依据的活动。

(4)会展计划

会展计划是为会展工作预先做出打算和安排而写作的文案。

（5）会展申办报告

会展申办报告是为会展活动的申办而向相关的政府部门或国际会展组织拟写的报告。根据我国政府的有关规定,展览会的主办单位必须向政府部门申报,得到批准后才能举办会展活动。根据会展活动举办的地域范围区别,国际会展活动的申办需要向国内的有关主管机构请示,获得同意后再向发起会展活动的国际组织提交申办报告。国际展览局在《国际展览公约》中明确规定,申办国在申办世博会报告中必须表述开幕和闭幕的日期、主题和主办主体的法律状态。这些内容由申办国家以申办报告形式递交于国际展览局执行委员会。

2）会展运作阶段文案

会展运作阶段文案是会展文案写作的一个重要阶段的工作,是一次会展活动能否取得成功的关键。会展运作文案涉及范围较广,主要包括:

（1）会展招展和招商文案

会展招展和招商文案包括会展招展、招商方案,会展招展函等,目的就是招揽到合适的企业参展,吸引参展商需要的贸易观众前来参观并进行贸易洽谈。它是展览会取得成功的基础。

（2）会展招标投标文案

会展招标投标文案是在围绕会展项目进行的招标投标活动中所产生的文件的总称。它是会展活动主办方得以进行下一步活动的前提。

（3）参展商、观众邀请函

参展商邀请函是一种以个别发送的方式邀请特定的法人、其他组织或个人参展的文案。观众邀请函是办展机构根据展会的实际情况编写,用来进行展会招展的一种宣传单。参展商、观众邀请函采取公开的方式发布,且知晓的范围越广越好,这是会展活动得以顺利开展的人气基础所在。

（4）会展信息发布稿

会展信息发布稿是大型展会的组织者用简洁明了的文字及时向参展商、专业观众、新闻媒体等发布新近发生的会展信息的一种文案。它是将会展信息广而告之的一种方式。

（5）参展说明书

参展说明书又称参展商手册,是办展机构将会展筹备、开幕以及参展商参加会展时应注意的相关事项汇编成册,以方便参展商做好参展准备的小册子。编制参展商手册是会展筹备过程中的一项基础工作。

（6）展会相关活动策划文案

展会相关活动的策划文案,也包括会展接待方案。展会相关活动的策划,目的就是为参展商和贸易观众提供良好的附加服务,提高展会的形象和档次。

（7）会展意向书

会展意向书是会展活动过程中当事人之间表达合作愿望的文书。会展意向书没有法律约束力,它往往是会展合同签订前奏曲,很多重大项目的合同是在意向书的基础上签订的。它是签订重大会展合同的必要准备。

(8)展会宣传推广文案

会展宣传推广文案包含展会宣传推广计划、会展广告文案等。会展宣传工作贯穿会展活动的全过程。其目的在于宣传会展,提升会展活动的形象。

(9)会展契约文案

会展契约文案包含会展业务合同及会展协议书等,即会展承办单位等为了会展活动与会展活动涉及的单位之间签订的业务合同、协议书等。这类文案具有法定效力,能为会展活动合法化提供强有力的依据。

3)会展实施阶段文案

会展实施阶段文案主要是指会展活动实施过程中涉及的相关文案。它们是进一步宣传和推广会展活动的有力方式和工具。

(1)会展新闻稿

会展新闻又称会展消息,是用简洁、明快的文字,迅速、及时地反映新近发生的会展事件的一种新闻文体。

(2)会展记录

会展记录由会议记录和展览记录构成。会议记录是由会议组织者指定专人,如实、准确地记录会议的组织情况、会议进程和会议内容的一种原始性文书。展览记录是展览举办期间用以记载接待和现场情况的原始性文件。

(3)展会通讯

展会通讯是办展机构根据展会的实际需要编写、用来向展会的目标客户通报展会有关情况的一种宣传资料。

(4)会展简报

会展简报是在会展期间为反映会展活动进行情况而出版的简报。

4)会展总结、反馈阶段的文案

这个阶段的文案主要针对会展后期的相关活动而形成,通过各种文案的写作,能不断地总结成功的经验,吸取失败的教训,及时调整今后工作的方向和策略,以提高下一次展览会的举办水平与质量。它是促进会展活动不断提高的关键所在。

(1)展后调查问卷

展后调查问卷是会展活动举办后期针对一次会展活动获取反馈信息的一种重要方式。它是会展活动总结的一个前提和基础,也是必不可少的一个环节。

(2)会展评估报告

评估工作的作用和意义在于为判断已做过的所有工作的效率和效果提供标准和结论,并为提高以后工作的效率和效果提供依据和经验。会展评估报告就是让主办单位根据评估的结论和建议,及时调整会展发展方向、运作管理方式等,扬长避短,从而完善自己的展会品牌。目前在国外,特别是德国、意大利、法国等一些展览业发达的国家,会展评估行业早已实行专业化和产业化经营,业内的分工十分细化、十分专业,而且还派生出许多专业的展览服务公司,如展览广告公司、布展公司、策划公司、顾问公司及评估公司等,专门为展览主办单位提供策划、预测、统计及评估等专业的展览服务。

(3)展后总结报告

展后总结报告是每次会展活动后期工作的重点,只有不断总结,才能有所提高。展后总结是管理工作的组成部分。总结的功能作用是统计整理资料,研究分析已做过的工作,为未来工作提供数据资料、经验和建议。因此,总结对经营和管理具有重要意义和作用。

(4)展后信函

展后信函是建立信息库的一种有效的方式,也是建立良好的客户关系的有效途径。

1.2.5 会展文案的写作要求

1)主题明确集中

任何一次会展活动都有一个明确的主题,参展各方的展示或相关活动均应围绕主题展开。主题明确集中的要求就是明确会展文案的写作目的,才能围绕此主题更好地组织和安排相应的文案写作。例如,招展书的写作结构往往就是按以往展会的简介及回顾、展品的范围、宣传方式、收费标准及报名程序等部分进行安排,充分体现让参展商选择此展会的目的及理由,并且让有意向的展商明确参展的作用、收费标准以及如何参展等主题,写作中应紧紧围绕明确的主题进行拟写。又如,2019第七届中国国际汽车照明论坛(IFAL)邀请函中,明确而清晰地印制了论坛的名称、主题、欢迎辞、主办和承办单位、论坛举办的时间和地点、论坛组委会、重要日期、研讨议题、论坛时间安排等重要内容,主题明确,论坛信息翔实充分,给参加者的心理提供了一个强有力的信赖和保证,如图1.3所示。

2)材料真实可靠

【案例】

2017年,在某会展公司主办的"中国消费金融大会暨展览会"的宣传册上,上海市互联网金融行业协会、上海金融信息行业协会、中国小额信贷联盟被列为"支持单位"。而中国互联网金融协会更是被列为"主办单位"。宣传册内容显示,博蔚会议策划集团是本次"中国消费金融大会暨展览会"的主办方。遭遇"李鬼",上海市互联网金融行业协会很快就作出回应,发表声明称与"中国消费金融大会暨展览会"无任何关系,从未参与或支持该展览会,也未收到相关邀请,该会展公司冒用协会名义进行虚假宣传的行为已构成侵权。行业人士称,现在展会一般都是由行业协会或权威机构作主办单位,但有些展览公司办展得不到相关部门的支持,便编造一个子虚乌有的主办单位,或借助协会的影响力,吸引了一些企业参展。

图 1.3　会展主题

可见,会展文案的写作要求信息真实,数据真实,才能将会展活动正常顺利地开展,否则就会使参展商蒙受欺骗或损失,导致会展活动的失败。

会展活动中的骗展情形时有发生,归结起来大致有以下 3 种情形:

（1）扯虎皮当大旗

许多骗展者在组织展会时最喜欢将"中国"挂在展会名称的最前面，以示国家级；不能用"中国"，就用国务院某部委办或者"××省""××市"等，以增加官办色彩。然而，国家早有明文规定，挂"中国"字头的必须由商务部审核批准；挂"国际"字头的要有相关资质的展览公司才能承办。记者曾调查几个在广州举办的"国字头"展会，竟发现它们都没有得到相关部门的批准，均未能提供明确的文案依据。

（2）挂羊头卖狗肉

骗展者摸准了许多技术性较强的企业喜欢参加专业展会，于是投其所好，分别设计了多种专业性专题展会向企业发出参展邀请。由于信息不对称，企业无法了解到招展商的真实目的，于是稀里糊涂签了参展合同，交了款。可到会场一看，所谓的专业展会却是一个"大杂烩"。广交会旧馆曾举行一个所谓的行业展，承办者分别向五六个大行业里的小行业发出了六个版本的招商邀请。直到开幕当天，参展商们才知道，号称五六百个企业参加的展会，实际才来了不到一百家；参展商将手里的合同一对照，发现招展商竟用了五六个展会的名称骗他们来参展。

（3）偷换概念，投机取巧

在第100届广交会期间，一些骗展者为了降低经营成本，租用了租金较低的场地。但为了骗外地参展商，就在地理概念上大做文章，拼命往广交会会馆上靠。举办展会的场所离在琶洲举行广交会二期的广州会展中心少说有20多分钟的车程，可"巧"用了珠江概念，说隔江相望、一江之隔等；还吹嘘"乘坐展会提供的专用巴士行经华南快速干线只需5分钟"等，参展商来了以后才知受骗。

因此，会展文案写作主体需要具备良好的职业素质及高度的责任感，不应在广告中夸大其词，编造专业观众的情况，夸大自己的组织能力，无中生有地附上诸多权威支持媒体的名录。只有在写作中坚持使用真实的材料，才能使会展活动得以健康、稳步地发展。

3）表达方式使用正确

会展文案写作属于应用文范畴，因此，在写作中应主要使用说明、叙述表达方式为主，还可以少量使用议论、描写等表达方式，一般不使用抒情。通过正确运用表达方式，将会展相关信息进行明确、清晰的介绍，达到表述准确简洁、写作层次分明等效果。

例如，在展会项目立项策划中，办展时间的写作部分主要运用说明的表达方式向参展商详尽地介绍展会活动的各种时间安排。

开幕时间：2019 年 8 月 19 日 9:30

展览时间：2019 年 8 月 19—22 日，每天 9:00—17:00

观众开放：2019 年 8 月 19—20 日只对专业观众开放

2019 年 8 月 21—22 日对专业观众和一般观众都开放

筹展时间：2019 年 8 月 16—18 日，每天 9:00—20:00

撤展时间：2019 年 8 月 23—24 日，每天 9:00—21:00

【案例】

在2019 年第23 届香港国际电子组件及生产技术展的立项策划书中，背景分析部分如下：

香港秋季电子产品展览会由香港贸易发展局主办，至今已举办了38届，是全球最大的电子展。2018年的香港秋季电子产品展览会有来自21个国家和地区的3 743家厂商参展，刷新历届纪录。中国内地的福建省、广东省的江门市和珠海市，首届参展，来自浙江省的宁波市，中国台湾，以及韩国均组织了展团参展，阵容鼎盛。展览相辅相成，建构全球最大的电子产品商贸平台。

展会吸引了超过63 500名买家到场参观，其中超过40 500名买家来自外地。十大买家来源地为中国大陆、中国台湾，以及韩国、美国、日本、俄罗斯、印度、德国、澳大利亚及英国。大会在世界各地组织了超过105个采购团来港参观，代表超过4 300家公司，其中包括多家著名连锁店及其采购公司，如美国的Best Buy，Target和Voxx，英国的Dixons Carphone，法国的Darty和Gifi，德国的Hornbach和Rewe。此外，大会提供多项资助计划，招徕众多买家到场参观，当中不乏知名企业，如阿根廷的SelecLine，巴西的Mobimax，加拿大的NAD Electronics，法国的CAP Distribution，肯利亚的Marvelet Enterprises和Elite Group，俄罗斯的Absolut Group和Logika，以及美国的Silicon Valley等的行政人员。

这则立项策划书在写作中运用了举例说明、数字说明等表达方式，将展会举办的背景（即展会举办由来、上届展会概况等）进行了详尽的介绍。

4）结构严谨规范

会展文案的结构方式应根据文案的不同而有所区别，但都需要结构严谨而规范。结构严谨完整是指会展文案各个部分相对齐备，不可残缺；结构规范合理是指写作要求符合惯用的规范及特定的写作模式，既符合行业文案要求，也可让文案传播对象能一目了然地掌握文案写作的主要内容。

在会展合同写作中，应遵循以下结构要求：首部需要拟写合同标题、签订合同当事人的名称或者姓名和住所。正文分开头、主体和其他条款3个部分拟写。开头写明合同订立的依据、目的，双方是否自愿订立等内容；主体具体表述合同的各项条款；其他条款包括合同的书写文字及其效力（用于涉外合同）、合同生效的条件、有效期限、合同文本数量及保存方式等条款。尾部由合同各方当事人（或代表）签名并加盖公章。写明合同订立时间，当事人的法定住所。账号和通信方式也可写在各方签署的下方。

5）语言精练准确

会展文案的写作尤其应注意语言的正确使用。语言的精练准确是会展文案写作的具体要求。

（1）语言精练的要求就是语言简洁明了

会展文案在写作过程中，行文尽可能篇幅简短，用词不重复。例如，参展说明书对各方面内容的说明和叙述应简洁，文字不要太多，篇幅不要太长，说清问题即可。此外，可使用一些规范性的简称和专业术语，如使用"世博会"代替世界博览会等，可使语言显得更简洁明了。但是，在使用简称时，应注意了解此简称是否能清晰单一地表意，如"西博会"就有西部国际博览会、中国杭州西湖博览会之分，不可随意使用。

（2）语言准确的要求就是语言表意明确

会展文案在写作过程中，需要注意语言使用力求单一，不产生歧义，句子正确。参展说明书对各方面内容的说明和叙述必须清晰、准确，让人看得明明白白，不能让人看后产生歧义，否则在展会筹展、布展、展览及撤展等环节的具体执行中就会引起争议，既不利于参展商展出，也不利于办展机构对展会现场进行管理。

例如，办证大厅位于会展中心的右侧，共设有15个办证通道，1~3为境外人员办证通道，4~15为其他人员办证通道。

在这句话的表述中，首先，"右侧"表意不明确，应使用东西南北来明确办证大厅的方位；其次，"境外人员"与"其他人员"的分类标准不统一，这样的表述容易让人产生歧义。

又如，展会的招商招展工作十分顺利，本届展会的参展商比去年增加到了50%。

这句话中的"增加到了50%"表述错误，与去年数据相比较，应使用"增加了50%"。

诚然，有些会展活动为了招揽人气，增加销售额，使用语言出新出奇。例如，一次房展会上一个楼盘居然打出"首付三万，拒绝月供"的广告口号，虽然看上去挺引人眼球，也确实有不少购房者向开发商进行咨询，等他们明白过来是怎么回事时，却立刻表示对这个房子失去了兴趣。其实，这是参展的开发商利用"拒绝月供"这类极具诱惑的词煽动购房者。所谓的"拒绝月供"，是指一个投资型的小户型公寓，在支付首付款后，购房人可把房子交给开发商，由他们负责出租，用租金抵了月供。参加会展活动尤其是房展会的观众，据统计绝大部分购房者用于自住，看到这句"拒绝月供"，本来以为有什么新意，闹了半天还是老套的"以租养贷"。因此，语言的使用如能既精练又准确地表意，让观众看得清清楚楚，明明白白，效果也许更为理想。如果一味地追求噱头，最终还是不能达到预期的目的。

1.3 会展文案写作学习要求

【训练要领】

学习会展文案写作，学生需要在思想上引起重视，改变轻视观念，多读多看多写多练，才符合课程学习的要求，最终达到教学的目标。

1.3.1 思想高度重视

本课程的学习是在会展其他专业课程开设的基础上进行的，其涉及的学习内容与会展从业人员今后的工作密切相关，因此不能偏废。对本课程的学习，应有一个清晰的认识，即课程的学习是为会展活动更好地提供管理和服务的。了解并掌握相关的写作知识和要求，是一名会展从业人员必须具备的基本功。只有思想上引起高度重视，才能为本课程的学习打下良好的思想基础。

1.3.2 专业知识扎实

会展文案的写作涉及会展活动的方方面面,写作者只有具备扎实的专业知识才能较好地完成写作任务。因此,写作主体必须认真学习相关的会展专业知识及其他相关的理论知识,打下良好的专业基础,清晰地了解会展活动的流程及相关的行业准则和要求,具备文案写作的业务能力,才能不断地提高自身的写作水平。

1.3.3 认真阅读文案

会展文案的种类较多,写作结构较烦琐。因此,认真阅读和观摩文案是学好会展文案写作的又一要求。在阅读时,应先了解文案的写作结构格式,在明确写作要求的基础上,再结合阅读相关的文案例文,注意例文的结构安排、语言特点及写作特色等,阅读结束时进行归纳和总结,才能更好地把握这种文案的写法,真正达到阅读文案应有的效果。

1.3.4 加强写作练习

文案的写作需要具备扎实的语言文字表达能力,这是写好会展文案的关键所在。因此,要加强写作练习,逐步培养自身的语言文字表达能力,增进对文案写作结构的了解;熟悉各种文案写作的基本规律,熟练掌握各种文案写作的要求,写出更能符合会展活动要求的文案,为会展活动服务。

本章小结

会展的相关概念以及会展业在国际、国内的发展现状,是会展从业人员明确会展文案写作重要性的基础;会展文案的概念、特点、作用、种类及写作的基本要求等相关的理论知识又是会展从业人员进行下一步学习的前提。因此,本章的学习应作为全书学习的基础,并加以重视,才能为课程的学习奠定良好的基础。

复习思考题

一、名词解释
1. 会展
2. 会展业
3. 会展文案
二、简答题
1. 会展文案的特点。
2. 会展文案的写作要求。

三、判断题

1.除了会议和展览,会展可理解为 MICE,即会议、奖励旅游、大型会议及展览会。

（　　　）

2.至今,中国已形成了华北、华东和华南 3 个会展经济产业带。（　　　）

3.会展业隶属于服务行业,它能带动交通、旅游、餐饮、基础建设等相关产业的同步发展。（　　　）

4.会展文案的作用分别有提供信息服务、记录会展活动、实现沟通交流及促进规范管理等。（　　　）

实训题

实训项目:感受会展,感受会展文案。

实训目的:通过实训使学生了解会展活动涉及的文案写作环节,使学生对会展文案写作具备初步的感性认识。

实训学时:6 学时。

实训内容和步骤:

1.利用网络或其他媒介查找近期某个展会信息。

2.收集展会的广告宣传文案。

3.现场收集展会相关的参展说明书等展会文案资料。

4.请学生认真阅读收集到的文案,并分别谈谈这些文案的写作用途。

实训观测点:

1.会展活动哪些环节需要拟写会展文案?

2.会展文案的作用是什么?

案例分析

第九届中国国际动漫节全面进入倒计时

动漫的脚步越来越近了,迎接动漫节的氛围也日渐浓厚。再过 50 天,第九届中国国际动漫节主会场将亮相白马湖动漫广场。届时,徜徉动漫世界,你一定会发现白马湖呈现出烟雨江南的味道。春节前刚刚在白马湖区域种下的油菜花,到 4 月底正是花开季,黄灿灿的油菜花一定会将白马湖营造出动漫世界的童话味道。

昨日,记者从中国国际动漫节节展办获悉:第九届动漫节招商工作自启动以来整体推进顺利,目前展位预订已超过 70%。约 200 家企业、10 余个省市代表团已签订合约或明确参展意向;16 个国家级基地已签订参展合约;境外 10 余个国家和地区的企业、机构已确定参展,境外馆全部展位已明确意向。

展办相关负责人透露,"本届动博会将以产业为核心,对展馆规划、活动设置都进行了优化调整。以效益为目标,推出洽谈预约和配对机制,更好地提升洽谈成交率"。

境外机构组团参展　国际化程度进一步提升

在招商方面,国内招展门槛不断提高,A馆严格实行定向邀请和准入制,仅限国家级基地、城市代表团和境外展商进驻。据悉,原创动画企业、中国移动、央视动画等实力传媒机构、原创动力等国内知名品牌企业纷纷踊跃参展。江苏、河北、福建等14个省市代表团,无锡、常州、武汉光谷等16个国家级基地已明确参展意向。许多代表团在此次展会中扩大了展览面积,增添了展览内容。江苏新增了南通、昆山两个国家级基地,武汉光谷新增了不少园区技术型企业。连续多年参展的港、澳、台地区均已明确意向,并扩大了展位面积。

此次活动也吸引了不少企业的支持。与美国、英国、法国、瑞士、意大利、韩国、日本等16个国家和地区签订了参展合约。其中,美国、韩国等机构首次组团参展,不仅将携15家本土知名企业到场设展,并将举办专场发布会和企业对接会。欧洲出版业继第八届成功举办后再次实现突破,规模数量进一步提升。此外,与捷克、爱尔兰等国家机构的合作洽谈仍在有序进行。

"动漫+X"产业馆　提升产业发展

本届动博会新推出"动漫+X"产业馆,增加婴童产品、网络游戏、手办模型、创意潮玩等行业招商,吸引更多与动漫相关的行业进入动漫节,拓宽了参展动漫企业合作洽谈的空间。

本届动博会整合动画片交易会、项目发布洽谈会及动漫衍生品授权交易会三大品牌活动资源,全新推出动漫产业交易洽谈会。

为提升洽谈成交率,本届动博会对展馆规划、活动设置都进行了优化调整,并首次推出洽谈预约和配对机制。将通过3个"首次"努力提升洽谈成交率:一是首次设置专门的洽谈交易中心,将主展馆东侧建国饭店C座整体用于专业洽谈,提升专业化水平;二是首次实现发布项目和重点参展企业提前公开,通过官方网站方便展商和业内人士了解可合作的需求信息,提前做好相关准备;三是首次尝试配对预约,通过网站后台,将洽谈申请统一汇总给项目发布方,尝试实现展前洽谈预约。目前,交易会报名和邀请工作逐步启动,已有巴基斯坦等国采购商主动申请参会,欧洲第一动漫集团——法国达高动漫集团也已确认参会洽谈。

（资料来源:中国国际动漫节官网）

第九届中国国际动漫节闭幕

许多市民还沉浸在动漫带给他们的欢乐中,为期6天的第九届中国国际动漫节却已悄悄落下帷幕。

本届动漫节围绕"节俭办展、讲求效益"的思路,开闭幕式一切从简,但办展规模、参与人气、成交金额等都创历史新高。

吸引68个国家和地区参与　创历史新高

第九届中国国际动漫节设立了以白马湖主会场和10个分会场,组织实施会展、论坛、赛事、活动四大板块46项内容。本届动漫节共吸引了68个国家和地区参与,472家中外企业、机构参展参会,123万人次参加了各项活动。

其中,68个国家和地区的参与,也创了历届新高。这些动漫企业包括欧洲最大的动漫集团法国达高集团、美国动漫巨头迪斯尼、日本历史最悠久的动画公司东映动画和最大的漫画出版集团集英社均来杭参展。

第三届漫画名家拍卖会也成果丰硕,吸引了俄罗斯、德国、韩国等40多个国家及地区的600余件作品竞拍,交易额达到1 420.3万元,较往届都有新的提升。

动漫节成行业发展"风向标"

随着中国国际动漫节影响力的日益提升,一系列论坛、研讨会和大师班,研讨动漫产业转型升级的思路和对策,已成为行业发展的"风向标"。

本届动漫节期间,国家新闻出版广电总局牵头举办了"影视动画管理工作经验交流和问题讨论会"和"优秀原创动画表彰暨精品动画创作论坛",并在高峰论坛上发布权威信息。

活动还吸引了美国奥斯卡评委会委员理查德·库克,迪尼斯创意副总裁凯文·盖格等参加,并围绕"CG技术的现在与未来"等主题,介绍了发达国家动漫产业发展的先进经验。

达成交易意向和签约项目171项　购片意向8.4万分钟

本届动漫节在商务交易对接上,借鉴国外动漫节展的经验,将往届动画片交易会、衍生产品授权会和项目洽谈会3个项目优化整合为"动漫产业交易会"这一大平台。

记者从闭幕式上了解到,产业交易会共吸引了境内外232家企业,推出洽谈项目248个,开展预约洽谈723场,达成交易意向和签约项目171项和购片意向8.4万分钟。

其中,中南卡通城授权、中山魂3D动画合作等重大项目引起了国内外业界的关注。

(资料来源:中国国际动漫节官网)

思考:

1.以上两则文案分别体现了会展文案写作的哪些特点?

2.以上两则文案符合会展文案写作的哪些要求?

3.以上两则文案分别属于哪种会展文案类型?其写作对会展活动开展具有哪些作用?

学习链接

国内会展网站一览

人民网—节庆会展在线

新华网会展频道

会展商务网

中国会展人才网

中国会展资讯中心

国际展览导航

中展网

国展网

中国展览

中国会展协作网

亿发展览网

世博网

中国贸促会

中国轻工业展览网

中国展览总网

中国食品商务网

中国展示论坛

中国会展在线

世界经理人—会展频道

搜狐会展频道

中国会展论坛

中国展览馆协会

中国国际展览贸易网

中国会展网

中国展览网站

世纪会展网

青岛会展网

上海会展行业协会

国际商务展览网

中国招商网

宁波会展网

德国会展信息网

山东会展网

展会发布

北京会展信息

洛阳会展商务网

中国畜牧展会网

浙江展览联盟

广交会在线

中国展览

会展兼职网

招展会网

会通网

中国展览人才网

中国会展教育网

中国会展世界

（资料来源：新浪微博）

第 2 章
会展计划、组织阶段的文案

【本章导读】

会展计划、组织阶段的文案是指一次会展活动从市场调查、收入信息、确定展览题材、进行可行性分析,直到会展项目立项策划所涉及的文本文案。通过本章的学习,要求了解会展计划、组织阶段文案的种类,能设计会展调查问卷和调查表;掌握会展立项策划书的使用情况、内容结构及写作要求;了解会展项目立项可行性研究报告、会展计划、会展申办报告的内容结构及写作要求。

【关键词汇】

会展市场调研　会展调查问卷　会展项目立项可行性研究报告　会展立项策划　会展计划　会展申办报告

【案例导入】

会展市场调研,须做好这7个调度

会展市场调研是一个系统地、有目的地搜集会展市场信息的过程。搜集市场信息是立项策划举办一个展会的最基础的工作,也是一个必由的过程。没有掌握有关市场的会展策划,将是一个盲目的策划。

市场调研的内容是十分广泛和无序的。可以说,它会涉及企业经营的内部情况和外部环境的方方面面。对于会展业而言,会展市场调研主要是搜集市场信息,即产业状况、目标顾客情况、同类会展会议情况、企业经营情况、产品、价格及促销方式。做好这7个调度,便是一个成功的会展市场调研。

一、产业状况

根据经验,会展企业需要搜集的产业信息主要有以下5个方面:

1. 产业性质:一个产业的发展,一般都是要经过一个从投入、成长、成熟、衰退的生命线过程。产业性质的调查,就是通过了解当前产业发展的水平,明确产业处于其生命周期的哪一个阶段,以确定我们要举办的会展项目是否具备顽强的生命力。

2. 产业规模:产业规模主要是指该产业的生产总值、销售总额、进出口总额、产业内企业、厂商数量以及产业内从业人员的规模数量等。这些信息是策划会展时十分重要的参考数据。由于产业规模不是一成不变的,因此在调查分析产业规模时,还要对产业规模的未来可能发生的趋势做出科学合理的预测,以便制订长期的会展发展策略。

3. 产业的分布情况:产业的分布情况一般包括产业结构和产业的布局两个模块。了解产业的分布状况,它将是未来制订长期的会展发展策略必不可少的佐证信息。

4. 销售模式:一般而言,适合举办展会或者会议的都是那些主要以“看样品,促销售成交”的行业,以及那些对产品的外观设计和款式比较看重的“外在”行业。另外,产品的销售渠道和销售模式以及产品生命周期的成熟度都对举办会展项目的影响很大。

5. 技术组成:产业的技术组成主要是指该产业的产品、生产的设备所需要的技术难易程度及技术的成熟度。

在搜集产业信息时,要注意所搜集的信息范围与计划举办的会展项目定位有关,不要最后事倍功半,做了无用功。

二、目标顾客情况

会展企业对目标顾客的调研,就是通过调查,了解目标顾客的需求以及变化。目标顾客的情况调研,主要从以下3个方面入手:

1. 目标顾客的界定:顾客需求的多样性大大限制了企业会展策略的有效性。对于会展企业来说,了解目标顾客是举办展会的决策依据。调查的内容不可缺少的有目标顾客所属的行业、规模、市场竞争态势、地理位置分布情况等。

2. 目标顾客对会展的需求特点:调查这一内容有助于会展企业为目标顾客提供更具针对性的服务,目标顾客的经营特点、渠道、产品特性、参展的原因和根本目的、对会议或者会展的期望、信息来源等,了解这些,我们的会展企业才能做到真正的有的放矢。

3. 目标顾客的参与与行为研究:是指目标顾客过去参加各种展会、展览、会议时的情况,对目标顾客的过往行为分析做总结和归类、评价。

三、同类会议会展情况

古兵法有云："知己知彼,百战不殆。"同类会议会展的情况调研主要是为了了解竞争对手的情况和同类型展会的情况。

1.竞争对手的情况:竞争对手是指同行业的其他的会展企业,在调查中要了解其他会展企业的数量、规模、分布情况;本企业主要竞争对手的举办能力、技术水平、市场占有率、策略、优势和不足、过往取得的业绩等。

2.同类型展会的情况:在制订会展策略时,了解同类型展会的情况对是否立项举办会展或会议十分重要,对同类型展会的情况了解得越详细,在我们制订和执行差异化会展策略时就越有利。

四、企业经营情况

企业经营状况往往一般是指本会展企业的内部资源的优势和不足。俗话说:"术业有专攻。"每一个会展企业都有自己所擅长的领域,自己的优于他人的资源,也有自己不熟悉的领域和欠缺的元素短板。这些决定着我们会展企业自身在哪些产业举办展会、举办什么类型的展会的成功可能性更大。要做到"知己",就要认真地分析自身的方方面面,市场经济是残酷和激烈的,生存和发展不易,盲目自大,毁灭的后果也许就在我们决定的下一个决策背后。

五、产品调研

对于会展企业来说,"产品"就是某一个具体的会展项目,对它的调研主要是要了解该项目的市场寿命周期、产品生命周期、该项目的切实的市场需求和发展空间。

六、价格调研

价格调研的目的是给会展确定一个适当的市场价格,以提高展会的竞争力、影响力,实现会展企业盈利的最终目的。因此,在定价前,首先要调查与价格有关的一系列因素:具体的会展项目的成本核算、企业定价的目标、竞争对手的定价策略、运营策略、参会者/展商能承受的心理预期以及期望回报等。

七、促销方式调研

在市场中,促销方式被划分为广告宣传、人员推销、销售促进及公共关系四大类。对于会展企业而言,会展服务就是一个"商品",同样需要通过这4种方法和手段来向顾客介绍和展现。企业采用哪种方式进行促销,取决于企业自身所拥有的产品和市场。因此,促销方式调研就是对影响促销会展企业自身促销方式开展的各种因素的调研、分析、总结、策略制订。会展企业促销方式调研,至少要包括各种促销方式的成本和效果预估、目标顾客的媒体元素使用习惯、竞争对手的促销策略、竞争对手的市场额度和运营手段等。

（资料来源:搜狐网）

古兵法有云:"兵法未动,粮草先行。"21世纪新经济下的今天,会展更应如此,策划未动,调研先行。产业状况、目标顾客情况、同类会展会议情况、企业经营情况、产品、价格及促销方式,做好这7个调度,让一场成功的会展项目策略从市场调研开始。

2.1 会展调查问卷

【训练要领】

一份有深度又能准确反映情况和分析问题的调查报告,可成为领导制订方针政策、解决问题的有力依据,但如果调查报告中的资料、数据失实,则可能导致做出错误判断,失去其调查意义。因此,做好调查工作是写好调查报告的必要前提。调查方法很多,如开调查会、个别访谈、现场察访、统计调查、网络调查等。其中,问卷调查作为一种省时省力又能对事物进行比较全面系统调查的方法在日常工作中备受青睐。

2.1.1 会展调查问卷的含义

会展调查问卷是运用问卷的方式向参展商、客商和普通观众收集参加会展活动的意向、意见和要求的文书。会展调查问卷作为实现调查目的和收集数据的必要手段,对问卷设计的要求也更为严格。调查项目的不同提问形式、提问方法,甚至题目编排顺序都会影响调查结果的真实性。

2.1.2 会展调查问卷的结构与写法

会展调查问卷的结构一般包括3个部分:前言、正文和结束语。

1)前言

该部分包括标题和问卷说明两部分。

(1)标题

一般写明调查的主题和文种(调查表或调查问卷)。

(2)问卷说明

向被调查者简单阐释本次调查活动的目的、意义、用途、范围、指标解释、填写须知,以引起被调查者的重视和兴趣,并感谢调查对象的支持与合作。如涉及需被调查者保密的内容,必须指明予以保密,不对外提供等,以消除被调查者的顾虑。

问卷说明也可以信函的形式出现,格式上有称呼,也有落款。落款写明调查的组织机构名称和日期,较为简易的调查表也可省去这部分。

2)正文

该部分是问卷的主体部分,主要包括被调查者信息、调查项目和调查者信息3个部分。

(1)被调查者信息

被调查者信息主要是了解被调查者的一些主要特征,如参展企业的名称、地址、规模、所在国民经济行业、职工人数等,以及观众的姓名、性别、年龄、职业、文化程度等。具体列入多少项目,应根据调查目的、调查要求而定,并非多多益善。

（2）调查项目

调查项目是调查问卷中最重要的部分,直接影响整个会展调查的价值。由于采用问卷的形式,因此,调查问卷的主体内容是根据调查目的提出调查问题和可供选择的答案。

（3）调查者信息

调查者信息是用来证明调查的执行、完成以及调查人员的责任等情况,并方便于日后进行复查和修正。它一般包括调查者姓名、电话,调查时间、地点,以及被调查者当时的合作情况等。

3）结束语

在调查问卷最后,简短地向被调查者强调本次调查活动的重要性并再次表达谢意。例如,"为了保证调查结果的准确性,请您如实回答所有问题。您的回答对我们得出正确的结论很重要,希望能得到您的配合和支持,谢谢!"

2.1.3 问卷项目的设计

调查项目设计恰当与否是调查活动能否成功的关键因素。它对调查问卷的有效性、真实度等起着至关重要的作用。在设计问卷项目时,首先要确定调查目的、数据分析方法等因素,再确定问题类型。

1）问卷类型

一般而言,问卷的类型包括封闭式、开放式和混合式 3 种形式。

（1）封闭式问卷

封闭式问卷会将要调查问题的答案事先固定下来。其结果是答案规范,便于统计,但不能反映深层问题。同时,答案的完备性和互斥性是设计的关键。

（2）开放式问卷

开放式问卷对答案没有事先规定,或只提供答案的回答方向。其结果是被调查者自由发挥,可发现一些研究者事先可能并未察觉的问题和信息。

（3）混合式问卷

混合式问卷应用面可能更广。因为采取这种方式理论上可发挥以上两者的优点,回避两者的不足。在应用时,要注意:一是问卷的内容安排,一般是封闭式问题在前,开放式问题在后;二是开放式问题和封闭式问题的比例要根据不同的研究对象和研究目的予以适当的安排;三是开放式问题和封闭式问题是设计问卷时的一个相对概念,并不存在明确的指向性。因此,哪些问题用封闭式、哪些问题用开放式,要根据获取研究资料的有效性和满足程度来决定。

2）问题类型

问卷中的问题包括以下 4 种类型:

（1）事实性问题

事实性问题包括涉及基本状况、客观行为等,如年龄、性别、文化程度、收入、企业规模等。例如,"贵公司有多少名员工?"

（2）主观性问题

此类问题主要是反映回答问卷者的态度、信念、感受及需要等。例如,"您是否认为参观房展是购房的良好途径?"

（3）趋向性问题

例如,"下届展会您是否考虑参加?"

（4）解释性问题

此类问题就是提供几种研究假设来研究几个变量之间的关系,并提出理由说明。通常是为了深入了解一些问题,回答后追问其原因或理由的补充性问题。例如,"房交会成交会趋旺的主要理由有哪些?"

3）问题格式

设计问卷时,首先根据需要确定以上各类问题的比例,然后再具体设计问题格式。问题的格式主要有:

（1）是否式

是否式问题突出两个极端化答案,有些是客观存在的,有些是调查者为了回避某种偏差和其他需要有意设计的。其优点是可在短时间内获得明确的答案,使持中间态度者不得不偏向一方;其不足是不能了解被调查者的意见在程度上的差别。

例如,您参加过上届展会吗?（　　　　）

A. 是　　B. 否

（2）选择式

通常有 3 个或 3 个以上备选答案,多数情况下将答案个数设计为 4 个。一般只允许选 1 个答案,答案之间不能相互交叉。

例如,您的教育背景是（　　　　）。

A. 高中以下　　B. 高中/中专　　C. 大学/大专　　D. 大学以上

（3）填入式

如年龄、性别等涉及被调查者基本特征的变量可使用填入式问题设计,方便可信。

（4）排列式

按重要性程度依次排列答案供受调查者选答。此类设计研究更有深度,但是作答难度增大,受调查者回绝比例较高。

（5）量表式

量表式是用尺度表示某种态度。在调查受调查者对某个问题的态度的问卷中经常使用。其结构性强,可以进行较高层次的统计分析。

例如,总的来说,您对本届展会的现场交通服务（　　　　）。

A.非常不满意   B.不满意   C.一般   D.满意   E.非常满意

由于开放式问卷被调查者可随自己的意愿回答,因此,分析其意见与原因,调查者可获取意想不到、原先被忽略的信息。同时,因没有约束,故回答问题不受限制,可探讨一些建设性的意见。但其缺点是难以获得针对性意见,各抒己见使答案分散,难以统计。在实践中,可通过"有限度开放问题设计"和"有限度答案统计分析"予以解决。例如,"在展位分配方面,您对下届展会有哪些建议?"等。

2.1.4 调查问卷的制作要求

调查问卷的制作要求如下:

①问卷中所有的题目都和研究目的相符合。

②问卷尽可能简短,其长度只要足以获得重要资料即可,填答时间最好在30分钟以内,否则问卷太长会影响填答者的态度。

③问卷的题目要由一般至特殊,并具有逻辑性。

④问卷的指导语或填答说明要清楚,没有歧义。

⑤问卷的编排格式要清楚,翻页要顺手,指示符号要明确,不应有瞻前顾后的麻烦。

【例文评析】

例文2.1 会展调查问卷(参展商问卷调查)	评 析
<div align="center">2019第二十三届中国烘焙展览会参展商调查问卷</div>尊敬的参展商: 　　您好! 　　感谢您在金色的5月与我们相聚广州琶洲展馆,共同参与2019第二十三届中国烘焙展览会,对于您的支持和信任我们深表感谢!为了更大限度地满足您的参展需求,同时也为不断提升我们的服务质量和服务水平,特此劳烦您填写以下调查问卷。再次感谢您对全国工商联烘焙业公会(A.C.B.A.)工作的配合和理解!	前言介绍问卷调查的目的和意义
第一部分: 　　贵司名称:　　　　　您的姓名: 　　职务:　　　　　　　展位号:	被调查者信息
第二部分: 　　填写说明:你认为下列的问题哪一项最合适,请在选项上打"√"(可多选)。 　　1.贵公司参加本届展览的主要目的 　　□A建立和拓展业务　　　□B与新旧客户和供应商见面、联系 　　□C通过展会打开市场　　□D寻找适合的代理等 　　□E寻找合作伙伴　　　　□F交流信息,探索市场发展趋势 　　2.贵司最希望见到的专业观众 　　□A面包/蛋糕店　□B经销商　□C批发/零售商　□D进出口商　□E酒店　□F超市　□G餐饮服务　□H生产加工　□I其他(请注明) 　　3.本届展会同期举办的活动,哪项给您的印象最深或对您的业务开展最有帮助(可多选)	问卷说明主要是问卷填写方式等介绍

	评　析
□A 面包大赛 □B 食品文化节 □C 全国烘焙知识竞赛 □D 烘焙群英荟第四季 □E 咖啡文化节 □F 烘焙文化与经济论坛 □G 烘焙展示活动 4. 贵司了解 A.C.B.A. 活动的主要渠道 　□A《中华烘焙》杂志　□B 中国烘焙信息网　□C 手机短信 　□D 行业内刊物　　　□E 行业内网站　　□F 经销商会议 　□G 朋友介绍 5. 您希望了解哪些国家或地区的烘焙行业发展情况 　□A 日本　□B 韩国　□C 东南亚　□D 中国台湾　□E 北欧 　□F 西欧　□G 南非　□H 澳大利亚　□I 美国 6. A.C.B.A. 所提供的服务项目中对贵司帮助最大的是 　□A 中国烘焙展览会　□B《中华烘焙》月刊　□C 中国烘焙信息网　□D 会员通信录(年刊)　□E 烘焙通讯　□F 烘焙之旅考察交流团　□G 烘焙文化与经济论坛研讨会　□H 教育、培训专业委员会　□I 魅力烘焙行业发展年会　□J 烘焙企业黄页　□K 专家委员会　□L 全国工商联烘焙业公会烘焙培训技术交流中心　□M 中华烘焙大赛　□N 中华烘焙老字号、中华特色名点、明星饼屋、特色饼店评比 7.《中华烘焙》栏目设置方面对贵司或您最有帮助的是 　□A 关注　□B 管理　□C 技术　□D 企业专题策划 　□E 采风　□F 咖啡专栏　　　□G 巧克力专栏 　□H 书架　还需要增添哪些专栏 8. 贵司产品将要开拓的市场在 　□A 全国　□B 华南　□C 华东　□D 华北　□E 其他(请注明) 再次感谢您对"2019 第二十三届中国烘焙展览会"的参与和支持!	问题类型、问题格式具有多样性 调查项目全面、广泛,并具有一定的针对性,即针对参展商 结束语

例文 2.2　会展调查问卷(观众调查问卷)	评　析
2019 第二十三届中国烘焙展览会参观观众调查问卷 尊敬的观众: 　　您好! 　　感谢您在金色的 5 月与我们相聚广州琶洲展馆,参观 2019 第二十三届中国烘焙展览会,对于您的支持和信任我们深表感谢!为了更大限度地满足您的参观需求,同时也为不断提升我们的服务质量和服务水平,特此劳烦您填写以下调查问卷。再次感谢您对全国工商联烘焙业公会(A.C.B.A.)工作的理解和配合! 第一部分: 　　您的姓名:　　　　您的手机号:　　　　职务: 　　您所在公司名称:　　　　　　公司成立时间:	前言说明调查目的,也可将表示感谢的结束语放在此处 被调查者信息

第二部分： 　　填写说明：你认为下列的问题哪一项最合适，请在选项上打"√"（可多选）。 　　1.您对展会主办方 A.C.B.A. 的了解程度 　　□A 非常了解　　□B 基本了解　　□C 不了解 　　2.您认为展会期间的哪一项活动对促进、提升行业发展最有意义 　　□A 面包大赛 　　□B 食品文化节 　　□C 全国烘焙知识竞赛 　　□D 烘焙群英荟第四季 　　□E 咖啡文化节 　　□F 烘焙文化与经济论坛 　　□G 烘焙展示活动 　　3.以下哪些方面是您希望下届展会需要进一步完善的 　　□A 展商类别　　　　□B 展览规模　　　　□C 展会现场气氛 　　□D 同期会议及活动　□E 组委会服务质量　□F 观众服务质量 　　4.您最希望通过哪个渠道获得展会信息 　　□A 邀请函/请柬　□B 中国烘焙信息网　□C《中华烘焙》　□D电子邮件　□E 手机短信　□F 报纸/杂志广告　□G 其他（请注明） 　　5.A.C.B.A. 所提供的服务项目中您最喜欢的是 　　□A 中国烘焙展览会　□B《中华烘焙》月刊　□C 中国烘焙信息网　□D 会员通信录（年刊）　□E 烘焙通讯　□F 烘焙之旅考察交流团　□G 烘焙文化与经济论坛研讨会　□H 教育、培训专业委员会□I 魅力烘焙行业发展年会　□J 烘焙企业黄页　□K 专家委员会□L 中华烘焙大赛　□M 中华烘焙老字号、中华特色名点、明星饼屋、特色饼店评比　□N 全国工商联烘焙业公会烘焙培训技术交流中心 　　6.您希望了解哪些国家或地区的烘焙行业发展情况 　　□A 日本　□B 韩国　□C 东南亚　□D 中国台湾　□E 北欧□F 西欧　□G 南非　□H 澳大利亚　□I 美国　□J 其他（请注明） 　　7.2020 年您希望参观考察的国际烘焙市场： 　　8.您对我们的宝贵建议？ 　　再次感谢您对"2019 第二十三届中国烘焙展览会"的参与和支持！	填写说明告诉被调查者如何填写问卷 调查项目广泛。并具有一定的针对性,即针对观众 半封闭式问卷,封闭式问题在前,开放式问题在后,且二者数量的比例适当 问卷中的题目和研究目的相符合,且题量适中 结束语中再次对向调查者表示感谢

【训练设计】

　　"大学校园经济圈"已被众多经济学家及企业关注：学校人数庞大，消费领域相对集中，消费规模巨大，消费理念超前。最重要的是现在的在校大学生在不久的将来，将逐渐成为整个中国消费的主体，并形成强大的消费主力。谁抓住了他们，谁就抓住了未来的市场。

某大学将举行一场"校园商品展销会",请你根据会展调查问卷的相关知识,就在校学生对"校园商品展销会"的关注程度、希望购买商品的种类等问题设计一份调查问卷。要求调查目的明确、问卷结构完整、问卷设计合理。

2.2　会展市场调研文案

【训练要领】

会展活动是一个十分庞杂的系统。业内曾经有专家统计,一次展览会由大大小小的3 600多项事件构成。要举办一个大型的会议或展览会,首先必须进行科学的立项策划。而立项策划的关键就是在广泛、深入的市场调研的基础上,充分掌握各种市场信息尤其是目标顾客和竞争者的信息,以确保未来的会展项目具有乐观的发展前景。换句话说,开展市场调研是成功举办一次会议或展览会的基础,主办方对会议或展览会的市场价值的正确选择依赖于科学的市场调研理论、方法和技术。

2.2.1　会展市场调研的含义

所谓会展市场调研,就是以科学的方法,有系统、有计划、有组织地收集、调查、记录、整理、分析有关会展产品、服务及市场等信息,客观地测定及评价、发现各种事实,用以协助解决有关会展经营决策问题,并作为各项经营决策的依据。

会展市场调研文案的写作,主要是指会展调查问卷和调查表的设计以及会展调查报告的写作。

2.2.2　会展市场调研的内容和步骤

为了搞好会展活动,会展活动主办方需要一些基本的调研。主要包括以下内容:

①了解选择什么项目作为一个城市发展会展业基点的项目调研。

②关于一次会展项目主题的调研。

③关于各大会展场馆条件以及服务水平的调研。

④关于参观人数的调查预测。

⑤关于同类会展活动竞争者的调研。

⑥关于会展评估等方面的调研。

会展调研的一般方法是:定性研究与定量研究相结合。定性研究是指某一社会现象以现有的文献资料或经验材料为依据,运用演绎、归纳、比较、分类、矛盾分析等方法,对某种事物进行研究的一种类型。定量研究是运用概率、统计原理对社会现象的数量特征、数量关系和事物发展过程中的数量变化等方面进行的研究。

具体而言,会展调研有观察法、询问法(包括问卷访问法、小组焦点访谈法、深度访谈法)、试验法及二手资料分析法等。

会展市场调研是一系列调研事项和阶段的组合,包括调研目标的明确、调研方案的设计、调研资料的收集、调研数据的整理和分析、调研报告的撰写等步骤。

明确调研目标是撰写会展市场调研的第一步,包括为什么要进行此项调研,通过调研要了解哪些问题,调研结果的用途是什么。在明确了调研目标以后,还需要阐明调研的内容,即确定调研问题的项目,并根据该项目设计调查问卷或调查表。设计调查问卷或调查表的同时还需明确在何处调研、找何人调研、用何种方式调研。在将调查问卷或调查表等调研资料收集齐全之后,还需对这些资料进行进一步的整理和分析,最后撰写成调研报告。

2.2.3　会展市场调研的特点

1)专业性要求高

问卷设计、现场访谈、统计处理、分析研究等过程中涉及许多会展行业内部、相关会展主题行业等方面的专业知识。

2)访谈和研究对象复杂

访谈和研究对象主要为参展商(参会代表)、观众、协会、会展服务商、场馆、相关政府公务员等。

3)政策性很强

会展活动具有一定的公共性。因此,在国家观念上,会展产业是带有公共性质的活动,各级政府的有关规定政策限制多,涉及批文、价格、渠道、广告、宣传促销等。

2.2.4　会展市场调查问卷和调查表

在会展活动开始前,通过发放问卷的方式,了解有关信息,根据调研结果帮助主办方决定是否举办这次会展活动。问卷涉及的问题包括答卷人的性别、年龄和收入所构成的特征,以及答卷人对拟举办展览的态度等,还可设置一些开放性的问题,如请给出不参加此次会展活动的理由等。

2.2.5　会展市场调研报告

1)会展市场调研报告的内容

会展市场调研报告是市场调研的结晶,是提供给使用者参考以作出决策的基础。如果不能提供一份好的报告,即使调研设计得再科学、数据分析得再细致、问卷表达得再清晰、数据质量控制得再好,也不能达到市场调研的目的,不能为市场决策提供有效依据。因此,写好会展市场调研报告十分重要。

会展调研报告应具备及时性、针对性、准确性及系统性等特点。

会展市场调研报告一般包括标题、目录、概要、研究方法、调研的局限性、调研结果、结论和建议及附录。

2）会展市场调研报告的结构与写法

（1）标题

标题页一般是报告的封面。标题必须清楚地说明调研内容。设计时，要尽量创造一种专业形象并能引起读者兴趣。如果报告是属于机密的，应在标题页的某处标明。标题页的内容包括：调研报告的题目或标题，有时可加一个副标题，文字可长可短，但应概括出报告的主要内容、负责机构的名称、调研项目负责人姓名及所属机构、报告日期。

（2）目录

目录要列出报告中的章、节及其他关键的标题和相应的页码。如果图表资料较多，可再列一份图表索引。

（3）概要

概要又称提要、主题、摘要等，其目的是对研究的结果、结构及建议做一个概述。概要应在报告完成后撰写。概要的简洁性要求语句精练，篇幅不宜过长。

（4）研究方法

这部分可以对第二手资料做一个简略的描述，但其主要目的是描述获得原始资料的方法，并说明使用这些方法的必要性，如为什么要用邮寄问卷方法而不用其他方法等。

如果研究中包括抽样，除了要描述样本取得的方式和决定样本大小的方法外，也应描述目标总体。要有足够的信息使读者判断样本资料的准确性和代表性。在技术性报告中，还要用一定的篇幅来描述抽样的方法。如果使用个人访问，要描述怎样选择以及如何训练调研员。此外，这部分还要介绍资料分析的工具如相关分析、回归分析等。

（5）调研的局限性

调研报告应说明本次调研的局限性，指出研究结果的弱点，以便在应用研究结果时考虑相关的情况。报告应实事求是地描述这些局限性，对局限性的任何夸大都会带来对整个研究结果的怀疑。

（6）调研结果

调研结果部分是将调研所得资料报告出来，包括数据图表资料以及相关文字说明。在调研报告中，常要用若干统计表和统计图来呈现数据资料，而且还必须对图表中数据资料所隐含的趋势、关系或规律加以客观地描述和分析，对调研的结果做出解释。

调研结果构成报告的主体，是报告的主要部分，结论部分的任务就是要体现调研人员收集到的所有相关事实和观点。这部分陈述通过调研得到的信息，并不对调研企业的计划做任何暗示。如果资料没有经过适当筛选，读者就会感到事实和数据太多而找不到调研的关键成果。

（7）结论和建议

在报告的这一部分，调研人员要说明调研获得哪些重要结论，根据调研的结论企业应采取什么措施,这也是阅读者最感兴趣的。某些人可能只阅读报告的结论部分,这部分确实应作为所有关键信息的一个总结。

结论部分包括对调研结果的分析和解释的简单陈述,建议部分则使得结论转化为特定的行动方案。结论的提出可用简洁而明晰的语言对调研前所提出的问题作出明确答复,同时简要地引用有关背景资料和调研结果加以解释。

(8)附录

附录可形象地称为调研报告中的"杂货店"。所有与调研结果有关,但放在报告正文中不利于正文逻辑次序的资料都可放在附录里,如对抽样设计的说明,以及决定样本大小的统计方法、统计表格、问卷等。

3)会展市场调研报告的写作要求

一份优秀的会展市场调研报告应符合以下要求:
①报告语言应力求精练,有说服力。
②报告必须结构严谨,体裁简洁,不能漏掉重要的资料。
③要有明确的结论和建议,并能让读者了解调研过程的全貌。

【例文评析】

例文2.3　会展市场调研报告	评　析
北京企业商务会议市场调研报告	标题
目录(略)	目录
概要	
随着北京申办2022冬奥会主办权成功,京北奥运商圈的发展吸引了越来越多的投资者的眼光。北京地区的商务会议需求进一步得到了强化。为了解当前企业在召开商务会议时在会议内容、选择地点及考虑因素等方面的需求,以及京北六家主要三星酒店的会议顾客对它们满意度的评价,试图总结出北京地区会议需求的主要特点,并发现北京主要三星级酒店对酒店会议需求的满足情况,并为有意于进入奥运商圈内酒店业的投资者提供建议,零点指标数据网与远景投资就此对北京地区的国家机关、各类企事业单位和京北六家主要三星酒店的会议顾客进行了专题研究。本次研究的内容包括:国家机关和各类企事业单位召开会议的频次、预算、地点选择、主要考虑因素等;京北六家主要三星酒店的会议顾客对它们各项指标的满意度评价。	调研报告的概要部分
第一部分 调研目的与调研方法 一、调研目的(略) 二、调研方法(略)	介绍此次调研采用的方法,并说明此次调研的局限性
第二部分 定量调研发现 第一章 企事业单位会议需求的主要特点 1.企业酒店会议需求旺盛,会议形式多样(略) 2.市内酒店仍是企事业单位举行重要会议首选地点(略) 3.因会议选择酒店最先考虑的因素仍是性价比(略) 4.直观感受直接影响会议客户的选择(略)	

5.与会者对酒店的会议服务条件最关注的是能否方便参会人员（略）	调研结果是报告的主体，是调研人员收集到的所有相关事实和观点
6.高端会议设备开始走入企事业单位会场（略）	
7.与会人员对酒店周边环境最关注的是交通状况（略）	
8.卫生和服务在酒店餐厅环境中最受关注（略）	
9.会议期间的娱乐活动，以打保龄最受欢迎（略）	
第二章 奥运商圈内的投资机会	
1.北京北部三星酒店劳动大厦知名度最高（略）	
2.商务酒店是今后酒店的经营发展方向（略）	
3.对于酒店管理模式普遍认为应采用专业化管理（略）	
4.酒店的取名受访者认为具有"国际化"色彩的名字较好（略）	
第三章 京北六家主要三星级会议酒店的满意度评价	
1.交通状况、所处地段和周边环境等硬性指标易形成竞争优势（略）	
2.服务员态度在服务水平的四项指标中相对较高（略）	
3.各大酒店的住宿条件对外地来京开会顾客更有吸引力（略）	
4.干净是顾客对六大酒店餐饮环境最认同的因素（略）	
5.总体水平、所处地段、会场硬件和价格合理是顾客会继续选择此酒店的主要指标（略）	
第三部分 结论与建议（略）	结论和建议是对调研结果的分析和解释的简单陈述，使得结论转化为特定的行动方案
第四部分 技术报告	
一、执行区域和执行时间（略）	
二、各地执行样本分布情况（略）	技术报告
三、调查对象背景情况（略）	（附录）
四、复核情况（略）	

（资料来源：广告产业公共服务平台网）

【训练设计】

中国出国（境）展览服务市场调研报告

出国举办展（博）览会是配合实施"一带一路"倡议及多双边和区域经贸合作，助力企业"走出去"，提升企业品牌国际知名度，完善现代市场体系和开放型经济体系，构建多元化、宽领域、高层次的境外参展办展新格局的重要平台。随着"一带一路"建设进入提速阶段，我国出国参办展数量也平稳增长。2018年，中国在境外参办展数量达到1 672个，较上年同比增长7.94%。机电产品出展一直是我国出国（境）展的主体。

×××杂志社针对我国出国（境）展览服务市场进行了专题调研，通过问卷调研与分析，了解我国机电行业出国展览服务现状和问题，以期提高我国出展会服务水平，使我国机电行业出国展览市场保持持续上升的良好势头。

调研发放问卷800份，回收146份。其中，有效问卷125份，无效问卷21份。在有效问卷中，调研者获得调研表的渠道主要通过杂志社37%和商会27%，贸促会与会展活动各有12%，邮局发刊为7%，其他为5%。

一、机电类出国参展商调研和分析

(一)参展商基本状况分析

1. 出国参展企业基本结构(略)

2. 企业规模与行业分布(略)

3. 出口最多的国家(地区)重点拓展的国际市场(略)

(二)机电类出国展会市场状况分析

1. 出国目标国家与地区(略)

2. 出国参展的展会类型(略)

3. 机电类企业到德国参展概况(略)

4. 企业计划参加境外展会情况概述

(三)出国参展组织服务调研统计分析

1. 出国参展国外行程组织单位情况(略)

2. 参展商获知"机电类出国展览会"信息的渠道(略)

3. 参展商出国参展的主要目的和参展决策依据(略)

4. 参展决策依据(略)

5. 参展商对成功参展的理解(略)

6. 参展商的展台布置情况(略)

7. 展商对出国展会组织服务水平的总体评价(略)

二、对策与建议

从全国外贸出口形势或者本次调研得出的结论来看,毫无疑问,我国机电类出国参展市场呈现蓬勃上升势头,究其根本原因主要在于世界经济一体化与我国入世后国际化市场程度日益加深,国家全力推动"内外贸一体化"的实施,国家对中小企业出国参展的支持力度加强,国际展览会的内容吸引力增加,出国参展效果越来越好,使得机电类出国参展商的积极性越来越高。

为了进一步规范我国出国展览市场,尽快提高我国出国展会服务水平,有必要对调研分析中暴露的问题在今后的工作中加以改进和避免,在此提出以下几个建议:

1. 深化出国展会市场改革、建立健全出国展会市场机制(略)

2. 注重国际展会市场调研,挖掘世界展会资源,培育机电国际展会市场(略)

3. 注重展会配套服务的管理工作,完善展后服务调研(略)

(资料来源:进出口经理人网)

根据"中国出国(境)展览服务市场调研报告",回答问题:

1. 会展市场调研的方法有哪些?此调研采用的是什么调研方法?

2. 一份完整的会展市场调研报告应包括哪些内容?此调研报告缺少了哪部分?

3. 一份优秀的会展市场调研报告应具备什么条件?

2.3 会展立项策划案

【训练要领】

展览项目的产生源于策划人员长期的积累和创造的灵感。从脑海里浮现某一特定主题的展览会场景开始,到展览会的初步市场分析和财务估算,直至该展览项目正式立项,这一过程称为展览会策划的项目设想与建议过程。这一过程的核心工作主要包括3个方面:

1)行业展会分析

行业展会分析包括两层含义:首先是对展会举办地某产业的发展现状和发展趋势进行分析,目的是判断新开发的展览会是否有发展潜力,或能否为现有展览会高速发展策略提供依据。其中,对产业结构进行深入分析,本身就有助于展览策划人员把握展览会的总体框架,如参展商的类型划分、展出布局、专业观众的来源等。其次是对同类展览会的竞争力分析,包括对竞争对手的潜在参展商、目标专业观众和展会规模等的分析,以期明确展览会的定位。

2)展览项目构思

项目构思主要是解决展览会的选题和定位问题。根据市场策划的优秀选题,将策划创意转化为精心组织与施工,真正为参展商和专业观众找寻理想的交流、交易平台,展览会才能取得预期的成功。例如,2017年5月,习近平主席在"一带一路"国际合作论坛上宣布,中国从2018年起举办中国国际进口博览会。第一届中国国际进口博览会(The 1st China International Import Expo),由中华人民共和国商务部、上海市人民政府主办,是世界上第一个以进口为主题的大型国家级展会,旨在坚定支持贸易自由化和经济全球化、主动向世界开放市场。2018年11月5日,第一届中国国际进口博览会在国家会展中心(上海)举行,中国国家主席习近平出席开幕式并举行相关活动。第一届中国国际进口博览会包括展会和论坛两个部分。展会即国家贸易投资综合展和企业商业展,论坛即虹桥国际经贸论坛。截至2018年11月3日,该博览会吸引了58个"一带一路"沿线国家1 000多家企业参展,占参展企业总数将近三分之一;参展面积达到4.5万平方米,占企业展总展览面积的16.5%;参展展品涵盖了农产品、日用消费品、服装服饰等多个门类。进博会的举办,就是通过引进全世界的新产品、新技术、新服务、新模式、新业态,让中国企业了解行业前沿,借鉴发展经验,从而进一步倒逼改革,提升服务水平,提高生产效率,增强创新能力,对中国展览业的发展产生了深远的影响。由于选题新颖、定位准确、意义特殊,本次展览会取得圆满成功。2018年11月10日,第一届中国国际进口博览会闭幕,首届进博会交易采购成果丰硕,按一年计,累计意向成交578.3亿美元。

3)会展立项策划

会展立项策划就是根据掌握的各种信息,对即将举办的展览会有关事宜进行初步规划,设计出展览会的基本框架,提出计划举办的展览会初步规划内容。会展立项一般要遵循八项原则:保护名牌会展、扶持专业会展、鼓励境外来展、优先全国会展、促进新型项目、扩大展场销售、遵循办展能力、参照申办顺序。立项策划的内容主要包括会展名称和地点、办展机构、展品范围、办展时间、会展规模、会展定位、招展计划、宣传推广和招商计划、会展进度计划、现场管理计划、相关活动计划等,并制作会展立项策划书。

2.3.1 会展立项策划案的含义

会展立项策划的内容主要包括展会名称和地点、办展机构、展品范围、办展时间、展会规模、展会定位、招展计划、宣传推广和招商计划、会展进度计划、现场管理计划、相关活动计划等。会展立项策划案是为策划举办一个新展会而提出的一套办展规划、策略和方法。它是对以上各项内容的归纳和总结。

项目立项是行业分析和项目构思的结果。换句话说，展览组织者策划一届展览会，首先明确要举办一个什么性质、什么主题的展览会，然后便可以做一个初步的构想，包括展出的内容、时间和场地、展台售价、合作伙伴以及目标客户等，分析其与自身的能力和办展目标是否相吻合。如果主办方经过评估认为值得，则需要通过可行性分析对展览会进行更具体的审核。

值得特别指出的是，展览项目立项必须谨小慎微、考虑周全。例如，展览会举办的时间选定，原则上要避开国内外同类展览会特别是品牌展会的举办时间，以免发生冲突，一般而言举办时间要相隔 3 个月以上。又如，在支持单位和合作单位的选择上也应该慎重，前者往往是某个行业的政府主管部门、权威协会或具有广泛影响力的行业媒体等，后者包括当地行业协会、主办单位的分支机构、行业权威机构甚至海外的代理机构（国际展）等，选择合适的支持单位和合作单位可增强展览会的影响力和权威性，最大限度地挖掘新客户，同时还能降低招展成本。

2.3.2 会展立项策划书的主要内容

会展立项策划书的主要内容包括：

①办展市场环境分析。包括对会展展览题材所在产业和市场的情况分析，对国家有关法律、政策的分析，对相关会展情况的分析及对会展举办地市场的分析等。

②提出展会的基本框架。包括展会的名称和举办地点、办展机构的组成、展品范围、办展时间、办展频率、会展规模及会展定位等。

③会展价格及初步预算方案。

④会展工作人员分工计划。

⑤会展招展计划。

⑥会展招商计划。

⑦会展宣传推广计划。

⑧会展筹备进度计划。

⑨会展服务商安排计划。

⑩会展开幕和现场管理计划。

⑪会展期间举办的相关活动计划。

⑫会展结算计划。

2.3.3 会展立项策划书的结构与写法

1）展会名称

展览会的名称一般包括 3 个方面的内容：基本部分、限定部分和行业标识。例如，第十三届上海国际广告技术设备展览会，基本部分是"展览会"，限定部分是"第十三届"和"上海国际"，行业标识是"广告"。

下面分别对这 3 项内容作一些说明。

（1）基本部分

基本部分用来表明展览会的性质和特征，常用词有展览会、博览会、展销会、交易会和"节"等。

（2）限定部分

限定部分用来说明展会举办的时间、地点和展会的性质。

展会举办时间的表示办法有 3 种：一是用"届"来表示；二是用"年"来表示；三是用"季"来表示。例如，第八届中国北京国际科技产业博览会、2018 年广州博览会、法兰克福春季消费品展览会等。在这 3 种表达方式里，用"届"来表示最常见，它强调展会举办的连续性。那些刚举办的展会一般用"年"来表示。

展会举办的地点在展会的名称里也要有所体现，如第三届大连国际服装节中的"大连"。

展会名称里体现展会性质的词主要有"国际""世界""全国""地区"等。例如，第三届大连国际服装节中的"国际"表明本展会是一个国际展。

（3）行业标识

行业标识用来表明展览题材和展品范围。例如，第六届中国国际机械工业展览会，其行业标识是"机械工业"。行业标识通常是一个产业的名称，或是一个产业中的某一个产品大类。

2）展会地点

策划选择展会的举办地点，包括两个方面的内容：一是展会在什么地方举办；二是展会在哪个展馆举办。

策划选择展会在什么地方举办，就是要确定展会在哪个国家、哪个省或哪个城市举办。

策划选择展会在哪个展馆举办，就是要选择展会举办的具体地点。具体选择在哪个展馆举办展会，要结合展会的展览题材和展会定位而定。另外，在具体选择展馆时，还要综合考虑使用该展馆的成本的大小，展期安排是否符合自己的要求，以及展馆本身的设施和服务如何等因素。

3）办展机构

办展机构是指负责展会的组织、策划、招展和招商等事宜的有关单位。办展机构可以是企业、行业协会、政府部门和新闻媒体等。

根据各单位在举办展览会中的不同作用,一个展览会的办展机构一般有主办单位、承办单位、协办单位及支持单位等。

(1)主办单位

拥有展会并对展会承担主要法律责任的办展单位。主办单位在法律上拥有展会的所有权。

(2)承办单位

直接负责展会的策划、组织、操作与管理,并对展会承担主要财务责任的办展单位。

(3)协办单位

协助主办或承办单位负责展会的策划、组织、操作与管理,部分地承担展会的招展、招商和宣传推广工作的办展单位。

(4)支持单位

对展会主办或承办单位的展会策划、组织、操作与管理,或是招展、招商和宣传推广等工作起支持作用的办展单位。

4)办展时间

办展时间是指展会计划在什么时候举办。办展时间有 3 个方面的含义:一是指办展的具体开展日期;二是指展会的筹展和撤展日期;三是指展会对观众开放的日期。

展览时间的长短没有一个统一的标准,要视不同的展会具体而定。有些展会的展览时间很长,如"世博会"的展期长达几个月甚至半年;但对于占展会绝大多数比例的专业贸易展来说,展期一般是 3～5 天为宜。

5)展品范围

展会的展品范围要根据展会的定位、办展机构的优劣势和其他多种因素来确定。

根据展会的定位,展品范围可包括一个或几个产业,或一个产业中的一个或几个产品大类。例如,"博览会"和"交易会"的展品范围就很广,如"广交会"的展品范围就超过 10 万种,几乎是无所不包;而德国"法兰克福国际汽车展览会"的展品范围涉及的产业就很少,就只有汽车产业一个。

6)办展频率

办展频率是指展会是一年举办几次还是几年举办一次,或是不定期举行。从目前展览业的实际情况来看,一年举办一次的展会最多,约占全部展会数量的 80%,一年举办两次和两年举办一次的展会也不少,不定期举办的展会已经是越来越少了。

办展频率受展览题材所在产业的特征的制约。众所周知,几乎每个产业的产品都有一个生命周期,产品的生命周期对展会的办展频率有重大影响。

产品的投入期和成长期是企业参展的黄金时期,办展时要牢牢抓住这两个时期。

7)展会规模

展会规模包括 3 个方面的含义:一是展会的展览面积是多少;二是参展单位的数量

是多少;三是参观展会的观众有多少。在策划举办一个展会时,对这 3 个方面都要做出预测和规划。

在规划展会规模时,要充分考虑产业的特征。展会规模的大小还会受到会展观众数量和质量的限制。

8)展会定位

通俗地讲,展会定位就是要清晰地告诉参展企业和观众本展会"是什么"和"有什么"。具体而言,展会定位就是办展机构根据自身的资源条件和市场竞争状况,通过建立和发展展会的差异化竞争优势,使举办的展会在参展企业和观众心目中形成一个鲜明而独特印象的过程。展会定位要明确展会的目标参展商和观众、办展目标、展会主题等。

9)展会价格和展会初步预算

展会价格就是为展会的展位出租制订一个合适的价格。展会展位的价格往往包括室内展场的价格和室外展场的价格,室内展场的价格又分为空地价格和标准展位的价格。

在制订展会的价格时,一般遵循"优地优价"的原则,即那些便于展示和观众流量大的展位价格往往要高一些。展会初步预算是对举办展会所需要的各种费用和举办展会预期获得的收入进行初步预算。

在策划举办展会时,要根据市场情况给展会确定一个合适的价格,这样对吸引目标参展商参加展会十分重要。

10)人员分工、招展、招商和宣传推广计划

人员分工计划、招展计划、招商计划和宣传推广计划是展会的具体实施计划。这 4 个计划在具体实施时会互相影响。

人员分工计划是对展会工作人员的工作进行统筹安排。

招展计划主要是为招揽企业参展而制订的各种策略、措施和办法。

招商计划主要是为招揽观众参观展会而制订的各种策略、措施和办法。

宣传推广计划则为建立展会品牌和树立展会形象,并为展会的招展和招商服务。

11)展会进度计划、现场管理计划和相关活动计划

展会进度计划是在时间上对展会的招展、招商、宣传推广和展位划分等工作进行的统筹安排。它明确在展会的筹办过程中,到什么阶段就应完成哪些工作,直到展会成功举办。展会进度计划安排得好,展会筹备的各项准备工作就能有条不紊地进行。

现场管理计划是展会开幕后对展会现场进行有效管理的各种计划安排。它一般包括展会开幕计划、展会展场管理计划、观众登记计划及撤展计划等。现场管理计划安排得好,展会现场将井然有序,效果良好。

展会相关活动计划是对准备在展会期间举办的各种相关活动做出的计划安排。与

展会同期举办的相关活动最常见的有技术交流会、研讨会和各种表演等,它们是展会的有益补充。

【例文评析】

例文2.4 展览会立项策划书	评 析
中国杭州湾精细化工展览会立项策划书 一、关于精细化工 精细化工是石化和化工工业的重要组成部分,是根据产品性能销售的化学品。按行业成型的时间先后顺序,精细化工分为传统和新领域两部分。传统精细化工主要包含染料、涂料和农药;新领域精细化工包括食品添加剂、饲料添加剂、电子化学品、造纸化学品、水处理剂、塑料助剂及皮革化学品等,国外将新领域精细化工称为专用化学品。与石化工业相比,精细化工具有以下特点: 　1.生产规模的自由性:产品的生产规模大小不一,差别极大,从十万吨/年到仅几十千克/年,多以批量方式生产。 　2.高附加值:通常产品的利润率在10%以上,有的高达50%。 　3.低成本:占下游产品的成本比例较低,但对下游产品的质量和性能影响较大。 　4.较高的科技含量:配方对产品性质的影响非常大,配方的微弱差别往往造成产品性能的很大变化。因此,产品推陈出新的周期比较短,需根据下游产品的变化及时更新或改进。 　5.应用广泛:与人类生活紧密相关,如没有精细化工产品,人类的生活将难以想象。 二、办展市场环境分析 　1.精细化工产业和市场分析:精细化工率的高低已成为衡量一个国家或地区化工发展水平的主要标志之一。随着经济的发展和科技的进步,世界精细化工已进入成熟期。 　2.世界市场简明现状及趋势分析: 　(1)精细化率不断提高(略)。 　(2)市场需求健康发展(略)。 　(3)精细化工公司加快并购重组(略)。 　(4)定制生产不断加强(略)。 　(5)生产工艺突破成为独特卖点(略)。 　(6)高新技术的采用是竞争的焦点(略)。 　3.中国精细化工市场分析(略)。 　4.对化工有关法律,政策的分析: 　(1)国家部委出台的(略)。 　(2)市政府出台的(略)。 　5.对相关展会的情况分析(略)。 三、展览会的基本框架 　1.布展时间:2018年10月18—20日。 　2.展览时间:2018年10月21—22日。 　3.撤展时间:2018年10月23—24日。	 办展市场环境分析,包括对世界市场、中国市场、相关法律、政策及相关展会进行了分析 提出会展的基本框架,包括时间、地点、规模、办展机构、展览范围等

4. 所在地区:浙江上虞。

5. 会展场馆:上虞区会展中心。

6. 会展类别:化工/能源/环保。

7. 展览规模:200个标准展位,5 000平方米展出面积,15 000名观众。

8. 主办单位:浙江省人民政府。

9. 协办单位:浙江省化工产业局、浙江省化工行业协会、上虞区人民政府。

10. 承办单位:上虞区政府商贸办公室、上虞区杭州湾精细化工园区管理委员会。

11. 执行承办:南京展览集团、上虞虞舜文化传播有限公司、台州奥龙企业策划有限公司。

12. 展览范围:医药、染料、农药、涂料及其中间体、水处理剂、表面活性剂、油田化学品、感光材料、橡胶助剂、皮革化学品、黏合剂以及相关仪器、仪表。

四、展会价格及初步方案预算   会展价格及初步预算方案。给展会确定一个合适的价格,这样对吸引目标参展商参加展会十分重要,并进行初步的预算

1. 展位价格:

1)标准摊位:5 400元/个。

2)设施:三面围板、谈判桌一张、椅子两把、楣板一块、射灯两只。

3)光地:600元/平方米。

2. 初步预算:

1)成本费用(略)。

2)收入预测(略)。

3. 盈亏平衡分析。

4. 现金流量分析。

五、展会工作人员分工计划   会展工作人员分工计划。确立组委会并进行市场操作

1. 确立展览会组织委员会。

2. 成立专门的展览公司进行市场操作(略)。

六、展会招展计划   会展招展计划

1. 按区域划块电话、传真、邮件招商:

省外:上海、江苏。

省内:嘉兴、杭州、绍兴、上虞(本地)、余慈、宁波、台州等。

2. 各地级市化工协会和主办单位协助招商。

3. 寻找各区域有实力的展览公司进行发包招展。

七、展会宣传招商计划   展会招商计划及宣传推广计划

1. 发动参展单位自主邀请公司客户。

2. 利用收集数据库客户资料直接邮寄和发E-mail邀请买家。

3. 利用各办展机构与众多商会、协会的良好合作关系和渠道进行展会推广与邀请买家。

4. 在国内外同类展会和各办展机构每年组织出国展的多个同类展会上做宣传推广。

5.网站推广与招商:建立展会专门网站,并与国内外行业内的知名网站合作推广本展会。 6.专业媒体、杂志推广与招商:在国内外主要的精细化工专业媒体和杂志上进行宣传推广,并争取与同类展会合作利用会刊广告和网络广告推广展会信息。 7.大众媒体推广与招商:分阶段在国内主要精细化工的产区的大众媒体上做广告及其他推广。 8.适时举办新闻发布会。 9.在展会临近的一个阶段对杭州湾的目标客户进行电视、电台、平面媒体、网络媒体、QQ、MSN、UC、手机短信等的大范围、重力度的宣传招商。	
八、展会筹备进度计划（略） 九、展会服务商安排计划（略） 十、展会开幕和现场管理计划(略) 十一、展会期间举办的相关活动计划(略) 十二、展会结算计划(略)	展会筹备进度计划、服务商安排计划、开幕和现场管理计划、展会期间举办的相关活动计划、展会结算计划

【训练设计】

为了展示、推广和普及最新电脑知识和电脑产品,让广大青年大学生更好地选购和使用电脑,我校计划举办电脑展览会。本次展览会立足大学校园,关注行业内的新技术、新产品、新事件,致力于电脑商家与大学生电脑消费者的交流与沟通。本次电脑展览会是为了引导大学生形成成熟的电脑产品消费观念,在自己经济条件允许的条件下选择合适的计算机产品,更好地接受新科技、学习新技术、感受信息时代的便利。这样既给商家提供了商机,促进销售,又给同学提供了上门咨询和订购服务,达到双赢的目的。

请为此次电脑展览会写一份展览会立项策划书。其主要内容包括办展市场环境分析、提出展会的基本框架、展会价格及初步预算方案、展会工作人员分工计划、展会招展计划、展会招商计划、展会宣传推广计划、展会筹备进度计划、展会服务商安排计划、展会开幕和现场管理计划、展会期间举办的相关活动计划、展会结算计划。

2.4　会展项目立项可行性研究报告

【训练要领】

完成了会展立项策划书,并不意味着该立项的会展活动就可以举办了。项目立项只是对举办什么题材的展会和如何举办该展会提出了一个初步的意见,制订了一套初步的方案,至于该展会是否真的可举办和该方案是否真的可行,还需要对该展会项目及方案进行可行性分析。可行性分析的结论及其他必须考虑的因素,才是决定最后是否可举办该展会的最终依据。

会展项目立项可行性研究报告就是在对会展活动立项进行可行性分析的基础上完成的研究报告。会展立项可行性分析是会展项目立项策划的继续。如果会展立项策划通过可行性分析,证明计划举办会展活动的市场条件具备,项目具有生命力,各种执行方案策划合理,项目在经济上可行,风险较小且有一定的社会效益,就可通过该展会立项策划,决策举办该展会了。

2.4.1　会展项目立项可行性研究报告的含义

会展项目立项可行性研究是在会展决策之前,运用专门的技术经济方法,对拟会展项目(包括会展活动、场馆建设等)的必要性、实施的可能性、有效性和风险性进行分析、预测、计算、评估和论证,为选择最佳会展决策方案提供科学依据的活动。由此形成的文案称为会展项目立项可行性研究报告或会展项目立项可行性分析报告。

会展项目立项可行性研究报告是会展项目策划的继续。会展项目策划主要是在掌握各种信息的基础上,初步提出计划举办的会展活动的基本蓝图;会展项目立项可行性研究报告则是在仔细研究各种信息的基础上,深入分析会展项目策划方案提出的设想是否可行,为最后是否举办该会展提供科学的决策依据。此外,可行性研究报告也是会展申办审批的必备材料。

2.4.2　会展项目立项可行性研究报告的基本内容

会展项目立项可行性研究报告要对会展立项是可行还是不可行做出系统的评估和说明,并为最终完善该会展项目立项策划的各具体执行方案提供改进的依据和建议。因此,会展项目立项可行性研究报告主要包括以下基本内容:

1)会展项目概况

会展项目概况包括会展项目的名称、主办或承建单位名称、项目实施的时间和地点等。

2)主办或承建单位的基本情况和条件

举办会展活动,要写明主办和承办单位的资格、办会办展的能力、取得的成果。联合主办的,要写明各方的分工情况。

3)可行性分析论证

(1)市场环境分析

市场环境分析是会展项目立项可行性分析的第一步。它是根据会展立项策划提出的会展举办方案,在已掌握的各种信息的基础上,进一步分析和论证举办会展活动的各种市场条件是否具备,以及是否具备举办会展所需要的各种政策基础和社会基础。市场环境分析不仅要研究各种现有的市场条件,还要对其未来的变化和发展趋势做出预测,使立项可行性分析得出的结论更科学、更合理。

市场环境分析包括人口环境、经济环境、技术环境、政治法律环境、社会文化环境等宏观市场环境分析和办展机构内部环境、目标客户、竞争者、营销中介、服务商、社会公众等微观市场环境分析,并运用一定的方法(如 SWOT 分析法)进行市场环境评价。

(2)会展项目生命力分析

市场环境分析是从计划举办的会展项目外部因素出发来分析举办该会展的条件是否具备;会展项目生命力分析则是从计划项目举办的会展项目的本身出发,分析该会展是否具有发展前途。分析会展项目的生命力,不是只分析会展项目举办一届或两届的生命力,而是要分析该会展项目的长期生命力,即要分析如果本会展活动举办超过 5 届,是否还有发展前途的问题。

会展项目生命力分析包括项目发展空间分析、项目竞争力分析和办会办展机构优劣势分析。项目发展空间分析是指分析举办该会展项目所依托的产业空间、市场空间、地域空间、政策空间等是否具备。项目竞争力分析包括会展定位的号召力、办会办展机构的品牌影响力、参展商和观众及与会人员的构成、会展价格、会展服务等。

(3)会展执行方案分析

会展执行方案分析是从计划举办的会展项目本身出发,分析该会展项目立项计划准备实施的各种执行方案是否完备,是否能保证该会展计划目标的实现。会展执行方案分析的对象是该会展的各种执行方案,分析的重点是各种执行方案是否合理、是否完备和是否可行。

会展执行方案分析主要包括会展的基本框架评估、招展招商和宣传推广计划评估。对计划举办的会展活动的基本框架进行评估,具体包括:会展名称、会展的展品范围和会议议题、会展活动定位之间是否有冲突;办会办展时间及频率是否符合所在产业的特征;会展活动的举办地点是否适合;在展会展品范围所在产业里能否举办如此规模和定位的展会;会展的主办机构在计划的举办时间内能否举办如此规模和定位的会展活动;办展机构对展会展品范围所在的产业是否熟悉;会展活动定位与会展规模之间是否有冲突等。

(4)会展项目财务分析

会展项目财务分析是从办会办展机构财务的角度出发,分析测算举办该会展活动的费用支出和收益。会展项目财务分析的主要目的是分析计划举办的会展是否经济可行,并为即将举办的会展指定资金使用规划。

例如,举办一次展会的成本费用一般包括展览场地费用、展会宣传推广费、招展和招商的费用、相关活动的费用、办公费用、人员费用、税收和其他不可预测的费用。而举办一个展会的收入一般包括展位费收入、门票收入、广告和企业赞助收入、其他相关收入等。展会项目财务分析包括价格定位和成本预测。

(5)风险预测

从会展立项可行性分析的角度看,风险就是在举办会展活动的过程中,由于一些难以预料和无法控制的因素的作用,使主办机构举办会展的计划和实际收益与预期发生背离,从而使主办机构举办会展的计划落空;或即使会展活动如期举办,但主办机构有蒙受一定的经济损失的可能性。

风险预测包括市场风险、经营风险、财务风险及合作风险的预测。

4）结论和建议

通过分析和论证，最后得出结论，提出具体的实施建议，或提出具体计划和进度要求。对于大型会展项目来说，计划和进度是实施方案的具体保障。不仅要有总体计划和进度，而且还要有每个阶段的具体计划和进度要求，以便于分阶段进行验收和鉴定。结论和建议一定要围绕上述可行性分析提出的问题和看法，具有鲜明的针对性。

2.4.3 会展项目立项可行性研究报告的结构与写法

1）标题

标题由会展项目名称加上"可行性研究报告"或"可行性分析报告"组成，有时"报告"二字也可省略。

2）正文

可行性研究报告正文的结构要根据报告的内容、篇幅和审批机关的制作要求来安排。开头要概括介绍会展项目的基本情况，主体展开具体的分析论证，结尾写明结论和建议。

3）附件

如果有附件，需一一注明。

4）落款和日期

写明提交机构的名称和具体日期。

【例文评析】

例文 2.5 会展项目可行性研究报告	评 析
2019 年上海国际××技术展览会可行性研究报告	标题
一、展览名称	
2019 年上海国际××技术展览会	
二、展览目的	
当今世界××技术飞速发展，各种用于患者的先进技术产品层出不穷。本届展览会的目的就是将目前世界上最先进的××技术和器材介绍到国内来，以促进我国与国际上在××技术领域的交流与合作，进一步提高我国的××技术水平。	
三、展览时间和地点	
时间：2019 年 8 月 8—10 日	
地点：上海××会展中心	
四、主办单位和分工	
此次展览会由上海××会展中心有限公司与上海××展览有限公司联合举办。双方分工如下：	

上海××会展中心有限公司负责:提供展览场地,设计和搭建展台,安排开幕式和招待酒会,展场管理,印刷招展书、会刊、招展广告。 上海××展览有限公司负责:展览会报批,国内外招展,联系支持单位,联系国内外招展代理人,与海关、公安、消防方面协调,邀请有关领导出席。 五、盈利分成 展览会盈利按下列比例分配:上海××会展中心有限公司获55%,上海××展览有限公司获45%。 六、展览面积和展位 展览面积5 000平方米左右,共设350个国际标准展位(3米×3米)。	正文概括介绍会展项目的基本情况
七、收支预算 预测一: 1.展位价格:国内参展商5 000元人民币/标准展位;国外参展商10 000元人民币/标准展位。 2.总收入:如展位全部出租,30%的展位由国外参展商租赁,总收入为:5 000元×350×70%+10 000元×350×30%=2 275 000元。 3.成本支出: 招展宣传:700 000元。 展馆费用:500 000元。 差旅费用:50 000元。 通信费用:30 000元。 公关费用:100 000元。 其他费用:200 000元。 共计支出1 580 000元。 4.盈余: 收支相抵,共盈余695 000元。其中: 上海××会展中心有限公司获利695 000元×55%=382 250元。 上海××展览有限公司获利695 000元×45%=312 750元。 预测二: 1.总收入:如展位全部出租,50%的展位由国外参展商租赁,总收入为:5 000元×350×50%+10 000元×350×50%=2 625 000元。 2.盈余: 收支相抵,共盈余1 045 000元。其中: 上海××会展中心有限公司获利1 045 000元×55%=574 750元。 上海××展览有限公司获利1 045 000元×45%=470 250元。 八、风险 如展览会因各种因素取消,则损失先期投入的费用约为200 000元。	对收支、盈余、风险进行预算和预测
九、结论 1.本届展览会在正常经营条件下,仅办展一项(不计场馆内的广告收入和其他服务性收入)可获利695 000~1 045 000元,而风险损失仅约200 000元,具有较好的经济效益。 2.上海国际××技术展览会每年一届,通过举办本届会展,能够稳定老客户,吸引新客户,为下届展览会铺平道路。	通过具体的分析论证,得出结论

3. 鉴于以上分析,建议举办本届上海国际××技术展览会。 　　　　　　上海××会展中心有限公司 　　　　　　　　上海××展览有限公司 　　　　　　　　　2019 年××月××日	落款和日期

【训练设计】

随着旅游资源的开发,新形势下的宗教政策日趋明朗化。地方寺庙的文化节、旅游节的纷纷举办,拉动了宗教用品行业的迅速发展。

中国经济的繁荣与发展,促使中国宗教界将进一步加强与世界各国和地区的交往,特别是与中国文化背景相似的日、韩、东南亚地区的交往。宗教用品必将逐步国际化。

普通百姓对宗教用品的需求空前旺盛。中国宗教文化源远流长,影响着数以亿计的宗教信徒和准信徒,10 万之多的宗教活动场所,40 万神职人员及 3 000 多个宗教组织。这一庞大的消费群体对宗教用品呈日渐公开化的增长消费趋势。

据不完全统计,目前我国已有 8 000 多家企业纷纷投入宗教用品生产,抢抓这一空前商机。在这一特定背景下,"2018 上海国际宗教文化用品博览会即产品交易订货会"旨在弘扬各教界真、善、美的思想理念,展示优秀文化产品。疏通产品流通渠道,搭建国际商贸平台。本届展会是中国首届规模最大,专业性最强,规格最高,参与国家最多的国际性盛会。

宗教用品与宗教信仰休戚相关,在人们心目中一直占有较高的地位,随着经济的发展,人们对宗教用品的质量要求越来越高,传统的经营和销售方式已不适应市场经济的时代了,只有竞争才有市场。

宣传推广及买卖:此次展会将借助网络、报纸和杂志等媒体进行广泛有效的宣传,并通过电话、传真、邮寄、请柬、拜访等形式邀请全国各个寺院教堂物质流通处,全国各宗教用品采购商、经销商、专营店,各省市宗教文化流通协会,各宗教团体到会参观、采购、洽谈。还将特别邀请在北京使馆的宗教界人士,以及日、韩、东南亚华人商业联合会采购团前来参观采购。

请参考以上资料,回答问题:

1. 如果要为"2018 上海国际宗教文化用品博览会即产品交易订货会"编写一篇完整的可行性研究报告,应包括哪几部分内容?

2. 对"2018 上海国际宗教文化用品博览会即产品交易订货会"进行展会项目生命力分析。

3. 对你所在城市某一会展项目(从未召开过的)进行市场环境分析。

2.5　会展计划

【训练要领】

会展计划就是根据项目策划所选定的会展项目主题,确定会展项目所要完成的目标,并制订为实现这些目标的进度计划和预算安排。会展计划不仅有利于项目团体对目标有更清晰的认识和理解,提高项目管理的运作效率,还可为项目控制提供依据。

2.5.1 会展计划的含义

计划是为完成一定时期的任务而事前对目标、措施和步骤作出简要部署的事务文书。会展计划是对会展工作预先作出打算和安排的文书,又称纲要、规划、方案、设想、意见、安排、工作要点等。

在会展业务中,经常需要制订的会展计划便是方案。方案又称工作方案,是会展计划的一种,是为完成任务而事先所做的安排。具体而言,在进行某项工作前,根据实际情况,对所要做的工作提出具体要求、规定明确目标、制订相应措施。

订好会展计划、写好方案对完成任务有着重要作用。古语云:"凡事预则立,不预则废。"这个"预",就是事先做好的计划。制订好一个方案,可让人们心中有数,知道"做什么"和"怎么做",从而统一思想,明确目标,有利于提高自觉性,减少盲目性,充分调动全体员工的积极性和创造性。会展计划、方案又是检查工作的客观依据。在实施方案的过程中,人们可根据方案及时检查工作,以便随时发现问题,随时改进工作,更好地完成任务。

2.5.2 会展计划的特点

1)具有明确的目标

即在一定时间内要完成什么任务,达到什么目的。

2)具有很强的预见性

制订计划要对未来一段时间或一个时期作出科学的预见,如基础条件如何,前景如何,目标高低,以及措施怎样等,对各种可能出现的情况,必须有一个清醒的认识,正确的估量。没有科学的预测,也就没有计划。

3)具有可行性

制订计划就是为了执行。对未来的预测,应建立在客观实际的基础上,并制订具体可行的操作步骤,切忌盲目地、无根据地制订计划,这样才能使计划有可行性。

4)具有一定的约束力

制订任何一项计划,必须有明确的目的,即在一定的时间内完成什么任务,获得什么效益。这也就成了工作的方向和依据,并具有很强的指导性、规范性和约束性,不能随便更改。

2.5.3　会展计划的种类

会展计划的种类很多。按内容,可分为综合会展计划和专项(单项)会展计划;按性质,可分为展览计划、展销计划、会议计划等;按范围,可分为国家会展计划、地区会展计划、部门会展计划及单位会展计划等;按期限,可分为长远会展计划、年度会展计划、季度会展计划、月度会展计划及日会展计划等。

2.5.4　会展计划的结构与写法

会展计划可采用文字式、表格式或条目式。文字式会展计划即以文字叙述来表达会展计划的内容。表格式会展计划即主要用表格来表达会展计划的内容。条目式会展计划即逐条列出会展计划内容,这种方式使用最为广泛。以上3种方式往往综合使用。

会展工作计划一般由标题、正文和落款3部分组成。

1)标题

标题由计划单位、计划时限、计划事由和文种组成。基本样式如《××公司××年××计划》。也有省略其中一、二项的标题,如《××年会展协会工作计划》《××届××展览会工作计划》等。

2)正文

正文一般由前言和主体两部分组成。

(1)前言

前言一般应简要说明制订计划的指导思想、主要依据以及总目标或总任务。文字表达要高度概括。

(2)主体

主体一般由目标、措施、步骤3部分组成,称为会展计划的"三大要素"。首先要写明规定时限内要完成的基本目标或基本任务以及这些目标、任务在数量和质量上的要求。其次要写明实现目标的措施与方法,如由谁或由什么部门负责,用什么方法完成。最后说明完成目标、任务要采取的步骤,先做什么,后做什么,具体有什么要求。写作这部分内容,措辞要准确简明,层次要清楚,表述要具体明确。

3)落款

落款包括制订计划的单位名称和具体日期。

【例文评析】

例文2.6 文字式会展计划	评 析
第×届国际××展览会参展筹备工作计划 　第×届国际××展览会将于××××年××月××日至××日在××国××市××博览中心举办,为做好本公司的参展筹备工作,按时完成各项任务,特制订以下工作计划:	前言
一、××××年××月××日之前(12个月前) 　(1)从展览的规模、时间、地点、专业程度、目标市场等各方面,综合专家意见,确定全年参展计划。 　(2)与展览主办单位或代理公司进行联系并取得初步资料。 　(3)选定展位。 　(4)了解付款形式,考虑汇率波动,决定财务计划。 　二、××××年××月××日之前(9个月前) 　(1)设计展位结构。 　(2)取得展览主办公司的设计批准。 　(3)选择并准备参展产品。 　(4)与国外潜在客户及目前顾客联系。 　(5)制作展台宣传资料和展品手册。 　三、××××年××月××日之前(6个月前) 　(1)利用广告或邮件等进行推广活动。 　(2)确定赴××国参展的行程。 　(3)支付展位及其他服务所需的预付款。 　(4)复查本公司的展品宣传手册、传单、新闻稿等,并准备翻译。 　(5)安排展览期间翻译员。 　(6)向服务承包商及展览组织单位订购广告促销。 　四、××××年××月××日之前(3个月前) 　(1)继续追踪产品推广活动。 　(2)最后确定参展样品,并准备一批代表本公司产品品质及特色的样品,贴上公司标签,展出时赠送给索取样品的客户。 　(3)最终确定展位结构的设计。 　(4)设计好访客回应处理的程序。 　(5)培训本公司参展员工。 　(6)排定展览期间的约谈。 　(7)安排展览现场或场外的招待会。 　(8)购买外汇。 　五、××××年××月××日之前(4天前) 　(1)将运货文件及各种宣传资料放入公文包。 　(2)搭乘飞机至目的地。 　六、××××年××月××日之前(3天前) 　(1)抵达展览举办地,饭店登记。 　(2)视察展览厅及场地。 　(3)咨询运输商,确定所有运送物品的抵达情况。	工作计划的主体部分 以倒计的方式列出在某一时间段内要完成的工作任务 各时段的工作任务要求具有时间顺序性和可操作性

	评　析
（4）指示运输承包商将物品运送至会场。	
（5）联络所有现场服务承包商,确定一切准备工作就绪。	
（6）与展览组织代表联络,告知通信方法。	
（7）访问当地顾客。	
七、××××年××月××日之前(2 天前)	
（1）确定所有物品运送完成。	
（2）查看所订设备及所有展会用品的可靠性及功能。	
（3）布置展位。	
（4）最后敲定所有的活动节目。	
八、××××年××月××日之前(1 天前)	
（1）对摊位架构、设备及用品做最后的检查。	
（2）将促销用品发送至分配中心。	
（3）与公司参展员工、翻译员等进行展览前的最后演练。	
××公司××部	落款
××××年××月××日	

	评　析
例文 2.7　表格式会展计划	这是会展计划中比较简单的一种计划

2018 年长城国际展览有限责任公司境外展览计划

航空航天、军警及防务类

序号	展会名称	展会时间	举办地点
1	新加坡航空航天展	2 月 13—18 日	新加坡
2	澳大利亚国际航空航天展览会	3 月 21—26 日	澳大利亚
3	智利航空航天展	3 月 29—4 月 3 日	智利圣地亚哥
4	马来西亚亚洲防务展	4 月 16—19 日	马来西亚吉隆坡
5	德国莱比锡军警展	4 月 24—26 日	德国莱比锡
6	德国柏林航空航天展览会	4 月 25—29 日	德国柏林
7	约旦国际防务展	5 月 8—10 日	约旦安曼
8	哈萨克斯坦国际＆军警展	6 月 2—5 日	哈萨克斯坦哈斯塔娜
9	法国巴黎国际陆军武器和防空系统展览会	6 月 11—15 日	法国巴黎

以表格的形式列出公司计划参加展会的名称、时间、地点,简洁,一目了然

序号	展会名称	展会时间	举办地点
10	英语范堡罗国际航空航天展览会	7月11—17日	英语范堡罗
11	南非防务展	9月19—23日	南非比勒托利亚
12	日本东京航空航天展览会	10月30日	日本东京
13	中东卡塔尔国际军警展	11月7日	卡塔尔多哈
14	印度尼西亚国际防务展	10月29—31日	印度尼西亚雅加达
15	巴基斯坦军警 & 防务展	11月7—10日	巴基斯坦卡拉奇
16	2019阿布扎比国际防务展	11月27—30日	迪拜阿布扎比

(资料来源:道客巴巴网)

【训练设计】

××珠宝首饰有限公司准备参加2020年深圳国际珠宝展(2020年9月12—16日),请你参考例文"第×届国际××展览会参展筹备工作计划",为该公司制订此次参加展览会的参展计划。

深圳国际珠宝展览会从2000年创办至今已连续成功举办19年,被誉为中国内地最具规模、最高档次、最多买家群体、最具影响力、国际化进程最高的专业珠宝交易展览会。深圳市珠宝首饰行业是深圳市六大优势传统产业之一,产品占全国70%以上的市场份额,汇聚各类珠宝企业约2 300家,制造加工企业约700家,年加工总值超过800亿元人民币(约125亿美元),从业人员约20万人,在国内处于举足轻重的龙头地位,是名副其实的"中国珠宝之都"。深圳国际珠宝展览会在国际上享有盛誉,并跻身于全球珠宝展前十位。该展会为行业人提供理想的贸易交流平台,同时让供应商和买家直接面谈洽商,为买家采购来季珠宝产品提供最佳时机。

深圳国际珠宝展,秉承以往的佳绩,参展阵容将更为鼎盛,买家群体更为广泛。全球钻石权威机构——DTC组织约30家全球看货商连续参展,建成有130多个展位的钻石馆;国际铂金协会、世界黄金协会、国际钯金协会等海内外专业机构、企业各种推广活动更是层出不穷。有来自62个国家与地区35 000多买家参加展会。2020深圳国际珠宝展览会的阵容将会更为鼎盛。

2.6 会展申办报告

【训练要领】

会展申办报告是会展申办方案中最重要的文件。其主要作用包括两个方面：一是陈述会展申办的理由和所具备的条件、优势；二是统领所有的会展申报文案。也就是说，其他配套会展申办文件，如会展可行性报告、有关方面的支持函、与承办单位签订的协议书等都可作为会展申办报告的附件一起上报。

2.6.1 会展申办报告的含义

申办报告是向上级机关请求指示、批准的文书，是申办文案中最重要的文件。国内机构提交的申办报告，一般可分为两种：一种是国内机构请求批准在国（境）内举办自行发起的会展。目前，这类申办报告的法定名称尚不统一，有的称为"报告"（如中国商会的规定），有的称为"申请报告"（如科技部的规定），还有的统称"申报文件"。由于国内机构申请举办会展都是上级机关或级别较高的主管部门审批，因此，实践中许多单位将申办（请）报告称为"请示"。另一种是国内机构申请举办国际组织发起的会展活动。这时，申办机构要向国内的有关主管机构请示，获得同意后再向发起会展活动的国际组织提交申办报告。

2.6.2 会展申办报告的基本内容

目前，我国的会展审批体制分条分块，各审批部门对申办报告的内容规定也不尽相同，但一般而言，向国内审批机关提交的会展申办报告应当包括以下内容：

①会展活动的名称。例如，举办国际性会展，应写明中英文名称。

②主办单位和承办单位的名称及分工。例如，举办国际性会展，应写明主办单位和承办单位的名称和分工。联合主办时，只需写明前两个主办单位的名称。各单位间的职务分工和具体责任必须写清楚。

③历届会展的基本情况。例如，时间地点、展览面积、主办和承办单位、参展商和观众数量、展出内容和效果等。

④本届会展的背景、目的、意义、宗旨、条件、主题、与会者或参展范围、活动形式等。

⑤举办时间和地点。时间要求具体到日期，如有特殊情况可只报年月、会期或展期；地点要求具体到城市。

⑥会议人数、展览面积。国际会议申请需提供总人数和国外代表人数，不含我国港、澳、台地区代表。展览面积是指展览实际有效面积，即净面积。单独举行的国际展览只需申报展览面积。如会议与展览同时举办，则另需提供参加会议的人数。

⑦经费来源。主要包括申请项目会展发展扶持基金、申办方投入、通过市场化手段筹集资金、获取银行支持、申请政府拨款等。

⑧申办国外展,要说明工作人员在外停留天数、出访路线等。

⑨会展联系人、联系办法、电话、传真、电子邮件地址和网址等。

⑩附件。例如,申请举办重要国际会议以及 1 000 平方米以上的展览应提交可行性研究分析报告、作为主办或支持单位的政府机构同意函、举办地主管部门的意见。

2.6.3 申办报告的结构与写法

申办报告的形式有两种:一种是文章式;另一种是表格式。文章形式的结构与写法如下:

1)标题

标题一般应写明申办机构名称、会展名称和申办报告。

2)主送机关

写明负责审批的机关名称,不能多头主送。

3)正文

正文逐项写明申办报告的基本内容。要求条理清楚、层次分明、语言简明。正文包括展览名称、展览主办单位、承办单位或协办单位、展览时间、展览地点、展览面积、展览内容等。

4)附件

申办报告都有附件,应逐项标明每份附件的序号及名称。

5)落款和日期

在正文的右下方写明申办单位的名称,再换行写明提交的日期。

表格形式的申办报告由审批单位统一制作成申请表,列出各项具体内容,由申请单位按要求逐一填写并加盖公章。

【例文评析】

例文 2.8 申办报告(文章式)	评 析
关于举办首届中国·郑州农业博览会的申办报告 市政府: 　　为了加强农产品营销促销和现代农业新技术、新产品和新成果的交流,展示我省和我市现代农业成果,促进农业招商引资和对外开放,推进农业结构调整和现代农业发展,拟于×××年 9 月中旬举办首届中国·郑州农业博览会。现将具体事项请示如下: 　　一、举办首届中国·郑州农业博览会的必要性和可行性 　　1.举办农博会是促进我省和郑州市现代农业发展的新举措(略)。	负责审批的机关名称 举办博览会的必要性和可行性

2.农博会是农产品营销促销活动的重要渠道,是国内外、产供销对接的重要平台(略)。

3.展示我省和我市现代农业新形象,促进新技术、新成果、新产品的交流,扩大农业对外开放和招商引资(略)。

4.促进郑州现代商贸城建设和现代会展业发展(略)。

二、首届中国·郑州农业博览会的基本构想

(一)指导思想

首届中国·郑州农业博览会以"绿色品牌·现代农业"为主题,以建设社会主义新农村为主线,全方位展示农业新技术、新产品、新成果,大力开展农产品营销促销活动,全面推进农业招商引资和对外开放,展示郑州现代农业成果,为农产品销售搭建平台,促进农业增效、农民增收和农村经济发展。

(二)展会名称

首届中国·郑州农业博览会

(三)主办单位

河南省农业厅、郑州市人民政府

(四)承办单位

郑州市农业局、惠济区人民政府、河南绿色中原集团现代农业有限公司

(五)特邀参会单位

农业部、中国农学会、九三学社中央委员会社会发展部,河南省省辖市人民政府、省直各有关单位,国内各有关省会城市人民政府

(六)展会地点

河南绿色中原集团丰乐农庄农业示范园(河南省郑州市惠济区)

(七)展会时间

×××年9月16—18日(9月16日开幕,18日闭幕)

(八)展会组织机构(略)

(九)参会对象、会议规模、展会主要活动内容(略)

(十)会议接待(略)

(十一)会议经费预算(略)

(十二)会议邀请和招商办法(略)

三、当前急需办理的事项

1.请市政府抓紧研究,确定方案后上报省政府批复,成立组委会。

2.落实展会资金。

3.组建展会工作机构,全面开展招展招商工作。

4.惠济区和河南绿色中原集团公司做好会场整治工作。

以上报告如无不妥,请批复同意并上报省政府批准。

郑州农业博览会组委会

××××年5月10日

逐项写明申办报告的基本内容。包括展览名称、展览主办单位、承办单位、特邀参会单位、展览时间、展览地点、展会组织机构、参会对象、会议规模、展会主要活动内容等

条理清楚、层次分明,语言简明

会议接待、会议经费预算、会议邀请和招商办法都有明确的计划

内容较多、较复杂的部分可以以附件的形式申报

申报单位

日期

【训练设计】

结合以下资料分析会展申办报告的内容和写作要求,并为某一展览会写一份会展申办报告。

关于举办"首届中国·徐州民间工艺美术产业博览会暨中国工艺美术家高峰论坛"的申办报告

尊敬的领导:

为推广民俗艺术事业的发展,打造国际化水准的徐州市民俗艺术(品)产业基地,努力推进徐州市民俗艺术产业持续快速发展。为促进地区之间民俗艺术产业的交流与合作,2018年9月16—26日,在徐州市××(地点)隆重举行首届中国·徐州民俗艺术(品)博览会暨中国工艺美术家高峰论坛。进入21世纪以来,中国艺术市场高速发展,徐州是华夏九州之一民俗艺术底蕴深厚。在未来的很长时间内民俗艺术将会是消费的热点。有专家预测,徐州市未来的10年之中,民俗艺术产值将占到艺术品行业40%甚至更多,就业人数将过十万。面对高利润的新市场,利好的市场前景,民俗艺术配饰生产、民俗艺术(品)销售企业、民俗艺术(品)设计公司、民俗艺术(品)设计师培养机构(高校)、民俗艺术(品)设计相关协会组织蓬勃发展。据了解,徐州市现阶段民俗艺术(品)在艺术(品)产值中所占比例并不高,平均只占到5%,因此,有着广阔的市场空间。随着徐州市经济的迅猛发展和人民生活质量的不断提高,人们的精神与文化消费需求日益增长。为加强对民俗艺术的指导,促进民俗艺术的健康发展,提升民俗艺术内涵与文化品位,推动民俗艺术(品)行业整体水平的提高。团结国内民俗艺术大师,举办国际化水准的徐州市民俗艺术(品)博览会,组织形式多样的学术活动,搞好民俗艺术的宣传和普及工作,努力打造好、宣传好这张城市名片,为我市文化、经济建设服务。为此,根据行业发展的需要和相关企业的要求,望领导及相关部门接受我们的请示,给予批复帮助为盼。

附件:首届中国·徐州民俗艺术(品)博览会暨中国工艺美术家高峰论坛总体策划方案

徐州科协工艺美术学会

2018年××月××日

附件:"首届中国·徐州民俗艺术(品)博览会暨中国工艺美术家高峰论坛"总体策划方案

一、总体策划方案

定位:民俗艺术博览会是徐州市对民俗艺术博览会和区域合作而采取的一项积极行动,旨在构建徐州市与苏北区域乃至全国城市互利共赢、交流合作、竞争开放的长期合作平台。首届徐州市民俗艺术(品)博览会总体策划方案以打造"中国民俗艺术(品)博览会的第一展会"并逐步办成徐州市乃至中国精品展会为目标,紧紧围绕苏北区域合作、以振兴苏北经济区为主题,立足苏北,面向全国,以低碳环保、技术交流、专题研讨会议为主要内容,坚持徐州市政府指导和市场化运作相结合的方式,突出徐州市区域特色、突出徐州市民俗艺术(品)产业特点,使民俗艺术(品)博览会成为徐州市与全国并面向世界的民俗艺术(品)交流平台,使参展参会者通过博览会寻得商机,获得发展,实现共同繁荣。

主题:推广民俗艺术(品)理念。

宗旨:打造民俗艺术精品,展示区域形象,促进共同发展。

原则:注重经济实效,突出徐州市特色。

二、规模、规格

首届徐州市民俗艺术(品)博览会总体规模拟达到国内外各类参展参会客商×××人,其中参展商×××人,采购商×××人,项目洽谈商×××人,考察商×××人。新闻媒体记者×××人以上。届时,将特邀徐州市领导人莅临展会。

三、办展单位

2018年首届徐州市民俗艺术(品)博览会主承办、协办单位:

主办单位:××××

支持单位:××××

承办单位:××××

媒体支持:××××

全案筹备:徐州市科协工艺美术学会专业委员会

筹备组常设办公室:××××

地址:××××

电话:×××××××××××

邮编:××××××

联系人:×××

电子邮件:×××

展会名称:首届徐州市民俗艺术(品)博览会暨中国工艺美术家高峰论坛

展会时间:2018年××月××日至××月××日

布展时间:2018年××月××日至××月××日

展出时间:2018年××月××日

撤展时间:2018年××月××日

地点:×××

四、时间、地点和展区设置

时间:2018年××月××日至××月××日

地点:中国徐州市

展区设置:徐州市

首届徐州市民俗艺术(品)博览会设置标准展位×××个。设置民俗装饰艺术类、灯饰艺术类、书法类、绘画类、剪纸类、家具类、布衣类、窗帘类等若干展区,主要展示徐州市及国内部分省(区、市)名、优、特低碳陈设产品和低碳技术、节能项目。

五、主要内容(略)

首届徐州市民俗艺术(品)博览会由民俗艺术产品、专业会议及商务活动三大主要板块和文体交流等辅助板块组成。

六、宣传计划(详细方案另附)

1.专业性媒体发布消息。

2.大众媒体发布消息。

3.户外现场广告。

4.新闻发布会。

七、招展、招商

1.国际方面主要邀请日本、韩国。

2.邀请全国各地民俗艺术产品生产企业参展,邀请中国工艺美术学会会员参与,邀请工艺美术专家、大师。

八、展厅规模和分布规模

×××平方米

九、展位价格和配置

展位价格:×××元/××平方米

十、参展要求

1.参展企业产品:必须符合国家质量要求,具有中文标识的产地、商标及合格证,以维护企业和消费者的权益。参展企业的中文名称必须与营业执照相符。

2.为保证博览会质量,参展企业不得私下转让展位或拼摊,违反者取消参展资格,不退还已交的展位费。

十一、参展手续/申请表

参展企业必须认真填写参展申请表并加盖公章,将参展企业表传真或邮递至博览会组委会,将资料编入会刊。同时,请将20%展位定金汇至组委会指定账号,组委会将按企业汇款日期的前后确定展位。根据布局的需要,组委会办公室有权变更展位。

十二、技术交流

组织徐州市及国内部分省(区、市)推介民俗艺术项目,发布民俗艺术产品信息,介绍民俗艺术节能环保和政策,邀请国内外各类民俗艺术机构、投资商参会,开展各种形式的对接洽谈,扩大投资合作。

采取方式(略)

十三、组织领导及责任分工(略)

十四、保障措施

(一)建立协调机制(略)

(二)加大招展工作力度(略)

(三)加强新闻宣传(略)

(四)发挥主办城市作用(略)

(五)做好接待服务工作(略)

(六)资金支持(略)

徐州科协工艺美术学会

2018年××月××日

本章小结

本章介绍会展市场调研文案的写作,主要是指会展调查问卷和调查表的设计以及会展调查报告的写作;会展立项策划书是为策划举办一个新会展而提出的一套办展规划、策略和方法,它是对以上各项内容的归纳和总结;会展项目立项可行性研究报告就是在对会展立项进行可行性分析的基础上完成的研究报告;会展计划是预先对会展工作作出打算和安排的文书;申办报告是会展活动申办文案中最重要的文件。通过学习,要求会展从业人员掌握会展计划、组织阶段的文案写作知识及方法。

复习思考题

一、名词解释

1. 会展计划

2. 组织阶段的文案

3. 会展市场调研

4. 会展立项策划

5. 会展立项策划书

6. 会展计划

二、填空题

1. 会展市场调研的一般方法是_____研究与_____研究相结合。

2. 会展市场调研是一系列调研事项和阶段的组合,包括_____的明确、_____设计、_____的收集、_____的整理和分析、_____的撰写等步骤。

3. 会展调查问卷的结构一般包括 3 个部分:_____、_____和_____。

4. _____是市场调研的结晶,是提供给使用者参考以做出决策的基础。

5. 展览会的名称一般包括 3 个方面的内容:_____、_____和_____。

6. 策划选择展会的举办地点,包括两个方面的内容:一是_____;二是_____。

7. _____是指拥有会展并对会展承担主要法律责任的办展单位。

8. 办展时间有 3 个方面的含义:一是指_____;二是指_____;三是指_____。

9. 展会规模包括 3 个方面的含义:一是_____;二是_____;三是_____。在策划举办一个展会时,对这 3 个方面都要做出预测和规划。

10. 在制订会展的价格时,一般遵循_____的原则。

11. 展览会策划的核心内容是_____和_____。而_____是成功策划展览的第一步工作。

12. 会展计划的种类很多,如按性质区分,可分为_____计划、_____计划和_____计划。

13. 会展计划可采用_____、_____或_____。

14. 申办报告是申办文案中最重要的文件。其主要作用:一是_____;二是_____。

三、简答题

1. 一份完整的会展调研报告应包括哪些内容?

2. 会展调查问卷的结构一般包括哪些?

3. 会展调查问卷类型有哪些? 它们各有何优缺点?

4. 会展项目立项可行性研究报告主要包括哪几项内容?

5. 会展立项策划书提出的会展基本框架主要包括哪些内容?

6. 会展工作计划由哪几部分组成?

7. 申办报告有哪几种形式? 各形式的结构与写法如何?

四、多项选择题

1. 会展市场调查是一系列调查事项和阶段的组合,包括(　　　)等。

　A. 调研目标的明确　　　　B. 调查方案的设计

　C. 调查资料的收集　　　　D. 调查数据的整理和分析

　E. 调查报告的撰写

2. 调查报告应具备(　　　)等特点。

　A. 及时性　　　　　　　　B. 针对性

　C. 导向性　　　　　　　　D. 系统性

　E. 准确性

3. 展览会策划的项目设想与建议阶段的核心工作主要表现在 3 个方面(　　　)。

　A. 行业展会分析　　　　　B. 展览项目构思

　C. 展览项目立项　　　　　D. 展览项目展望

4. 展会项目生命力分析一般包括(　　　)等方面。

　A. 项目可行性　　　　　　B. 项目发展空间

　C. 项目竞争力　　　　　　D. 办展机构优势分析

5. 会展计划的特点有(　　　)。

　A. 具有明确的目标　　　　B. 具有很强的预见性

　C. 措施具有可行性　　　　D. 具有一定的约束力

实训题

实训项目:会展项目立项策划书写作。

实训目的:通过本次实训,使学生掌握会展项目立项策划书的结构及要求。

实训学时:3 学时。

实训内容:请根据下述材料编写一份完整的展览会立项策划书。

中国(青岛)国际珠宝首饰展览会

珠宝行业拥有广阔的市场空间,据统计,中国连续 4 年成为世界第一的铂金首饰消费大国,占全球消费总量的 53%,消费额超过 30 亿美元,中国还是亚洲最大的翡翠市场及全球最大的淡水珍珠产出国,占全球总量的 95% 左右。

中国(青岛)国际珠宝首饰展览会已成功举办了九届,是继深圳、上海、北京,中国第四大珠宝展;受到国家级行业协会、政府机构、行业组织及学术机构的广泛关注,是需求市场绝不可能错过的行业展览会。该展会立足中国北方,面向东南亚、欧美地区,辐射国际市场。历届吸引来自意大利、泰国、缅甸、美国、比利时、日本、韩国、澳大利亚、捷克,以及中国台湾、中国香港等国家和地区的众多知名品牌参与,展会经过几年的快速发展,现已成功跻身一流展会行列,广大参展商和观众的总体满意度为85%以上,被誉为中国四大珠宝展之一。

青岛作为中国最具经济活力城市、中国十佳商务城市,曾荣获"公众最向往的中国城市"及中国最具风情城市。相约北京,扬帆青岛,青岛是2008年奥运会帆船运动的举办地,是一座消费意识超前的城市,城市综合经济指数极高,市场消费潜力巨大。同时青岛拥有发展珠宝首饰产业的众多优势。首先,拥有众多的天然资源和地理优势,省内罗列着"中国金都"招远、"中国蓝宝石之乡"昌乐、盛产钻石的临沂,还有建成及在建的珠宝城及交易中心:青岛中韩小商品城、青岛工艺品城、中国宝石城、招远黄金珠宝城、威海国际金玉珠宝交易中心、济南珠光宝玉石市场等;其次,青岛是中国钻石业加工基地,还拥有1 000余家韩国投资的仿真首饰加工基地。青岛已经建成中国北方最大的贵金属加工园,使贵金属加工形成"南有深圳沙头角,北有青岛保税区"的格局。可以预见,一个重要的首饰集散基地即将在中国北方迅速崛起。

实训观测点:

1. 展览会立项策划书的结构是否合理?

2. 展览会立项策划书的内容是否全面?

3. 展览会立项策划书的各项内容考虑是否周全?

案例分析

2017年青岛汽车产品博览会项目立项可行性研究报告

一、市场环境分析

1. 宏观产业分析

中华人民共和国成立以来,我国汽车工业得到了长足的发展,尤其是改革开放30多年,我国的汽车工业的发展更加迅速,而我国汽车零部件行业的发展在其中起到了很重要的推动作用。

近年来,随着我国经济的发展,我国汽车零部件市场发展速度保持了较快的增长,目前,国内零部件企业规模较大的有5 000家左右,而每月产品销售收入在5 000万元以上的企业占到15%左右。在汽车的生产总成本中,零部件占据了总成本的70%以上,只有汽车零部件产业发展了,才能保证汽车产业的发展,汽车零部件销售收入的连年递增,造就了我国汽车产业的繁荣。根据有关调查,2001年中国汽车售后市场已形成了370亿元的规模,2002年为500亿元,2003年达到了650亿元的规模。2005年以来,以轿车为代表的整车利润和销售速度持续下滑,中外汽车巨头纷纷将投资重点转向汽车电子等毛利润较高的汽车零配件产业,因此,也在此带动了汽车零部件产业的繁荣。同时,我国汽车零部件的出口也在不断增长,但增长速度呈下降趋势。

加入世界贸易组织以来,我国的汽车行业受到了一定的冲击,外资零部件厂商看准了中国这片广阔的市场,尤其是汽车市场完全对外资放开后,跨国零部件巨头却加紧了在华扩张步伐。目前,外商在我国投资的零部件企业已达500多家,跨国零部件巨头在中国的市场份额已达到20%。面对激烈的市场竞争的格局,我国的汽车零部件行业规模小、集中度低的局面急需得到改善。

山东省汽车用品市场(略)。

青岛市的汽车用品市场(略)。

2. 政治法律环境

《汽车产业发展政策》共十三章,七十八条,力图营造公平竞争的市场环境,努力做到管理制度公开透明,体现宏观调控和市场竞争相结合。与1994年《汽车工业产业政策》相比,新的政策主要有六大变化:一是取消了与世贸规则和中国加入世贸组织所做承诺相违背的部分,如取消了要求外贸平衡、国产化比例等政策;二是大幅度减少行政审批,该放的放开,该管的管住,强调依靠法规、技术标准引导产业;三是提出了品牌战略,鼓励自主开发具有自主知识产权的产品,为汽车工业自主发展明确政策导向;四是促进国内汽车企业集团做大做强,引导现有企业兼并重组;五是要求汽车企业重视建立品牌销售和服务体系,免除消费者的后顾之忧;六是为创造更好的消费和使用环境提出了指导性意见。新政策力求具有创新性、前瞻性、科学性和指导意义,新政策的公布实施,必将担负起引导中国汽车产业走上长期、持续、健康发展道路的重任。新《汽车产业发展政策》首次将汽车工业产业政策与汽车消费政策合二为一,提出培育以私人消费为主体的汽车市场,改善汽车使用环境,维护汽车消费者权益。还明确提出,除国家规定的收费项目外,任何单位不得对汽车消费者强制收取任何非经营服务性费用。新华社讯国家发展和改革委员会产业政策司产业协调二处处长卢希近日在广西桂林说,我国将加快汽车零部件工业发展,建立强大的零部件支撑体系。

在近日举行的全国产业结构调整工作座谈会上,国家发改委产业政策司这位负责人说,我国汽车零部件与整车未同步发展,影响整车技术水平提高。通过合资、合作,整车产品制造工艺和质量已经接近国际水平,但零部件生产落后于整车发展。零部件企业整体配套能力不强,专业化水平较低,自主开发系统集成能力薄弱,跟不上整车开发步伐。这位负责人说,我国将加快汽车零部件工业发展,建立强大的零部件支撑体系。引导和支持汽车零部件工业做大做强,支持有条件的地区发展汽车零部件产业集群,鼓励汽车生产企业与零部件企业联合开发整车产品,鼓励零部件企业提高产品的研发能力与技术水平,引导零部件优势企业实现规模生产并进入国际汽车零部件采购体系,积极参与国际竞争,提高国际市场的占有份额。

3. 微观环境分析

办展机构:

广东博昌展览服务有限公司:凭借成功举办青岛国际烘烤工业及烘焙原辅料博览会、青岛国际玩具及孕婴童用品博览会、青岛国际打印技术文具及办公用品博览会、青岛国际酒店用品及设备博览会、青岛国际礼品工艺品及家庭用品博览会、青岛国际洗涤设备技术博览会等许多国际性大型会展的经验,广东博昌展览服务有限公司对在青岛的会展事业已驾轻就熟,选择青岛作为博昌会展事业的重地也体现了博昌长远的眼光,山东近年来经济的高速发展,吸引了大量日韩客商的投资,也成为对外经济贸易主要通道。作为山东省经济发展龙头,青岛有着得天独厚的优势。作为 2008 北京奥运的伙伴城市,青岛被赋予了无限的商机,青岛不仅仅发挥了展览展示和形象宣传功能,在经济辐射、旅游拉动、吸引投资等方面也同样展示了其巨大的能量。

青岛市汽车行业协会:荣获青岛市"诚信民间组织"荣誉称号,为青岛汽车产业链的健全和发展做了大量工作,贡献突出。

目标客户:包括青岛本地和山东省内各大汽配厂商和汽车经销商,以及河北、河南、天津、江苏等周边省乃至全国范围内的汽车用品制造和经销商。

竞争者:可分主要和次要两类,主要竞争者是在 2017 年国内举办的所有汽车用品、配件、服务展览会。次要竞争者包括所有国内的汽车用品品牌展会。

4. 市场环境评价:SWOT 分析法

内部优势(略)。

内部劣势(略)。

外部机会(略)。

外部威胁(略)。

二、展会项目生命力分析

1. 项目发展空间

首先,汽车用品产业本身是"钱"途无限的职业,尤其是在中国这个还未完全开发和成熟的巨大市场,汽车的消费人群不断增长,使得汽车用品行业对任何一个商家都意味着巨大的商业诱惑和经济利益。而汽车工业销售全国排名第四的山东作为全国汽车工业发展极其迅速的地区,下定决心把汽车工业建成本省的支柱产业,有理由也有条件来承办这样一届汽车用品展览会,而青岛作为山东经济发展的桥头堡和 2008 奥运北京的伙伴城市,就汽车用品产业在与其他城市相比较时具有更多优势,而且青岛也有过多次承办大型展览会的经验,其中就包括了多次的大型汽车用品博览会。从政府的政策上来说,《汽车产业发展政策》的颁布,体现了政府对汽车产业发展的支持,它提出培育以私人消费为主体的汽车市场,改善了汽车使用环境,更好地维护了汽车消费者权益。山东省经贸委也在《关于公布山东省汽车工业重点企业名单的通知》中明确表示要加快培育一批具有较强竞争力的汽车工业企业,依托龙头企业,尽快把汽车工业发展成为山东经济的支柱产业,并提出各市要加强对重点企业的指导和政策扶持,各重点企业要围绕"把汽车工业建成我省的支柱产业"努力做大做强,并要加强对省重点企业经济运行情况的调度管理。所以从产业、市场、地域和政策上来说,2017 年青岛汽车用品展览会有巨大的依托空间,而且是可行的。

2. 项目竞争力

展会定位于全国范围内的汽车用品展览会,由于山东省和青岛市在汽车产业方面的影响力在全国来说是比较大的,而且由于青岛有了很多成功举办汽车工业博览会的经验,如第六十届全国汽车配件交易会和第五届青岛国际车展,作为会展举行地给消费者留下了良好的印象。作为多次在青岛成功承办大型展览会的广东博昌展览服务有限公司在企业和消费者心中有了良好的品牌形象。而山东省汽车行业协会山东省汽车工程学会和青岛市汽车行业协会都是拥有多次汽车产业博览会的经验的权威机构，加上各大知名企业的参展和中等的展会价格以及周到的服务，使得2017年青岛汽车用品展览会拥有强大的竞争力。

三、风险预测

主要的市场风险来自竞争对手的压力，同年举行的2017年第二届中国（广州）国际汽车安全技术及用品展览会，2017年中国（北京）国际汽车用品及汽车服务业展览会以及2017年上海国际汽车工业展览会具有很大的竞争力，而且实际来说，2017年青岛汽车用品博览会的规模和品牌的影响都不及这三大会展。因此，在策略上不宜与之硬拼。

四、存在的问题

经过网上调研，我认为2017年青岛汽车用品在展出时间上还有待商榷，经过市场的SWOT分析，我们可利用优势而避开威胁，建议把会展时间推迟至2017年6月，由于第六届青岛国际车展将于2017年5月18—22日举行，选择6月既可避开先前3月份、4月份的三大展会的影响，又可借青岛国际车展之势加强会展的效果。

思考：

1. 会展项目立项可行性研究报告主要包括哪几项内容？

2. "2017年青岛汽车产品博览会项目立项可行性研究报告"的内容是否完整？如果不完整，请将其补充完整。

3. 模仿案例中的项目生命力分析，对某一展览会进行展会项目生命力分析。

第3章
会展运作阶段的文案(上)

【本章导读】

　　本章作为会展运作阶段文案的上篇主要介绍会展招展和招商文案、会展招展函、会展招标投标文案、参展商及观众邀请函、会展信息发布稿等主要内容。通过本章的学习,要求了解会展招商、招展文案内容,会展招标程序及相关文案标准格式;熟悉并掌握参展商及专业观众邀请函的编写要求及会展信息发布稿的写法等相关内容。

【关键词汇】

　　招展　参展商　专业观众

【案例导入】

2017××春季汽车博览会招商方案

第一章　活动内容

一、活动背景

××汽车市场经过多年的发展,五一已成为汽车消费者的一大重要节日。针对五一汽车市场,市区各汽车品牌经销商都会不约而同地推出各种备战措施,争夺客户资源,抢占五一市场份额;很多客户也都习惯在五一前往××会展中心选车、购车。可以说,五一无论对汽车商家,还是对汽车消费者,都是十分受欢迎的时间节点。

二、活动概况

××春季汽车博览会

展会地点:××会展中心

展会时间:2017 年 5 月 1—3 日

参展范围:

1.轿车、商务车、越野车、微型车、轻型客车。

2.各种汽车用品、装饰品。

3.驾驶培训、金融保险机构。

第二章　活动宣传

电视媒体:……

网络平台:……

广播平台:……

户外媒体:……

第三章　活动招商

一、冠名:总经费 40 万元

(一)宣传回报

1.电视宣传:××电视台一、二、三、四套立体炒作,每天不低于 25 次,片长达 30 秒的活动宣传片花上含冠名单位的名称、标识。

2.广播宣传:3 个频率宣传,每天不低于 20 次,长度 30 秒的活动宣传。

3.网络宣传:《××网》首页主要位置呈现、主流汽车网站全程持相关重要网页登载冠名单位名称、标识。

4.新闻报道:对冠名单位的主要负责同志在相关阶段安排 2 次专访,专访内容在相关栏目中播出。

5.户外大屏:××电视台移动电视多频次高密度循环播出。

广告回报:回报价值 25 万元的电视广告。在 2015 年 12 月 30 日前回报结束,逾期则视为自动放弃。

(二)现场回报

1.在主舞台对面的主要位置冠名单位安排参展车位。

2.邀请冠名单位的负责同志在开幕式上发表讲话。

3.在车展现场对冠名单位进行专访。

4.为冠名单位在现场提供气模 1 座,空飘 2 个。

5.现场主舞台可提供半天时间供冠名单位做现场宣传推介使用。

二、协办单位:费用 20 万元,限招 4 家(展位 1—4)

(一)宣传回报

1.电视宣传:××电视台一、二、三、四套立体炒作,每天不低于 25 次,片长达 30 秒的活动宣传片花上含协办单位的名称、标识。

2.广播宣传:3 个频率宣传,每天不低于 20 次,长度 30 秒的活动宣传。

3.网络宣传:主流汽车网络全程支持,相关重要网页登载本次活动。

4.新闻报道:对协办单位的主要负责同志在相关阶段安排 1 次专访,专访内容在《车友》栏目中播出。

5.户外大屏:××电视台移动电视多频次循环播出。广告回报:回报价值 10 万元的电视广告。在 2015 年 9 月 30 日前回报结束,逾期则视为自动放弃。

(二)现场回报

1.在主舞台两侧主要位置安排参展车位。

2.邀请协办单位的主要负责同志参加开幕式。

3.在车展现场对协办单位进行专访。

4.现场主舞台可预约提供 2 小时供协办单位做现场宣传推介。

三、A 类参展单位:总经费 15 万元(展位:A1—A8)

回报:

1.现场提供 100 平方米参展车位。

2.安排现场专访一次,在相关栏目中播出。

广告回报:回报价值 7.5 万元的电视广告。在 2015 年 9 月 30 日前回报结束,逾期则视为自动放弃。

四、B 类参展单位:总经费 12 万元(展位:B1—B16)

回报:

1.现场提供 100 平方米参展车位。

2.安排现场专访一次,在相关栏目中播出。

广告回报:回报价值 6 万元的电视广告。在 2015 年 9 月 30 日前回报结束,逾期则视为自动放弃。

五、C 类汽车相关产业:总经费 3 000 元

类别:二手车、汽车装潢美容、驾校、保险、汽车配件等。

回报:现场提供展位一个,并安排专访一次在相关栏目中播出。

注:以上自签订参展合同后实施回报。

第四章 展会事宜

一、组织机构

主办单位:××××××

承办单位:××××××

展会宣传:[电视]××××××

　　　　　[电台]××××××

　　　　　[网络]××××××

[户外]××××××

二、展会联络

本次车展联络组：

电话：×××-×××××××

手机：130×××××××

三、展位图及参展要求(见附件)

3.1　会展招展和招商文案

【训练要领】

招展方案与招商方案是展会整体策划诸多方案中的核心方案。会展招展方案是在招展策划的基础上，为展位营销而制订的执行方案。招展方案是对会展招展工作的整体规划与总体部署；会展招商方案是在展会招商和宣传推广策划的基础上，为寻求合办者、支持者、赞助商(如冠名赞助、指定产品赞助等)、会展名称、标志的使用权受让者、广告主以及招徕客商和邀请观众而撰写的文案。因此，在编制展会招展、招商方案时，要在全面掌握展会信息的基础上，对各项招展、招商工作进行统筹规划、合理安排。

3.1.1　会展招展方案

1)会展招展方案的含义

会展招展方案是在招展策划的基础上，为展位营销而制订的执行方案。招展方案是对会展招展工作的整体规划与总体部署。它是会展策划诸多方案中核心方案之一，对会展的招展工作有着重要的影响。

编制会展的招展方案，要在全面掌握市场信息的基础上，结合会展的定位、参考展览题材所在行业的特点，对各项招展工作进行统筹规划和科学安排。

2)会展招展方案的基本内容

会展招展方案的内容涉及会展招展工作的方方面面，十分繁杂。总体看来，会展招展方案包含的内容主要有以下10个方面：

(1)产业分布特点

从宏观上介绍和指出展览题材所在行业在全国的分布特点，指出各地区的产业发展状况，介绍该产业的企业结构状况及分布情况。

(2)展区和展位划分

介绍展会展区和展位的划分和安排情况，并附上展区和展位划分平面图。

(3)招展价格

招展价格是招展方案的核心内容之一，也是对招展工作有重大影响的因素之一。

（4）招展函的编制与发送

介绍招展函的内容、编制办法和发送范围与方法。

（5）招展分工

对展会的招展工作分工作出安排，包括招展单位分工安排、本单位内招展人员及分工安排、招展地区分工安排等。

（6）招展代理

对展会招展代理的选择、制订和管理等作出安排，对代理佣金水平及代理招展的地区范围与权限等作出规定。

（7）招展宣传推广

对配合展会招展所做的各种招展宣传推广活动进行规划和安排。

（8）展位营销办法

提出适合本展会展位营销的各种渠道、具体办法及实施措施，对招展人员的具体招展工作作出指引。

（9）招展预算

对各项招展工作的费用支出作出初步预算，以便展会能及时、合理地安排各种所需要的费用支出。

（10）招展总体进度安排

对展会的各项招展工作进度作出总体规划和安排，以便控制展会招展工作的进程，确保展会招展成功。

3.1.2　会展招商方案

1）会展招商方案的含义

会展招商方案是在展会招商和宣传推广策划的基础上，为寻求合办者、支持者、赞助商（如冠名赞助、指定产品赞助等）、会展名称、标志的使用权受让者、广告主以及招徕客商和邀请观众而撰写的文案。

2）会展招商方案的结构与写法

（1）制订招商方案的依据

这部分一般包括展会展品的主要消费市场的地域分布状况和需求情况，展览题材所在行业及其相关产业在全国的分布状况，相关产业在各地区的发展现状，以及各有关产业的企业结构及分布情况等。

（2）会展招商分工

根据展会的实际需要和办展机构的工作计划，对展会的招商工作作出分工安排，包括对各办展单位之间的招商分工进行安排，对本单位内部招商人员及招商工作分工进行安排,对各招商地区的分工进行安排等。

(3)展会通讯及观众邀请函的编印

该邀请函包括观众邀请函的内容、编印办法和发送范围与方法等。在做观众邀请函的编印和发送计划时,还要考虑观众邀请函的印制数量、发送范围和发送方式等问题。

(4)招商渠道和措施

招商渠道和措施包括专业媒体、大众媒体、有关行业协会和商会、国内外同类展会、参展企业、网络招商、各种招商代理、政府有关部门、在展览期间举办的活动。

(5)招商宣传推广工作

招商宣传推广工作包括对配合展会招商所做的各种招商宣传推广活动作出规划和安排。

(6)招商预算

对各项招商活动的费用支出作出初步预算,以便展会及时、合理地安排各种所需费用的支出。

(7)招商进度安排

对展会的各项招商活动进度作出总体规划和安排,以便控制展会招商工作的进度,确保届时展会有足够数量和一定质量的观众到会参观。

【例文评析】

例文 3.1　2018 年第十一届中国·石家庄(正定)国际小商品博览会招展方案	评　析
正定是国家历史文化名城、全国文明县城、中国商贸名城,历史悠久,文化底蕴深厚。 　　中国·石家庄(正定)国际小商品博览会(以下简称正博会)是河北省重点培育的 8 个省级品牌展会之一,立足为石家庄乃至河北省进一步扩大对外开放提供合作平台,着力推动现代服务业加快发展。本届正博会以"融合商机、彰显魅力、协作发展、互动共赢"为主题,有效发挥正博会"宣传推介、展示形象、构建平台、和谐共赢"的聚合效应,立足省会、融合京津、辐射全国、放眼世界,有机整合商贸流通、文化旅游资源,以游带商、以商兴市、以市促产,推动石家庄区域经济和相关产业项目深度对接、高度融合,为广大企业提供宣传推介、合作交流提供平台。自 2008 年至今,正博会已连续举办了十届,吸引了大批高层次的商会代表、企业家到正定进行经贸洽谈,其影响力、知名度、美誉度不断提升,曾先后荣获"中国最具成长性的品牌展会""全国知名品牌展会""全国政府主导型展会 50 强""中国会展业优秀展会奖""中国十佳优秀特色展会"等殊荣。 　　本届正博会定于 2018 年 4 月 26—28 日在河北正定举行,由河北省人民政府和中国商业联合会主办,石家庄市人民政府和河北省商务厅承办,正定县人民政府为展会执行单位。现面向社会进行招展,具体如下: 　　一、报名时间 　　2018 年 3 月 8—4 月 10 日。	本招展方案是在会展运作阶段使用的。它是在招展策划的基础上,为展位营销而制订的执行方案

二、展会时间

2018 年 4 月 26—28 日。

三、展会场馆

石家庄国际展览中心，位于河北省石家庄市正定县（正定新区）核心区，是集展览、会议于一体的大型综合性场馆，是河北省、石家庄市重点建设项目，为河北省最大的会展中心。总用地面积 64.44 万平方米，总建筑面积 35.92 万平方米，包括中央大厅、观光塔、会议中心、7 个标准展览厅、1 个大型多功能展厅，由中央枢纽区串联。石家庄国际展览中心具有先进的交通体系，实现人车分流、人货分流，在实现人群高效、安全、便捷观展的同时，确保展会布展、撤展以及后勤交通安全。

四、展览展示

（一）规模范围

本届正博会展览面积 50 000 平方米，设置 1 个主展馆，4 个分展馆，标准展位约 1 600 个。其中，主展馆设在石家庄国际展览中心，展览面积 15 000 平方米，设特装展位若干，标准展位约 500 个，室外展场设特色美食展位约 100 个。主要展示展销服装纺织、电子电器、文体饰品、汽车用品、家居用品、日化用品、工艺品、特色食品等；另外，设置 4 个分展馆，展位 1 000 个，分别设在正定国际小商品城，主要展示展销各类小商品类商品；金河家居基地、三才家具市场、兴业家具广场，主要展示展销各类家居、家具商品。各展馆根据不同经营业态设置若干展区。

（二）展区设置

1. 特装展示区：设置中心展示区和购销洽谈区，展览面积 5 000 平方米，特装展位若干个。主要包括国内外参展企业形象展、重点项目展、本地发展成果展等。

2. 境外商品展区：设置国际标准展位若干，主要展示展销国外及港、澳、台区域的小商品类和其他类别商品。

3. 国内精品展区：设置国际标准展位若干，主要展示展销国内知名品牌的精选展品。

4. 特色美食展区：设在主展馆室外展场，展览面积 2 000 平方米，设置标准展位 100 个，吸引京津等地相关协会组织老字号食品、餐饮类展位 50 个，本地特色食品、餐饮类展位 50 个，进行精品美食展示展销。

本届大会诚邀国内外小商品企业及相关行业客商洽谈采购投资。目前，意向邀请到中国商业联合会、中国东盟农资商会、中华两岸投资创业协会等行业协会及京津等地分会负责人、企业家代表参会，参会客商涵盖欧美、东北亚、东盟、港澳台等 20 多个国家和地区的几千家采购商和参展企业。

五、主要活动

以"4+4"现代产业发展为主线，结合石家庄及正定经济发展实际，重点围绕旅游发展、文化创意、商贸物流、生物医药、信息技术等方面组织谋划会展活动。主要活动包括开幕式、领导会见重要来宾、领导巡视展馆、经贸洽谈活动及项目签约仪式、石家庄文化旅游发展峰会、第十九届千年古韵历史文化旅游节等活动。还有与石家庄综合保税区、正定新区、正定高新区发展相关的推介活动，与生物医药、信息技术、装备制造等产业相关的论坛、峰会等活动。

六、展会日程

布展时间：2018 年 4 月 20—25 日（特装展位），2018 年 4 月 23—25 日（标准展位）

招展方案是对会展招展工作的整体规划与总体部署，它是会展策划诸多方案中的核心方案之一，对会展的招展工作有着重要的影响。具体包括产业分布特点、展区和展位划分、招展价格、招展函的编制与发送、招展分工、招展代理、招展宣传推广、展位营销办法、招展预算、招展总体进度安排等内容。本例文在招展流程方面写得十分详细，值得借鉴

展览时间:2018 年 4 月 26—28 日

撤展时间:2018 年 4 月 28 日 15:00

七、招展政策

为鼓励境内外(含香港、澳门、台湾地区)高质量、高层次参展商踊跃参展,大力促进会展业的快速发展,经组委会研究决定,本届正博会参展企业免收展位费、免收证件办理费,须特装的企业要委托有资质的单位进行设计和布展,特装费用给予一定补贴。

招展全面推进市场化运作,采取两种方式:一是鼓励组团参会参展,由正博会组委会与有关单位和专业会展公司签订协议,分别在招展的类别、数量、费用 3 个方面进行约定,享受《2018 年第十一届正博会招展政策》;二是参展企业自主报名,接受大会统一安排。

八、报名方式

参展商及参会企业需填写正博会展位申请表(附件 1)、采购商报名表(附件 2),加盖企业公章,将企业营业执照、相关专业许可证书、参会人员身份证件等以扫描件形式报送至正博会筹委会秘书处邮箱(组团参展企业资料由组织者统一收集报送)。

正博会筹委会秘书处联系方式如下:

电话:0311-×××××××

邮箱:××××@163.com

联系人:×××

附件:

1. 正博会展位申请表

2. 采购商报名表

3. 正博会主展馆展位示意图

中国·石家庄(正定)国际小商品博览会组委会

2018 年 3 月 7 日

附件列表:

正博会展位申请表.doc

采购商报名表.doc

正博会主展馆展位示意图.jpg

(资料来源:河北省人民政府网站,有改动)

例文 3.2 第十届中国××××××论坛招商方案

	评 析
为了促进××专业学者的学术交流与合作,积极促进我国该行业的研究与发展,将于 2017 年 12 月在××酒店召开学术论坛,本届大会由中国×××专业委员会主办,××大学承办。届时将邀请该领域的国内外知名专家、教授讲授作主题报告,与学术同人进行交流。 第十届中国××××××论坛代表着中国此专业研究的最高水平,其会展舞台迸发无限商机。为做好做强本次会议,并使参与企业能充分享用展会资源,组委会竭诚欢迎企业合作参与本次盛会,将为贵公司提供与国内外最优秀该行业研究工作者以及相关领域的专家进行交流的难得机会,同心协力将中国的××专业研究、开发和应用推向全世界。	本招商方案是在展会招商和宣传推广策划的基础上,为寻求合办者,支持者,赞助商(如冠名赞助、指定产品赞助等),会展名称、标志的使用权受让者,广告主以及招徕客商

一、赞助商选择

(一)本届大会赞助形式

论坛总赞助商

论坛赞助商

祝贺单位赞助商

1.论坛总赞助商　　　　　　　　　赞助金额:400 000元

论坛总赞助商享有以下资源:

(1)名为"第十届中国×××××××论坛总赞助商",在大会全程形成强势品牌效应,并从确认之日起,全程介入本届大会一切宣传推广活动中。

(2)作为"第十届中国×××××××论坛"的特别赞助企业,组委会将把赞助公司Logo及公司网站的链接放在会议网站的主页上。

(3)赞助公司的名称和Logo将出现在会议的宣传资料以及会议论文集中。

(4)在会议期间,赞助公司可免费获住××大酒店(五星级酒店)的豪华客房一间。

(5)赞助企业法人代表享受本次大会贵宾身份,出席本届大会开幕式和闭幕式,提供会议开幕式的5分钟致辞,并在会议开幕词中特别致谢。

(6)提供赞助企业一场在组委会指定时间内进行的特邀专题报告45分钟,用以扩大赞助企业形象宣传。

(7)由组委会颁发"第十届中国×××××××论坛"证书与奖牌。

2.论坛赞助商　　　　　　　　　赞助金额:100 000元

论坛赞助商享有以下资源:

(1)作为"第十届中国×××××××论坛"的金牌赞助企业,作为"第十届中国×××××××论坛"的特别赞助企业,组委会将把赞助公司Logo及公司网站的链接放在会议网站的主页上。

(2)赞助公司的名称和Logo将出现在会议的宣传资料以及会议论文集中。

(3)邀请赞助企业法人代表作为"第十届中国×××××××论坛"开幕式嘉宾,与国家、省、市政府高层官员、权威专家、知名企业总裁共同出席会议开幕仪式,并在会议闭幕式中特别致谢。

(4)提供赞助企业一场在组委会指定时间内进行的特邀专题报告30分钟,用以宣传赞助企业形象。

(5)赞助公司的名称和Logo将印在会议注册表(需提早预订,以便印刷)及大会参会证上,用以扩大赞助企业形象宣传。

(6)由组委会颁发"第十届中国×××××××论坛"证书与奖牌。

3.祝贺单位　　　　　　　　　赞助金额:50 000元

祝贺单位享有以下资源:

(1)邀请赞助企业法人代表作为"第十届中国×××××××论坛"开幕式嘉宾,提供会议开幕式的VIP座位。

(2)赠送本届大会1个免费会议注册名额,1张宴会券。

和邀请观众,并在会展运作阶段使用的。具体包括制订招商方案的依据、展会招商分工、展会通讯及观众邀请函的编印和发送计划、招商渠道和措施、招商宣传推广计划、招商预算、招商进度安排等内容

（3）冠名"第十届中国××××××论坛"并授牌纪念,大会开幕当天在报刊刊登的广告中注明此届大会祝贺单位。

（4）组委会将在会议网站的主页上对赞助企业给予介绍。

友情提示:如上述方式不符合赞助商的需要,请及时与大会秘书处沟通,协商适宜的赞助方式。

（二）参展安排

时间:2017年12月20—22日

地点:××酒店会议中心内

规模:50个标准展位

重要提示:赞助回执上交截止时间为2017年6月30日。

（三）赞助商注意事项

赞助单位确定赞助项目后,由大会秘书处提供赞助合同,确认后加盖公章,邮寄或传真至大会秘书处。

签订合同后,赞助单位必须在10日内将赞助费用汇入大会秘书处指定的账户。

赞助商的差旅费自理,大会秘书处可代订车票、飞机票等。

赞助商可通过大会秘书处预订会议指定酒店,也可自行安排住宿,费用自理。

注册时间:组委会将于2017年10月30日开始接受注册。

二、专业观众组织

1.从主办单位资料库中筛选相关客户以及有关协会会员单位,向其发放100张门票,邀请相关专业人士参加。

2.制作大会入场券500份通过邮寄、电子邮件等方式派发到全国相关单位及专业人士手中,邀请前来参加论坛。

3.在专业的刊物和报纸上刊发广告,吸引海内外专业观众。

4.在论坛期间举办一系列的研讨会和交流会,吸引专业技术人员、拥护和决策者前来参加交流。

联系方式:

第十届中国××××××论坛秘书处　　　联系人:张××

电话:×××-××××××××

E-mail:××××@163.com

地址:××××××　　邮编:×××××

账户:××大学

开户行:中国银行××分行

账号:0000000000000000

请注明:××××××论坛(汇款前请先打电话联系,汇款后将汇款凭据传真至我处,以确保汇款安全到账)

××××××学术论坛秘书处

2016年10月11日

【训练设计】

请根据下述材料编写一份招展方案。在完成招展方案时要按照招展阶段分配、招展流程、展会主题、展会招展卖点、展区平面图、展会分区、展位规格及收费标准、赞助政策、广告形式及收费标准、展会活动安排的顺序来撰写。

2019 年中国消费品、礼品及家庭用品贸易展览会

展览时间：2019-07-05 至 2012-07-07

主办单位：××消费品协会

承办单位：××会展服务有限公司

展会地址（场馆）：××展览中心

展品范围：餐厅及厨房用品、家具饰品、家庭用品及户外野营用品、礼品及圣诞用品

专业买家范围：商场、批发商、购物中心、邮购公司、连锁超市、网络销售公司、家居饰品公司、电视直销公司、零售商

联系人：王先生　　　联系电话：×××-×××××××　　　传真：×××-×××××××

地址：××市××区××路××街 56 号

3.2　会展招展函

【训练要领】

招展函在展会招展工作中意义重大，除了具备向展商介绍展会概况的作用外，还能激发展商的参展兴趣。招展函的策划和编印工作在展会的招展策划和展位营销工作中占有重要的地位。

3.2.1　会展招展函的含义

会展招展函是办展机构用来说明会展以招揽目标参展商参展的小册子。招展函的主要作用是向目标参展商说明会展的有关情况，并引起他们对参加会展展出的兴趣。招展函是会展进行展位营销时主要的核心资料之一，也是目标参展商最初了解会展情况的主要信息来源。

3.2.2　招展函的写作内容

招展函的写作主要包括以下内容：

①展会性质，包括展会批准单位、主办单位、承办单位、支持单位及海内外协作单位等。

②展会市场前景简要介绍，行业内同类展会的举办情况，本展会的特色与定位，展会的历史及发展情况，人们参加该展会的情况简介。

③展会具体安排，展品类别，展会举办时间、地点，具体日程安排，展区与展位划分，规格与收费标准。

④展会期间的相关活动安排,包括技术交流、商务会议、专题研讨、商旅服务等。

⑤参展办法、办理手续、展会的各项管理规定及联系方式等。

3.2.3　招展函编写的要求

编写招展函应遵循以下要求:

1)简洁明了

招展函应简洁明了,重点突出,让目标参展商在最短时间内捕捉到有价值的信息,行文流畅,忌语言晦涩、冗长。

2)内容准确

要将关键信息(如时间、地点、价格、原则等)准确无误地传达给目标参展商,不能夸大其词,以免造成参展商到达现场后感到失望。

3)形式新颖

应在众多的招展函中脱颖而出,让阅读者赏心悦目,同时也应注意实用性与低成本相结合。

4)便于邮寄

由于招展函一般要通过邮寄或者招展工作人员的携带而传到目标参展商手中。因此,招展函的制作样式要便于邮寄和携带,否则不但会给招展工作带来不便,还会增加会展的办展成本。

【例文评析】

例文3.3　2018年第四届中国(广州)国际渔业博览会招展函	评　析
时间:2018年8月24—26日 地点:广州·中国进出口商品交易会展馆 同期举办:2018年中国(广州)国际水产养殖展览会 　　　　　2018年中国(广州)国际冷链设备暨生鲜配送展览会 指导单位:广东省海洋与渔业厅 主办单位:广州市人民政府　　　　　中国水产流通与加工协会 　　　　　广东省水产流通与加工协会　广东省冷藏行业协会 承办单位:广州环球搏毅展览有限公司 上届规模:渔业、餐饮、食品合计展出1 168家企业+70 000平方米+103 800名专业买家和观众,本届广博会合计展出面积总计140 000平方米,参观人数达到190 000人次。 举办背景:第四届中国(广州)国际渔业博览会将于2018年8月24—26日在广州广交会展馆举办,是中国南部最大的渔博会!我国作为水产品生产、贸易和消费大国,水产品产量居世界首位,2016年我国水产品进出口总量827.91万吨,广东作为中国经济最发达的地区之一,是我国最大的水产品生	本招展函主要包括:展会性质、展会市场前景简要介绍、本展会的特色与定位、人们参加该展会的情况简介、展会具体安排、展会期间的相关活动安排、参展办法、办理手续、展会的各项管理规定及联系方式等内容

产基地和集约化出口商品基地之一,是全球最重要的水产品加工贸易的集散地,2016 广东省水产总产量 874 万吨,而广东每年的水产品消费量超过 700 万吨,人均水产品消费量居全国第一。

随着全球水产品消费需求的不断增加,广州国际渔博会借助广东巨大的水产消费市场和便利的交通,全力打造一个专业、高效、国际性的渔业交流平台,推动渔业产业升级。

上届回顾:2017 年广州国际渔博会已于 2017 年 8 月 25—27 日在中国进出口商品交易会展馆成功举办!

上届展会吸引了 538 家企业前来参展,来自全球 25 个国家和 30 多个省市的,展出总面积 20 000 平方米,专业买家 9 882 名,普通观众 38 118 人,国际专业买家来自全球 83 个国家和地区。渔业、餐饮、食品合计展出 1 168 家企业+70 000 平方米+103 800 名专业买家和观众,本届广博会合计展出面积总计 140 000 平方米,参观人数达到 190 000 人次。

参与的团体及单位有各地渔业局、农业局、水产流通加工协会、渔业协会、冻品协会、食品流通协会、餐饮协会、五星级酒店协会等商协会、社会团体负责人以及中外嘉宾等。展会同期举办了 5 场高水平、高规格的中国水产、冷链物流高峰论坛,现场深受观众欢迎。

展品范围:

各种渔业水产品,海鲜活品、冻品、干货,水产深加工产品,水产工艺品等。

水产养殖技术与设备、饲料、药品,远洋捕捞工具和设备,远洋运输及储运设备,水产综合利用技术与设备,休闲渔业设备,保鲜技术与设备等。

水产品加工设备,包装设备,冷藏冷冻设备,冷链物流设备,水产品检测仪器等。

海鲜产品代理,渔市场信息服务,进出口产品检验检疫,水产工业项目合作等。

观众组织 ★★★★★

邀请全球渔业大国渔业部(署)、渔业协会组织、水产品供货商、加工企业、贸易公司参会。

邀请全国各地政府主管部门、渔业公司、养殖场、水产品加工企业、科研机构、高等院校、贸易公司、代理经销商、水产品批发市场、超市、酒店、餐馆等参会。到全国各大水产批发市场邀请专业经销商等参会。

组委会联系方式:广州环球搏毅展览有限公司

地址:广州市海珠区×××××××××××　　邮编:××××××

电话:020-×××××××

传真:020-×××××××

邮箱:××××@163.com

编写招展函要简洁明了、内容准确、形式新颖、吸引人、便于邮寄和携带等

（资料来源:水产养殖网）

【训练设计】

请根据下述材料编写一份招展函。在完成招展函时要按照展会性质、展会市场前景简要介绍、展会具体安排、展会期间的相关活动安排、参展办法、办理手续、展会的各项管理规定及联系方式等顺序来编写。

2019 年第 12 届××(中国)文教、办公用品国际展览会

展览时间：2019-08-30 至 2019-09-01

主办单位：××市××会展服务有限公司

展会地址(场馆)：××会展中心

展品范围：办公用具、文件袋、笔类、纸制品、笔记本、计算机软件、硬件、电脑周边产品、电脑耗材、教学仪器及装备、办公家具、制服、玩具、相片纸、打印纸、墨水、包装材料、小礼品、绘画器材等

联系方式：

联系人：孙先生　　　　　联系电话：×××-××××××××　　　　传真：×××-××××××××

地址：××市××区××路××街25号

3.3　会展招标投标文案

【训练要领】

会展项目在运作过程中，会展招标投标文案涉及的环节较多，也是项目展开的前提条件。会展招标投标文案的写作主体必须具有合法资格，写作内容必须符合法律规定。

3.3.1　会展招标投标文案的含义

会展招标投标文案是在围绕会展项目进行的招标投标活动中所产生的文件总称，包括会展招标备案报告、会展招标公告、会展招标邀请书、招标文件、投标文件、中标文件、招标备案报告及情况报告等。

3.3.2　会展招标备案报告

1)会展招标备案报告的含义

会展招标备案报告是招标人在进行招标活动之前，向主管招标投标工作的行政监督部门申请备案的文件。根据《招投标法》的规定，对依法必须进行招标的项目，且须招标人自行办理招标事宜的，应当向有关行政监督部门备案；其他非法律规定进行招标的项目，招标人自行招标或委托代理招标的，无须备案。

2)会展招标备案报告的结构和写法

会展招标备案报告的结构有两种形式：一种为表格式，即招标备案表，由主管招标投标工作的行政监督部门统一制订；另一种为报告式，即采用公文中的报告写法，一般由标题、主送机关、正文、附件、落款及发文日期组成。

(1)标题

标题一般由报告事项和文种组成。例如，《××会展中心建设工程项目招标备案报

告》。

（2）主送机关

写主管招标投标工作的行政监督机构的名称。

（3）正文

会展招标备案报告的正文应写明拟招标项目的名称和具备的条件，招标计划，拟采用的招标方式和对投标单位的资质要求，评标方法，评标委员会组建方案，开标、评标的工作具体安排等。由于上述内容一般都要写在招标公告、资格预审公告、投标邀请书、投标须知等文件中，而且备案时必须一并上报。因此，报告本身的内容可以简化，仅需说明项目名称和目的，最后恳请予以备案。

（4）附件

招标公告、资格预审文件、投标邀请书、投标须知等附件要——标明序号和名称。

（5）落款

落款要写明申请单位全称，并由法人代表签署。

（6）发文日期

写明发文的具体时间。

3.3.3　会展招标公告

1）会展招标公告的含义

会展招标公告是招标人在获得招标管理机构备案后，以公开行文的方式邀请不特定的法人或者其他组织投标的文件。

2）会展招标公告的基本内容

①招标人的法定名称和地址。
②招标项目的名称及编号。
③招标的方式（即公开招标或邀请招标）。
④招标项目的性质（如写明属于国家项目或世界银行贷款项目等）。
⑤招标项目的内容、数量和要求。
⑥招标项目的实施地点和时间。
⑦投标人的资格与条件。
⑧招标文件的价格以及获取的办法。
⑨提交投标书的截止时间和地点。
⑩开标的具体时间、地点以及出席范围。

3）会展招标公告的结构和写法

（1）标题

标题一般要写明会展招标项目的名称和文种。例如，《××展会项目招标公告》。

（2）正文

会展招标公告的开头简要说明招标的目的,然后用"现将有关事项公告如下"之类的语句作为过渡,引出主体部分。

会展招标公告正文的具体写法有 3 种:第一种是采用序号加小标题的形式,逐条写明每个具体事项,层次分明,条理清楚,内容较多的招标公告可采用此法;第二种是以自然段落为层次,不加序号,主要用于内容较为简单的招标公告;第三种是表格式,简洁明了。

（3）落款

落款写招标人或招标代理机构的名称。

（4）发布日期

写明实际发布的日期。

3.3.4　会展招标邀请书

1）会展招标邀请书的种类

会展投标邀请书适用于两种情况:一种是会展项目招标人在招标管理机构同意备案后,直接邀请特定的法人或者其他组织参加投标。使用这种投标邀请书的,不再发布招标公告;另一种是首先发布招标公告或资格预审公告,然后对投标申请人进行资格预审,对预审合格的投标申请人再发出投标邀请书。

2）投标邀请书的结构和写法

（1）标题

标题写明会展招标项目的名称和文种。例如,《××展板采购项目投标邀请书》。

（2）称谓

称谓即邀请投标对象的名称。应使用单称,写明对方的全称。

（3）正文

会展招标邀请书开头简要说明招标的目的,然后明确邀请对方参加本项目的投标,接着用"现将有关事项公告如下"作为过渡,引出正文。正文应载明的内容与招标公告相同。

（4）落款

落款写招标人或招标代理机构的名称。

（5）发出日期

写明发出邀请书的实际日期。

3.3.5　招标文件

1）招标文件的含义

招标文件是招标人发出招标公告或投标邀请书,或经资格预审后,向投标申请人发出招标书面材料的总称,这些书面材料包括投标邀请书、投标须知、合同主要条款、投标文件格式,采用工程量清单招标的,应提供工程量清单、技术条款、设计图纸、评标标准和方法、投标辅助材料。

2）投标文件的结构和写法

（1）封面

封面应标明标题、项目名称、招标编号、招标单位名称、法人代表姓名、代理机构名称、编制日期(加盖公章)。

（2）目录(略)

（3）主体

主体包括投标邀请书、投标须知、合同主要条款等多个文种。

3.3.6　投标文件

1）投标文件的含义

投标文件是投标人根据招标文件的要求和格式制作,对招标文件提出的实质性要求和条件作出响应,并在规定的时间和地点向招标人提交的参加投标各种书面材料总称。

2）投标文件的基本内容

①投标函。投标函即投标人向招标人提交投标文件的申请性文书,具有回应招标文件中的投标邀请书并向招标人正式要约的作用。

②投标一览表。

③施工组织设计,如属于施工项目,要说明施工组织设计。

④技术性能参数的详细描述。

⑤商务和技术偏差表。

⑥投标保证金。

⑦有关资格证明文件。

⑧招标文件要求的其他内容。

3）投标文件的总体格式和具体要求

投标文件的编制应严格遵照招标文件规定的格式和具体要求,否则会影响投标。在总体结构上,投标文件包括封面、目录和主体 3 部分。必要时,还可增加附件部分。

3.3.7 中标通知书和未中标通知书

1)中标通知书和未中标通知书的含义

中标通知书是招标人或招标代理机构在定标后,向中标人发出确认中标资格并通知其签订合同的文件。中标通知书一经发出,招标人和中标人的合同关系便宣告成立。若招标人改变中标结果,或者中标人放弃中标项目,应依法承担法律责任。

未中标通知书是招标人或招标代理机构在定标后,向未中标人告知评标结果的文件。

2)中标通知书和未中标通知书的结构和写法

(1)标题

标题写"中标通知书"或"未中标通知书"。

(2)称谓

写明中标人名称或未中标人的名称。

(3)正文

中标通知书的正文要写明中标项目名称、招标编号、中标数量和中标价格、签订合同的时间等。未中标通知书的正文要明确告知该单位未中标的事实以及中标单位的名称,同时对该单位参加投标表示感谢。若收取投标保证金的,要写明予以退回。

(4)落款

落款由招标人或招标代理机构署名、盖章,并由法定代表人签章。

(5)发出日期

发出日期写明发出中标通知书和未中标通知书的实际日期。

【例文评析】

例文 3.4 ××××展馆建设项目招标备案报告	评 析
××市招投标管理办公室: 　　××××展馆建设项目属于国家资金项目,已经市建委批准立项,批文号为××。现拟进行公开招标,请予备案。 　　附件1:××××展馆建设项目招标公告 　　附件2:资格预审文件 　　附件3:招标文件 　　　　　　　　　　　　××××会展中心有限公司 　　　　　　　　　　　　2019 年 11 月 15 日	会展招标备案报告是招标人在进行招标活动之前,向主管招标投标工作的行政监督部门申请备案的文件

	评　析
例文 3.5　××展台项目招标公告	
招标编号:123456 加入日期:2019-10-10 截止日期:2019-11-01 招标代理:上海××会展中心 地区:上海市 内容:2019中国儿童玩具展××展台项目 　　上海××会展中心受××玩具公司委托将对下列项目进行公开招标(招标方式),现欢迎国内合格的投标人前来提交密封的投标。 　　1. 招标文件编号:123456。 　　2. 招标项目内容:	本会展项目招标公告是招标人在获得招标管理机构备案后,以公开行文的方式邀请不特定的法人或者其他组织投标的文件。要求内容填写翔实准确并具有法律效力

项目名称	具体要求	委托单位	联系方式
××展台 项目	设计、制作、运输、搭建、 维护撤展等	××玩 具公司	刘×× 021-×××××××

3. 下载招标文件时间:2019年10月5日至2019年10月14日(上班时间)。此次投标须附人民币1万元作为投标保证金。投标保证金只接受银行转账、电汇,不接受现金缴纳,且投标方必须保证投标保证金在规定时间内到达上海××会展中心(以本中心财务部门出具的收款收据为有效递交凭证)。 　　4. 项目联系人:王女士 　　联系电话:021-×××××××　　　　传真:021-××××××× 　　E-mail:××××@126.com 　　5. 投标人资格要求:凡有能力提供本招标文件所述要求,具有法人资格的境内搭建商;投标人资格具体要求详见本招标文件《第二部分 投标人须知》。 　　6. 投标截止时间:2019年11月1日(北京时间)9:00之前提交到上海市××酒店会议室,逾期收到的或不符合规定的投标文件将被拒绝。 　　7. 开标时间:2019年11月1日(北京时间)9:00 　　8. 开标地点:上海市××酒店会议室 　　9. 开户银行:中国银行上海分行 　　开户名称:××××××× 　　银行账号:0000000111111111111	

	评　析
例文 3.6　××展台搭建项目投标邀请书	
招标编号:00235652 LL公司: 　　鉴于你单位已通过招标人组织的投标资格预审,且已确认将按即将发出的招标文件的要求参与上述展台搭建项目的投标,现邀请贵司作为资格预审合格的投标人就上述工程的施工招标进行密封投标。	本展台搭建项目投标邀请书是先发布招标公告或资格预审公告,然后对投标申请人进行资格预审,对预审合格的投标申请人再发出投标邀请书的一种投标邀请书

一、项目概况 项目名称:××展台搭建 项目地点:××会展中心 26 号展位 项目规模:50 平方米 计划开工日期:2019 年 5 月 5 日 计划竣工日期:2019 年 5 月 7 日 质量等级:一等 二、招标文件的取得 招标文件将于 2019 年 3 月 15 日 9:00—15:00 在以下地点发售:成都××会展中心 地址:×××× 联系人:王×× 每套招标文件售价为 100 元,以现金方式支付(说明费用是否退还,是否要求准备图纸等的押金以及具体规定,还应说明购买多套招标文件的规定)。 三、投标地点及截止时间 本招标工程投标截止时间为 2019 年 4 月 10 日 8:00。 投标人应按前款规定的时间或按招标文件规定所延长的时间到以下地点递交投标文件: 地址:××会展中心 如果投标人在非投标截止时间当日递交投标文件,投标人应将投标文件递送至下列地址:××酒店××××地址: 联系人:刘×× 四、开标 本招标工程将于 2019 年 4 月 15 日 9:00 在以下地点开标: 地址:××会展中心 投标人须按招标文件的有关规定派代表出席。 五、中标通知书 中标通知书将在 2019 年 4 月 19 日之前发出(传真有效)。 六、联系方式 如投标人需咨询有关本工程招标投标的其他事宜,请按下述方式联系: 地址:××会展中心 联系人:王×× 电话/传真:×××-×××××××× 招标人:(盖章) 法定代表人或授权委托人:(签字) 日期: 年 月 日 经办人: 日期: 年 月 日	

例文 3.7 ××展览中心建设招标书	评 析
第一部分 招标说明 1.使用范围 本招标文件仅适用于本招标邀请中所叙述项目的建设。 2.合格的投标人(略)	本招标书是招标人发出招标公告或投标邀请书,或经资格预审后,向投标申请人发出招标书面材料的总称

3.招标形式

本次招标采取"公开招标"的形式进行。

4.投标费用(略)

5.投标截止日期

2019 年 12 月 25 日 9:00

6.招标文件的修改(略)

7.对招标文件的声明(略)

第二部分   投标须知

1.定义

1.1 "招标人"系指招标机构。

1.2 "投标人"系指向招标人提交投标文件的制造商或供货商。

1.3 "买方"系指在合同的买方项下签字的法人单位,即委托招标业主。

1.4 "卖方"系指提供合同货物及服务的投标人。

2.工程概况

××展览中心拟建于××开发区××北侧××二期工程处,已列为××市重点工程。本工程为单层大跨度钢门架结构,总建筑面积约 26 000 平方米。本工程建成后将作为专业展览馆使用。

3.工程招议标范围及内容界定(略)

4.工程工期

2019 年 3 月 1 日—2019 年 8 月 1 日

5.投标截止日期

2019 年 12 月 25 日 9:00

第三部分   投标文件的编写

1.投标文件的编写(略)

2.投标的语言及计量单位(略)

3.投标文件构成(略)

4.投标文件的书写要求(略)

第四部分   合同主要条款

1.定义(略)

2.服务范围(略)

3.合同价格(略)

4.付款方式(略)

5.监造(略)

6.违约责任(略)

7.合同的变更、中止与终止(略)

第五部分   附件

1.展馆建设图纸

2.展馆建设标准

这些书面材料包括投标邀请书、投标须知、合同主要条款、投标文件格式。采用工程量清单招标的,应当提供工程量清单、技术条款、设计图纸、评标标准和方法、投标辅助材料

例文 3.8　××展位设计装修项目投标文件	评　析
项目名称:××展位设计装修项目 招标编号:021546978 投标单位:××装潢设计公司 法人代表:×× 编制日期:××××年××月××日 目录:(略) 主体: <div align="center">第一部分　投标函</div><div align="center">××展位设计装修项目投标函</div>致:××装潢设计公司 　　1.根据你方招标项目编号为021546978的××展位设计装修项目招标文件,遵照《中华人民共和国招投标法》等有关规定,经踏勘项目现场和研究上述招标文件的投标须知、合同条款、图纸、工程建设标准和工程量清单及其他有关文件后,我方愿以10 000元的投标报价并按上述图纸、合同条款、工程建设标准和工程量清单的条件要求承包上述工程的施工、竣工,并承担任何质量缺陷保修责任。 　　2.我方已详细审核全部招标文件,包括修改文件(如有时)及有关附件。 　　3.我方承认投标函附录是我方投标函的组成部分。 　　4.一旦我方中标,我方保证按照合同协议中规定的工期6天内完成并移交全部工程。 　　5.如果我方中标,我方将按照规定提交上述总价20%的银行保函作为履约担保。 　　6.除非另外达成协议并生效,你方的中标通知书和本投标文件将成为约束双方的合同文件的组成部分。 　　邮政编码:×××××× 电话:×××-××××××× 传真:×××-××××××× 　　投标人:××× 　　单位地址:××× 　　法定代表人或代理人:××× 　　日期:××××年××月××日 <div align="center">第二部分　投标一览表(略)</div><div align="center">第三部分　施工组织设计(略)</div><div align="center">第四部分　技术性能参数的详细描述(略)</div><div align="center">第五部分　商务和技术偏差表(略)</div><div align="center">第六部分　法定代表人授权委托书(略)</div><div align="center">第七部分　资格证明文件(略)</div><div align="center">第八部分　投标保证金保函</div>	本展位设计装修项目投标文件是投标人(××装潢设计公司)根据招标文件的要求和格式制作,对招标文件提出的实质性要求和条件作出响应,并在规定的时间和地点向招标人提交的参加投标的各种书面材料的总称,具有要约的法律性质

致:××装潢设计公司

　　根据本担保书,××装潢设计公司作为委托人(以下简称"投标人")和××银行作为担保人(以下简称"担保人")共同向××数控机床集团(以下简称"招标人")承担支付××万元的责任,投标人和担保人均受本担保书的约束。

　　鉴于投标人于××××年××月××日参加招标人的××展位设计装修项目的投标,本担保人愿为投标人提供投标担保。

谨启

出证行名称:(公章)

法定代表人:(公章)

开证日期:××××年××月××日

例文3.9　中标通知书和未中标通知书	评　析
中标通知书 ××××装潢设计公司: 　　我公司招标编号为×××××××××的××展位设计装修项目招标,通过评标委员会评标和招标工作小组定标,确定贵单位中标。中标总价为人民币10 000元。请于××××年××月××日到××××与我公司签订合同。 　　　　　　　　招标人:××数控机床集团(盖章) 　　　　　　　　法人代表:(签字、盖章) 　　　　　　　　日　　期:××××年××月××日 未中标通知书 ××××公司: 　　十分感谢贵公司参加我公司招标编号为×××××××××的××展位设计装修项目招标,通过评标委员会评标和招标工作小组定标,确定××××装潢设计公司中标。对贵公司未能在此项招标中中标,我们深表遗憾。我们期待将来有机会再次合作。 　　　　　　　　招标人:××数控机床集团(盖章) 　　　　　　　　法人代表:(签字、盖章) 　　　　　　　　日　　期:××××年××月××日	中标通知书和未中标通知书分别是招标人或招标代理机构在定标后,向中标人发出确认中标资格并通知其签订合同的文件及向未中标人告知评标结果的文件。中标通知书一经发出,招标人和中标人的合同关系便宣告成立。若招标人改变中标结果,或者中标人放弃中标项目,应当依法承担法律责任

【训练设计】

　　请根据下述材料编写一份招标书。招标书要包括招标说明、投标须知、投标文件的编写、合同主要条款(定义、服务范围、合同价格、付款方式、监造、违约责任、合同的变更、中止与终止)、附件等内容。

2019 中国食品、饮品交易会

会展场馆:××市××展览中心

主办单位:××市××学会

举办时间:2019 年 5 月 12—17 日

会展类别:食品/饮料

所在地区:××市

展示范围:

食品类:无公害、绿色、纯天然食品、冷冻食品、各类烘焙食品、各种糕点、风味特色食品、休闲食品、罐头食品、炒货、蜜饯、淀粉及制品、肉制品、发酵制品等。

农副产品类:粮油制品、果蔬产品、菌藻类产品、鲜果、肉、鱼、禽、蛋制品、蜂蜜、蜂制品、豆制品、糖制品、水产品、海产品、名优土特产品。

饮品、乳品及奶制品类:果露型、功能型、碳酸型、非碳酸型饮料、绿色营养保健饮料、咖啡、矿泉水、茶叶、茶饮料及乳品饮料;婴儿奶粉、中老年奶粉、米粉、牛奶及乳制品、豆奶制品、芝麻糊、冰激凌、冰类制品及技术。

保健品:保健食品,滋补类保健食品,保健代餐品,婴幼儿配方产品,生物制品。

联系人:王先生　　　　联系电话:×××-××××××××　　　　传真:×××-××××××××

地址:××市××区××路××街 25 号

3.4　参展商、观众邀请函

【训练要领】

参展商、观众邀请函是两种最为常见的用于展会宣传推广和招商的宣传资料。办展机构是根据展会的实际情况编写的、用来进行展会招商的一种宣传单。

3.4.1　参展商邀请函

1)参展商邀请函的含义

参展商邀请函是一种以个别发送的方式邀请特定的法人、其他组织或个人参展的文案。参展商邀请函的基本内容与招展公告相差无几,一般也分为详细和简要两种版本,内容简要的参展商邀请函一般要同时附寄参展说明书。

参展商邀请函与招展公告不同之处在于,前者的邀请对象是明确的、特定的,因此,一般采取个别发送的方式;后者的邀请对象具有不确定性,因此,必须采取公开的方式发布,而且知晓的范围越广越好。

2)参展商邀请函的结构和写法

(1)标题

标题一般由展览会的名称和"参展商邀请函"组成。

（2）称谓

由于参展商邀请函是发给特定对象的，因此一定要写称谓，即邀请对象的单位名称。邀请个人参展则须写个人姓名，并冠以敬辞。

（3）正文

要逐项表达参展商邀请函的内容，首先用一段文字简要介绍展览会的名称、主办者，然后点出"诚邀贵单位（公司）参展"这一主题，最后用"现将有关事项告知如下"作为过渡，引出主体部分。主体部分多采用序号加小标题的形式，也可通篇仅以自然段落展开说明。

（4）落款

落款写主办单位或组委会的名称。

（5）发出日期

写明实际发出的日期。

3.4.2　参展申请表

1）参展申请表的含义

参展申请表又称参展注册申请表、参展回执、参展报名表等，是参展单位向主办单位或组委会申请参展并租赁展位的文件。

参展申请表由主办单位或组委会统一印制，随同招展公告或参展商邀请函一起发布，由申请参展单位按要求填写，并在报名截止时间之前提交。

2）参展申请表的基本内容

①参展单位的基本情况，包括名称、性质、地址及联系方式等。
②展品的名称、性质和数量。
③拟租展位的规格、数量、展位费。
④如需在缴纳租金后再确认其参展资格，可要求填写付款方式和日期。
⑤提交申请表的方式（邮寄、传真或网上提交）和截止日期。
⑥备注条款。

3）参展申请表的结构与写法

（1）标题
标题写明展览会的名称和文种。
（2）正文
正文包括展位名称、楣板名称、联系方式、参展方式、费用总额及参展人数等内容。正文采用表格式或表格加条款式。条款写作要简洁明了。
（3）落款
落款由申请单位填写全称并盖章。

(4)填表日期(略)

3.4.3　参展确认书

1)参展确认书的含义

参展确认书又称参展确认函或展位确认书(函),是主办单位在收到参展申请单位的参展申请表或注册申请表并经过审查,确认其具备参展资格后,向其发出的同意参展的文件。

2)参展确认书的结构和写法

(1)标题

标题一般要写明展览会名称和"参展确认书"或"展位确认函"。

(2)称谓

写确认对象的名称。

(3)正文

参展确认书的正文一般比较简略,只要表明同意对方参展的意见即可,也可告知具体的展位号和进场布展的时间及要求。

(4)落款

写主办单位或组委会的名称并盖章。

(5)发出日期(略)

3.4.4　观众邀请函

1)观众邀请函的含义

观众邀请函是办展机构根据展会的实际情况编写的、用来进行展会招展的一种宣传单。观众邀请函是专门针对展会的目标观众尤其是那些专业观众而发送的。与展会通讯一样,观众邀请函一般也是通过直接邮寄的方式发送到目标观众手中。因此,观众邀请函发送也有赖于目标观众数据库的建立和完善。观众邀请函一般在展会开幕前一个月左右开始向目标观众直接邮寄。但对于国外观众,观众邀请函的邮寄时间一般提前到开幕式前3个月到半年开始邮寄。

2)观众邀请函的内容

观众邀请函的内容主要包括:

(1)展会的基本内容

展会的基本内容包括展会的名称、举办的时间和地点、办展机构、展会的 Logo、本展会简单介绍等。

（2）展会招展情况

展会招展情况包括展出的主要展品、参加展出的新产品和展会招展情况，一般还会将一些行业知名企业的参展情况进行重点通报。

（3）展会期间计划举办的相关活动

列举展会期间举办的相关活动的时间、地点和主题，以便观众提前安排时间和准备。

（4）参观回执表

参观回执表包括参观申请的联系方式和联系人等，方便观众预先登记。

3）观众邀请函写作要求

观众邀请函的内容比展会通讯更简洁、更集中，其所有内容都在于吸引观众到会参观。因此，对展会的特点、优势、展品和参展企业的介绍就成为观众邀请函最为主要的内容。当然，如果展会已举办过多届，那么对上届展会简短的总结也常常是观众邀请函所包含的内容。

【例文评析】

例文 3.10　2020 第十届中国汽车技术展览会邀请函	评　析
一、基本信息 时间:2020 年 3 月 25—27 日 地点:重庆国际博览中心 周期:一年一届 主题:新技术、新机遇、新发展 规模:+45 000 平方米 展商:+750 家全球展商(包含组团) 观众:+35 000 人 二、组织机构(排名不分先后) 主办单位: 中国汽车工业协会 重庆市经济和信息化委员会 重庆市商务委员会 协办支持: 广东省汽车工程学会 湖北省汽车工程学会 上海市汽车工程学会 四川省汽车工程学会 战略合作: 重庆汽车工程学会 重庆市机器人与智能装备产业联合会 承办单位: 重庆市中环盛世商务会展有限公司	本参展商邀请函是一种在会展运作阶段以个别发送的方式邀请特定的法人、其他组织或个人参展的文案。该邀请函详细列明了展会历史、特色、展会基本安排、展区及展位的布置、参展费用、展会服务等内容

三、展会介绍

深度聚焦用户需求,引领行业技术趋势

中国汽车技术展始于 2011 年,英文简称 CHINA ATEC。展会始终关注汽车用户的真实需求与未来产业发展趋势,积极推动全球创新技术在汽车领域的应用落地。展会已经成为中国最具代表性的行业盛会和把握汽车前沿技术趋势的风向标。

6 大板块,15+主题展示专区,完整涵盖未来汽车智造全产业链

展会设置"新能源""智能网联(自动驾驶)""电子技术""轻量化技术及材料""智能制造(装备)""关键零部件"6 大版块,进一步细分为超过 15 个主题展示专区。系统化、一站式展示汽车制造从设计开发、材料、装备、零部件到整车的全产业链创新技术产品。

汽车用户发展创新技术的首选平台

越来越多的整车、零部件及相关产业链的工程师,将 CHINA ATEC 作为寻找创新技术与优质供应商的首选平台。"新能源技术""智能网联技术""新材料""轻量化""智能工厂"等成为工程师关注的关键词。

创新技术中西部首发的顶级"秀场"

利用 CHINA ATEC 平台,全球展商可将最先进的技术产品及解决方案向中西部汽车用户首发展示,以此推动在中西部地区品牌影响力的持续提升及潜在客户群体的不断扩大。

打造汽车技术生态圈

展会同期举办 20+会议论坛,并通过建立汽车工程师俱乐部、线下酒会及沙龙、线上建群互动等,推动行业人士深度交流与互动,打造真正的汽车技术互动生态圈。

立足重庆,辐射全国以重庆为中心,整合周边的四川、湖北、广西、广东、上海等汽车产业重镇,共同构筑庞大的汽车用户市场。

四、上届回顾

(一)总体数据

上届展会于 2019 年 3 月 27—29 日在重庆国际博览中心成功举办。总展示面积超过 40 000 平方米,吸引来自全球的 803 家(包含组团)行业知名企业亮相重庆。三天的展期,共有 129 家汽车主机厂(包含乘用车与商用车),3 257 家零部件企业,557 个特邀参观团,共计 34 665 人次(较上届增长 5.1%)专业观众入场参观、洽谈。

(二)参展情况

轻量化技术及材料版块:鞍钢、河钢、酒钢、西宁特钢、西南铝等材料企业展示了应用于汽车整车与零部件领域的轻量化材料解决方案。

智能制造版块:安川首钢、华工激光、通快、联赢激光、大族粤铭激光、基恩士、儒拉玛特、新力光、极智嘉、牧星智能、中兴、中望、岛津、SGS、福禄克、奥林巴斯、天远三维、东方中科等企业带来了智能工厂、汽车涂装、激光焊接以及测试系统检测等领域的前沿技术,为汽车制造商提供全方位的解决方案。

新能源及智能网联技术版块:长安汽车重点展示长安首款搭载 APA4.0 和 IACC 智能驾驶核心技术的轿跑 SUV 长安 CS85、成功挑战

“最大规模的自动驾驶车巡游”吉尼斯世界纪录的长安新CS55、首款成功开展无人驾驶公开运行的长安逸动EV460。同时，长安最新5G车联网智能家居、车辆人脸识别、汽车智能网联互动、车辆语音控制系统等智能化、第二代空气净化系统等众多技术亮相本次展会。上汽红岩展示了互联网梦想卡车和房车产品。上汽大通、金龙等车企均将展示新能源和智能网联板块的创新车型产品。

零部件版块：伟巴斯特、延锋安道拓、贺尔碧格、凌云股份、法士特、綦齿、蓝黛动力、信义、福耀等行业知名的零部件企业均积极亮相。泰斗微电子展出目前国内首颗通过AEC-Q100 Grade 2认证的射频基带一体化卫星定位导航芯片TD1030-Q3003AB，以及车载前装定位导航解决方案；力辉电机展示了全新的汽车座椅电动调节方案、汽车尾门电动升降方案和新能源汽车电池冷却水泵等展品。

此外，南京、内江、重庆璧山、重庆北碚等汽车产业基地纷纷组团参展。

（三）参观情况

本届展会的特邀参观团数量由上届的537家增长为557家，其中超过55%有采购需求。重点参观团包括长安汽车、长安铃木、长安福特、潍柴汽车、华晨鑫源、力帆汽车、东风小康、上汽红岩、恒通客车、铁马工业、卡福、博泽、秋田齿轮、海德世拉索、北京奔驰、宇通客车、一汽-大众、北京现代、延锋安道拓、君马汽车、庆铃汽车、卡斯马、金康、隆鑫、BASF、重庆钢铁集团、联伟汽车零部件、重庆现代制铁钢材有限公司、广汽丰田发动机等。

（四）活动情况

本届展会同期论坛主要包括：中国车联网与自动驾驶技术高峰论坛、第二届中国汽车白车身大会、第六届中国汽车用钢年度峰会、第三届汽车智能工厂与工业机器人高峰论坛、第二届汽车创新与测控技术论坛、第二届汽车新能源及智能化技术发展论坛、第四届热处理技术创新论坛暨新产品新技术推介会。活动取得了良好的效果。

（注：更多上届展会信息请参考2019展后报告）

五、参展范围

（一）轻量化技术及材料

汽车用钢技术/汽车用铝技术/车用塑料、复合材料及相关非金属材料技术/镁合金/设计与开发/其他轻量化技术及加工装备。

（二）智能制造（装备）

四大工艺生产线装备及系统集成/智能工厂技术/激光加工装备/零部件加工与智能制造/智能装配与输送/测试、检测与品控/动力电池等新能源汽车零部件专用生产线。

（三）关键零部件

电子系统/动力总成系统/车身系统/内外饰系统/底盘系统/相关部件、标准件、通用件、附件。

（四）新能源汽车技术

新能源整车（纯电动/氢动力/混动）/新能源商用车/动力电池系统/

驱动系统/电控系统/共享出行及运营/新能源汽车配套设施及技术。

（五）智能网联技术、电子技术

智能汽车整车及概念车/芯片、雷达、传感器等核心技术/设计开发及测试解决方案/自动驾驶技术与驾驶辅助系统/车联网技术/人工智能技术/云技术/信息安全/通信运营与服务/车体电子控制系统/车载电子系统。

（六）其他

汽车工程与服务/3D 打印技术/虚拟与增强现实技术/其他创新技术。

六、主要活动

2020 年同期将举办数十场高水平的会议论坛,主要包括第七届中国汽车钢与轻量化技术论坛、汽车非金属材料技术峰会暨川渝用户论坛、中国汽车用铝技术论坛、第三届中国汽车白车身大会、第四届汽车智能工厂与工业机器人高峰论坛、第三届汽车创新与测控技术论坛、第三届新能源汽车及智能化技术发展论坛、第二届车联网与自动驾驶技术高峰论坛等。

七、收费标准

类型	项　目	国内企业	国际企业
展位费用	空地黄金区（36m² 起）	RMB 1 200/m²	USD 350/m²
	空地其他区（36 m² 起）	RMB 1 000/m²	USD 300/m²
	A 区精装标展	RMB 10 800/个	USD 3 000/个
	B 区常规标展	RMB 9 800/个	USD 2600/个
会刊广告	封面	RMB 50 000	USD 15 000
	封底	RMD 30 000	USD 9 000
	封二/扉页	RMB 20 000	USD 6 000
	封三	RMB 15 000	USD 4 500
	彩色内页	RMB 10 000	USD 3 000
	展报	RMB 3 000	USD 900
现场广告	参展证	RMB 2 000/展期	USD 6 000/展期
	参观证	RMB 4 000/单面 RMB 80 000/双面	USD 1 000/万张 USD 2 400/展期
	参观券	RMB 1 000/万张	USD 3 000 万张

类型	项 目	国内企业	国际企业
现场广告	证件吊绳	RMB 3 000/展期	UBD 1 000/展期
	桁架广告	RMB 600/m²	USD 200/m²
	墙体广告	RMB 500/m²	USD 150/m²
	礼品袋	RMB 2 000/千个	USD 6 000/千个
更多赞助方案请联系组委会			

（资料来源：百家号网）

例文 3.11　×××××交易会参展申请表

	评　析
参展单位：＿＿＿＿＿＿＿＿＿＿（楣板名称） 地　　址：＿＿＿＿＿＿＿＿＿＿＿＿＿ 邮　　编：＿＿＿＿＿＿　E-mail：＿＿＿＿ 电　　话：＿＿＿＿＿＿　传　真：＿＿＿＿ 手　　机：＿＿＿＿＿＿＿＿＿＿＿＿＿ 联 系 人：＿＿＿＿＿＿＿ 职　　务：＿＿＿＿＿＿＿ 参展产品：＿＿＿＿＿＿＿ 公司简介：＿＿＿＿＿＿＿ 我公司认定展位： 1. 标准展位：□A　□B　□C　共＿＿个，展位费：＿＿元 2. 特装展位：□A　□B　□C　共＿＿个，展位费：＿＿元 会刊及其他资源广告预订：	参展申请表是由主办单位或组委会统一印制，随同招展公告或参展商邀请函一起发布，由申请参展单位按要求填写，并在报名截止时间之前提交

内　容	价　格	数　量	备　注
会刊广告	封底：5 000 元/页		请注明彩色或黑色字样 设计费另计
	封二：4 500 元/页		
	封三：2 500 元/页		
	彩色首彩：3 000 元/页		
	内页彩版：5 000 元/页		
	单色整版：500 元/页		

其他资源广告预订：

付款：参展费用请电汇至×××××

开户银行：中国工商银行××支行

账号：×××××××××

参展企业负责人签字：

代表签名：

公司盖章：　　　　　　　筹备组盖章：

20××年＿＿＿月＿＿＿日

注：

1. 认真填写《参展申请表》并加盖公章,传真邮寄至组委会。
2. 展商参展申请在组委会确认后,7 日内将所有参展费用电汇或交给组委会,同时请将有关汇款的底单传真至组委会以便核查。
3. 组委会在收到展商《参展申请表》后将以传真或邮寄形式确认参展事宜,组委会在收到参展费用后,将《参展手册》邮寄给展商。

×××交易会组委会

地址:×××××××××

联系电话:×××-××××××××　传真:×××××××

邮编:××××××　联系人:×××

例文 3.12　×××展览会参展确认书	评　析
××××公司: 　　贵公司《×××展览会参展申请表》以及展位费预付款××元人民币均已收到,我们诚恳接受贵公司参展及展位租赁申请,请于20××年×月×日 9:00—17:00 携此确认函前来××××展览中心办理布展手续并布展。 　　感谢贵公司的大力配合和支持! 　　　　　　　　　　　　　　　　　×××展览会组委会 　　　　　　　　　　　　　　　　　20××年×月×日	参展确认书又称参展确认函或展位确认书(函),是主办单位在收到参展申请单位的参展申请表或注册申请表并经过审查,确认其具备参展资格后,向其发出的同意参展文件

例文 3.13　"第二届中国国际进口博览会"境外专业观众邀请函	评　析
尊敬的各有关单位: 　　中国国际进口博览会(简称"进博会"),由中华人民共和国商务部、上海市人民政府主办,旨在坚定支持贸易自由化和经济全球化、主动向世界开放市场。进博会是迄今为止世界上第一个以进口为主题的国家级展会,是国际贸易发展史上一大创举,有利于促进世界各国加强经贸交流合作,促进全球贸易和世界经济增长,推动开放型世界经济发展。为继续认真贯彻落实多边贸易体制,推动发展自由贸易,推动建设开放型世界经济,支持经济全球化的实际行动,第二届"中国国际进口博览会"将于 2019 年 11 月 5 日至 10 日在国家会展中心(上海)隆重举行。 　　本届企业商业展规划展览面积达 30 万平方米,共设置七大展区:服务贸易展区、汽车展区、装备展区、科技生活展区、品质生活展区、医疗器械及医药保健展区、食品及农产品展区。目前已经吸引了近 3 500 家企业参展,其中世界 500 强和行业龙头企业超过 250 家,进博会为各方搭建更广阔平台,促进更加广泛的供需对接,提供优质的采购商服务。	本观众邀请函是中国欧洲经济技术合作协会根据展会的实际情况编写的、用来进行展会招展的一种宣传单 　　观众邀请函是专门针对展会的目标观众尤其是那些专业观众而发送的。观众邀请函一般在展会开幕前一个月左右开始向目标观众直接邮寄。但对国外观众,观众邀请函的邮寄时间一般提前到开幕式前 3 个月到半年开始邮寄

我会作为进博会的合作方诚挚欢迎您到第二届中国国际进口博览会洽谈采购,拓展国际市场,分享各国经贸合作商机,实现互惠互利,共赢发展。(中国欧洲经济技术合作协会行业邀请码:J2019569)

附件1:境外专业观众登记注册流程指引.docx

中国欧洲经济技术合作协会

2019 年 8 月 13 日

【训练设计】

请根据下述材料各编写一份参展商邀请函及专业观众邀请函。

2018 中国××国际门窗、幕墙与结构展览会

主办单位:建设部建筑文化中心

展会时间:2018-04-01 至 2018-04-04

展会地址(场馆):××国际展览中心

展品范围:

铝合金门窗、塑料门窗、建筑幕墙、五金类、玻璃及胶类、各种门类产品。

展会介绍:

备受瞩目的第××届中国国际建筑装饰展览会定于 2018 年 4 月 1—4 日在××国际博览中心举行。预计全部展示面积将再次超出 10 万平方米。这将是 2018 年中国建筑及装饰业的一次贸易盛会。目前,除意大利、加拿大、英国、德国、美国、韩国、日本等国表示继续组团外,已有越来越多的国内外参展商开始报名参展,请贵司切莫错失良机,展位有限,望尽早定夺。

联系人:×××

联系电话:×××-××××××××

传真:×××-××××××××

邮箱:××××@163.com

3.5 会展信息发布稿

【训练要领】

会展信息发布是展会常用的宣传推广方式之一,也是展会与外界加强联系的有效办法。因此,如果组织得好,会展信息发布是一项成本低而效益高的展会宣传推广手段。

3.5.1 会展信息发布稿的含义

会展信息发布稿是大型展会的组织者用简洁明了的文字,及时向参展商、专业观众、新闻媒体等发布新近发生的会展信息的一种文体。

3.5.2　会展信息发布稿的结构和写法

1)标题

会展信息发布稿的标题要引人注目,直白直观。

2)导语

会展信息发布稿的导语要紧扣事实的主题、文字精练,有时可省略不写。

3)主体

会展信息发布稿的主体是信息发布的展开部分,是对所反映情况的具体说明和阐述。

4)背景

会展信息发布稿的背景是用来说明所反映情况发生的历史、环境和原因,解释其发生或发展的主观条件及其意义等情况。背景材料对信息发布内容的理解、主题的深化,都起着非常重要的作用。

【例文评析】

例文 3.14　2017 中国苏州创博会新闻发布会新闻通稿	评　析
新闻界的朋友们: 　　大家好! 　　2017 年 4 月 20 日,苏州创博会组委会举办新闻发布会,通报将于 4 月 21—23 日举办的 2017 第六届中国苏州创博会的有关情况。 　　苏州国际博览中心作为本届展会的主场馆,展示面积为 40 000 平方米。苏州工业园区、姑苏区、相城区、吴中区、吴江区等地另设 10 个分会场,分会场合计展示及活动面积也将超过 20 000 平方米。 　　本届创博会以打造"中国高品质生活美学专业展"为长期工作目标,以"建立品质生活标准、树立品质城市标杆"为创新发展的使命,以"品质生活缔造者"为年度主题,继续坚持"跨界、融合、多元"的办展理念和"专业+产业"的办展特色,设立"真实的设计—生活美学"展、"行走中的设计—文旅融合"展、"生活中的设计—文化消费"展三大展区,70 多个主题展馆。 　　本届展会呈现三大特征: 　　一、展品质量高、活动规格高 　　以高品质生活美学产品为导向,组委会邀请了国内外120 多位知名原创设计师、工艺师,上千件创新产品,分别代表目前国内各品类产品的最高设计和制作水平,进行现场集中展示。2017"文化消费与品质生活"国际论坛、首届"新手工艺运动"国际论坛、首届全国方志馆馆长论坛、中国特色小镇产业建设高峰论坛等国家级论坛交流活动,将吸引大量专业观众参与。其他 50～200 人参与的各类产业对接活动有 20 多场。	本信息发布稿苏州创博会组委会向苏州新闻媒体发布的信息发布稿。用简洁明了的文字,及时向新闻媒体重点介绍了广州会展业发展的特点、趋势及未来发展的方向,并着重介绍了苏州创博会的发展情况

二、专业观众多、社会影响大

组委会按照创博会属于"产业服务类"展会的特点,采取"B2B"与"B2C"相结合的办展模式,直接邀请 4 000 个以上的跨界对接企业(机构),以及上万名专业观众,前来观展参会。预计各类产品采购商、渠道代理商、设计(技术)服务商、项目开发商以及各级政府官员等专业观众数量将达数万人。为此,组委会将专门开辟"专业观众入口通道",方便产业跨界交流交易。本届展会新设的 10 个分会场,纷纷开展文创交流、社区互动、创意集市、产业对接、品牌推广等系列活动,社会参与面不断扩大。

三、现场体验多,贴心服务多

半数以上的主题展馆采用高科技的展示方式,增强观众的现场体验感。组委会邀请著名设计师对展馆空间进行整体策划和视觉设计,提高展示项目的视觉效果。组委会还特别策划了"把创博会带回家"活动,观众在入口处通过扫码领取电子入场券的同时,将免费获得 100 张生活美学精品的电子明信片,以及记载 30 多位参展的顶级原创设计师、工艺师们完整图文资料的电子出版物——《见匠》。

(资料来源:中国苏州文化创意设计产业交易博览会,有改动)

【训练设计】

请根据下述材料编写一份会展信息发布稿。

2018 年××国际通信展暨电子产品展

主办单位:××电信总公司

展会时间:2018 年 11 月 19—22 日

展会地址(场馆):××国际展览中心

展品范围:

(一)IT 通信产品

(1)通信设备、配件、广播电视产品。

(2)IT 资讯科技。

(3)邮政:邮政金融电脑设备系统及处理系统技术装备。

(二)电子产品

(三)电子元件、组件、配件

展会介绍:

有资料表明:

(1)××电信市场极具发展潜力,被国际电信联盟列为继中国之后增长最快的电信市场;8 000 万人口中只有 5% 拥有手提电话,2012 年已有××万新手机用户登记,升幅达 70%;××邮电部将投资 120 亿美元,改善电信基础设施,加强互联网接入技术并在全越推广互联网和信息科技应用。

(2)××对各类消费电子产品的需求持续攀升,而越南企业的装备水平与生产能力难以满足市场需要。

(3)目前,中国的彩电、VCD、DVD、冰箱、空调、吹风机、果汁机、电熨斗等家电产品及通信产品广受欢迎,销量稳步上升。

　　联系人：×××

　　联系电话：×××-××××××××

　　传　真：×××-××××××××

　　邮　箱：××××@163.com

本章小结

　　本章主要介绍会展招商方案、会展招展方案、会展招投标文案的相关知识。会展招展方案是为展位营销而制订的执行方案;会展招商方案是为寻求合办者、支持者、赞助商、会展名称、标志的使用权受让者、广告主以及招徕客商和邀请观众的方案;会展招展函是办展机构用来说明会展以招揽目标参展商参展的小册子;会展招标投标文案是在围绕会展项目进行的招标投标活动中所产生的文件的总称;参展商邀请函是一种以个别发送的方式邀请特定的法人、其他组织或个人参展的文案;观众邀请函是办展机构根据展会的实际情况编写的、用来进行展会招展的一种宣传单;会展信息发布稿是展会的组织者用简洁明了的文字及时向参展商、专业观众、新闻媒体等发布新近发生的会展信息稿件等相关内容。通过学习,会展从业人员在能掌握编写会展运作阶段的会展招展函、参展商邀请函、专业观众邀请函及会展信息发布稿等文案。

复习思考题

　　一、名词解释

　　1.会展招展方案

　　2.会展招商方案

　　3.会展招展函

　　4.参展商邀请函

　　5.专业观众邀请函

　　6.会展信息发布稿

　　二、判断题

　　1.在制订展位价格时,应主要考虑办展组织的利益,尽可能将价格定得高一些。

　　　　　　　　　　　　　　　　　　　　　　　　　　　（　　　）

　　2.对各招展单位之间的招展分工必须合理、协调和具有可操作性,并兼顾到各方面的利益。　　　　　　　　　　　　　　　　　　　　　　　　（　　　）

　　3.会展招商方案和会展招展方案只是一种含义的两种叫法。　　　（　　　）

　　4.招展函的编写应简洁明了,重点突出。　　　　　　　　　　　（　　　）

　　5.会展信息发布稿和会展新闻稿最根本的区别是:同一篇材料,如果公开发表在报刊上,就称为会展信息发布稿,如果刊登在内部刊物、简报等媒体或针对部分人群发布,

就称为会展新闻稿。 （　　　）

三、多项选择题

1. 会展的招展代理有（　　　　）。

　　A. 独家代理　　　　　　B. 排他代理　　　　　　　C. 一般代理

　　D. 特别代理　　　　　　E. 承包代理

2. 在招展方案里，要提出（　　　　）等。

　　A. 招展宣传推广的策略　　　　B. 招展宣传推广的渠道

　　C. 招展宣传推广的时间　　　　D. 招展宣传推广的地域安排

3. 编写招展函的原则有（　　　　）。

　　A. 简洁明了　　　　　　　　　B. 内容准确

　　C. 形式新颖，吸引人　　　　　D. 便于邮寄和携带

4. 会展招标备案报告的结构包括（　　　　）两种方式。

　　A. 表格式　　　　　　　　　　B. 报告式

　　C. 图形式　　　　　　　　　　D. 说明式

5. 观众邀请函的内容结构主要包括（　　　　）。

　　A. 展会招展情况　　　　　　　B. 参观回执表

　　C. 展会期间计划举办的相关活动　　D. 展会的基本内容

实训题

实训项目：关于"2019 中国××市制药机械、设备与材料展"的相关运作文案。

实训目的：通过本次实训，使学生掌握会展招展函、参展商邀请函以及专业观众邀请函的写作与编写方法。

实训学时：3 学时。

实训内容：请根据下述材料各编写一份会展招展函、参展商邀请函及专业观众邀请函。

2019 年 5 月 15—19 日于××会展中心召开 2019 中国××市制药机械、设备与材料展。本展会专业观众预计将达 30 000 名，可与国内外医药市场企业的投资决策人、总经理、采购经理、厂长、设备经理、贸易商等专业人士建立更多业务直接联系。展品范围包括医药、原料药制药机械及辅助设备、医药包装机械设备及辅助材料、药品包装成型设备、药品检测及分析仪器设备、医药包装新材料等。参展费用标准展位（9 平方米）：人民币 15 800 元/个；室内光地（36 平方米起租）：人民币 1 480 元/平方米；室外展场（30 平方米起租）：人民币 620 元/平方米。

实训观测点：

1. 参展商邀请函邀请对象是否明确、特定，结构是否准确？

2. 专业观众邀请函内容是否简洁、集中，能够吸引观众？

案例分析

2019 中国电子商务展览会招展方案

日期:2019 年 5 月 23—26 日

地点:××会展中心

规模:3 万平方米

一、展览范围

1.专业技术馆:以专业电子商务技术和产品为主。

2.综合馆:电子支付、金融、企业信息化、电子商务平台、通信数据处理、现代物流信息技术、智能电子标签技术与产品。

3.网络生活馆:以为公众提供网络产品与服务的企业为主,包括家庭网络展示、IT 教育、网上购物、医疗贸易等。

二、参展费用

光地/每平方米(36 平方米起)   680 元

标准展位/每个(3 * 3 平方米)   5 800 元

标准展位包括:围板(3 米×3 米×2.5 米)、地毯、一张咨询台、两把椅子、两只射灯、一个 220 V/10 A 的电源插座、参展单位的中英文楣板。

光地:主办单位不提供除场地外的其他任何展具,用电及通信线路须提前向主办单位租用,其他展具展商自备或租用皆可。展台搭建商还须向场馆缴纳场地管理费。

三、参展程序

1.贵单位欲报名参展,请按要求填妥"展商申请表"并加盖公章后邮寄或传真至指定地址(见联系方法)。

2.在收到贵公司的"展商申请表"后,我们即会按地址邮寄或传真《参展手册》及"协议书"以便参展单位做好各项准备工作。展位确定按先登记先安排的原则。故请各位展商尽早与我们联系。

参展报名截止期:2019 年 4 月 15 日

四、联系方法

承办单位:××会展有限公司

地   址:××市××路 511 号光明大厦 2005 室

联 系 人:刘先生

联系电话(传真):×××-××××××××

电子邮件:××××@163.com

银行账号:××建设银行第一营业部 00000-0000000000(人民币)

以上是"2019 中国电子商务展览会招展方案",请认真阅读并分析下列问题:

1.作为一份电子商务的展览会的招展方案应侧重哪些方面?

2.该展览会招展方案是否完备? 如不完备请补充。

3. 在召开此展览会时应采取什么相关参展活动来吸引参展商参展、专业观众参观?

4. 如为该招展文案分别写一份参展商邀请函和专业邀请函,应如何编写?

5. 针对这样一个电子商务类展会,应如何写会展信息发布稿?

第4章
会展运作阶段的文案(中)

【本章导读】

本章作为会展运作阶段文案的中篇,主要介绍参展说明书、会展接待方案、展会相关活动策划案、会展意向书等主要内容。通过本章的学习,要求了解参展说明书主要包括的项目、会展意向书的写法;掌握会展接待的内容和步骤、展会相关活动的种类等相关内容。

【关键词汇】

参展说明书 会展接待方案 展会相关活动策划 会展意向书

【案例导入】

××婚庆博览会接待方案

为了更好地树立××酒店品牌形象,有效地带动酒店的宴会销售,为酒店创造良好的经济效益和社会效益,酒店策划开展一次以婚庆为主题的博览会,具体方案内容如下:

一、活动主题

浪漫今生——××第四届婚庆博览会

活动时间:2019 年 4 月 13 日(星期六)9:00—18:00

活动地点:××国际会议中心(4 楼)

协办单位:……

媒体支持:……

平面媒体:……

电台媒体:……

网络媒体:……

参与对象:以青年男、女为主,20 岁以上均可参加。

参与形式:

通过媒体宣传,有意向的客户可通过电话报名参与。

各参展商(如婚纱影楼)自行邀请客户参与。

在酒店预订宴会且有预订宴会意向的客户由酒店进行邀请参与。

通过酒店全员邀请的客户和其他慕名而来的意向客户。

婚博会职责分工:……

总调度负责人:……

总策划负责人:……

会场布置总负责:……

二、场地布置

1. 酒店前坪

大堂外横幅 1 条,酒店大厅设婚博会活动介绍水牌一块,国际会议中心大门口设水牌。

2. 国际会议中心前坪

酒店停车场入口前坪拱门 1 个,空飘气球 4 个,停车场由××花艺共有 6 台婚礼花车展示。

3. 国际会议中心——4 楼

4 楼国际会议中心由爱尚主题婚礼公司布置,现场设立各商家和酒店的展区。

三、活动流程

时　间		项　目	内　容	赞助单位
9:00—9:30	14:00—14:30	暖场	播放喜庆音乐	××酒店
9:30—9:45	14:30—14:45	钢琴演奏		××酒店
9:45—10:00	14:45—15:00	幸运抽奖	上午、下午纪念奖各 10 名	××酒店

续表

时 间	项 目	内 容	赞助单位
10:00—10:30 15:00—15:30	婚纱模特走秀	展示婚纱6组	××酒店
10:30—10:45 15:30—15:45	幸运抽奖	上午三等奖、下午二等奖	××酒店
10:45—11:20 15:45—16:20	婚礼仪式模拟秀	展示婚纱	××酒店
11:20—11:30 16:20—16:30	幸运抽奖	上午一等奖、下午特等奖	××酒店
11:30—11:40 16:30—17:40	精彩节目演绎		××酒店

注:1. 婚纱模特走秀15:00—15:30由策划室外请模特,××婚纱提供4套女装、2套男装免费给模特走秀,模特化妆由××策划公司赞助。

2. 婚礼仪式模拟秀上午、下午分别在纪念奖10名中抽取1对作为幸运观众,模拟秀服装(男、女各一套),新郎、新娘化妆由××策划公司提供,定情钻戒为××赞助的奖品,活动环节中主持人鸣谢。

3. 酒店提供的2个"神秘大奖"贯穿全场,主持人会选择在现场观众最多的时间抽取。

4. 对婚礼模拟秀的参与观众,提供价值908元奖品(白酒1对,温泉票4张),提前在4楼国际会议中心做好水牌公告。

5. 4月11日14:00将对所有节目进行彩排。

四、奖品设置

超值"神秘大奖"2名:价值6 888元(湖景豪华大套间2间,温泉门票10张)。

特等奖1名:价值3 288元的××钻戒一枚,价值2 200元××酒店的套房一间。

一等奖1名:价值2 699元××婚纱套照一套,价值500元××酒店餐饮酒席代金券一张。

二等奖1名:价值988元的桂林四日游,价值400元的白酒1对。

三等奖1名:价值888元××床上用品一套,价值258元的温泉票2张。

纪念奖20名:克××情侣钥匙扣1个,温泉票1张。

参观来宾礼品:前100对情侣有机会得到精美玉珠手链、精美茶杯、××300元的优惠券、××388元的全免套照、××酒店御湖温泉免费券、喜糖等,先到先得,赠完为止。

五、宣传推广

时 间	项 目	内 容	备 注
4月8日	××日报	婚博会广告半版	由酒店设计投放
4月9—10日	××晚报	婚博会广告半版	由酒店设计投放
4月9日	××交通电台	婚博会广告	由电台设计播报
4月9日	宣传单页	婚博会广告	各合作商家店面摆放500份 酒店摆放500份
4月9日	酒店大厅POP牌	婚博会广告	婚博会活动介绍

续表

时　间	项　目	内　容	备　注
4月10日	4楼国际会议中心舞台设计	婚博会主题广告	由××婚庆公司设计制作由××对会场进行花艺设计布置
4月10日	酒店巴士宣传	婚博会广告	绕城宣传,派人在繁华路段发宣传单
4月8—11日	全员宣传	婚博会宣传单页	客户拜访散发200份每位员工邀请2名来宾参展

六、相关费用

类　别	项　目	尺　寸	数　量	费　用	备　注
印刷品	婚博会宣传页	A4	1 000份	1 000元	酒店承担
	入场券		500张	600元	酒店承担
媒体	永州交通电台		6次	3 000元	对抵广告费
	永州日报	二分之一版	1次	8 000元	对抵广告费
	永州晚报	二分之一版	2次	48 000元	对抵广告费
喷绘	舞台布置				××婚庆制作
外围广告	空飘气球		4个	600元	酒店承担
	充气拱门		1个	300元	酒店承担
其他	主持人		1名/天	2 000元	××婚庆负责
	钢琴/琴师		1名/2场	60元/场	酒店提供
	模特走秀		6名	600元	酒店提供
	电视台拍摄		1名	500元	酒店承担

注:本次活动预计酒店需支出现金为3 600元(不含广告对抵费用)。

七、接待方案

(一)房务部——负责人:×××

1.前厅部

①前厅部负责活动前期的咨询工作,活动当天来宾的引导工作。

②4月12日全天安排2台电瓶车轮流载客人参观别墅婚房,电瓶车由××婚庆公司装饰。

③4月11日17:00前准备500份客房宣传资料,便于婚博会现场的展台宣传。

2.客房部

①4月11日安排专人做好酒店套房及别墅的婚房特色布置,鲜花由××提供。

②4月12日全天套间安排4人、别墅安排5人轮流带领客人参观,并作好婚房介绍。

③4月12日全天安排专人确保酒店内公共区域及卫生间卫生,特别是4楼国际会议中心会场及过道,当天必须确保4位PA在现场进行即时清扫。

④4月11日布展当天给床上用品商家提供2.2米×2米的4个床垫,给商家进行产品展示。

(二)餐饮部——负责人:×××

①请做好整个活动4楼国际会议中心会场的商家区域划分(详见会场布局图),提前做好布置,(如T形舞台、签到台、饮水区、咨询台等),准备好婚宴宴会促销菜单及宣传册。

②请于4月11日全天协助各参展商家在4楼国际会议中心布展,活动当天的兑奖区设一楼永和厅,4月12日顺和厅供模特更衣,上午模特婚纱走秀后派专人进行服装保管,供下午酒店外请的模特试穿,确保所有的服装保存完好(4月11日14:00节目彩排,4月12日全天婚博会展示)。

③负责邀请部分已在酒店预定和有意向预定宴会的客人参加婚博会,在会场设立××酒店展台一个,提前准备好婚庆手册500份,国际会议中心手册500份,酒店会员手册500份,准备宽条桌2张,4张椅子,铺好台布。

④4月11—12日请安排专人负责做好活动现场签到台、酒店展台、舞台、休息区、宴会台型设计的布置,请参照会场布局图,配合做好现场氛围及参展商展位布置,免费给各商家提供一张条桌3张椅子、3小瓶矿泉水、纸、笔等物品。

⑤负责做好整个活动现场和酒店餐饮展区的准备和布置工作,提前设计好6款婚宴宴会台型,并于4月10日17:00前将设计创意说明以电子文档的形式交由策划部制作介绍牌,4月12日9:30—9:45由主持人进行讲解台型设计创意,所有设计台型于4月11日14:00前布置到位。

⑥4月12日全天安排6名迎宾员作好活动现场宾客指引及抽奖协助工作,准备好抽奖箱一个,安排4名工作人员协助保安进行检票。

⑦请于4月11日12:00前安排人员将酒店大堂钢琴搬至国际会议中心4楼国际会议中心,4月12日14:30—14:45进行钢琴弹奏表演。

⑧请于4月12日当天派8人协助市场营销部对所有观展来宾的登记、入场券发放、来宾礼品发放等工作。

(三)工程部——负责人:×××

①请于4月10日下午安排2名工作人员协助爱尚主题婚庆公司对舞台进行布置,4月10日12:00前挂好酒店大堂外横幅;4月11日9:00前安装好会议中心停车场的拱门用电,9:00广告公司会过来安装拱门。

②请于4月11日布展当天及4月12日活动当天做好安排,彩排时间为4月11日14:00,安排专人负责彩排及活动现场的音响、灯光的调试,准备好适合婚博会主题的背景音乐(由策划部刻碟),安排DJ师全程跟进。

③准备无线话筒4个,主持人主持及模拟婚礼时使用,节目当天安排专人全程跟进。

④4月12日婚博会当天暖场时,请安排专人播放喜庆音乐。

⑤4月11日布展全天,请安排专人监督所有商家布展时酒店设施设备情况,以免造成酒店设备的损坏,请提前检查会场,确保活动过程中所有灯光、空调、话筒等设备设施的正常使用。

⑥请于4月12日全天安排专人对借用的烟雾机、泡泡机进行开关的调试控制。

（四）策划部——责任人：×××

①负责媒体广告的投放设计，宣传单页的设计及制作，入场券、各商家赞助品券、酒店代金券、套房赠券的制作（内容详见美工单），要求在4月9前全部完成。

②4月12日全天安排电视台人员进行全程拍摄，负责将婚博会广告在××婚庆网上发布。

③提前联系广告公司在4月11日9:00前将国际会议中心和步行街的充气拱门、空飘气球落实到位。

④请于4月9日17:00前将婚博会具体的活动细则制作成水牌，摆放在酒店大堂，温泉大厅、餐厅门口进行宣传，4月10日12:00前完成对大堂外的横幅制作。

⑤以下是具体的宣传内容，要求4月10日17:00前完成。

拱门内容：

"浪漫今生"——××酒店首届婚庆博览会4月12号盛大启幕

空飘内容：

a. 热烈祝贺"浪漫今生"——××酒店首届婚庆博览会4月12号盛大启幕！

b. 祝"浪漫今生"——××酒店首届婚庆博览会圆满成功！

水牌内容：

（1）酒店大堂

①热烈欢迎参加"浪漫今生"——××酒店首届婚庆博览会的各位领导、各位新人，祝新婚快乐、百年好合（一块）。

②"浪漫今生"——××酒店首届婚庆博览会主会场设国际会议中心2楼、4楼国际会议中心（一块）。

③"浪漫今生"——××酒店首届婚庆博览会活动安排宣传水牌（一块）。

（2）国际会议中心

①热烈欢迎参加"浪漫今生"——××酒店首届婚庆博览会的各位领导、各位新人，祝新婚快乐、百年好合（一块）。

②"浪漫今生"——××酒店首届婚庆博览会主会场设国际会议中心2楼、4楼国际会议中心（两块）。

③"浪漫今生"——××酒店首届婚庆博览会活动安排宣传水牌（两块，1楼、2楼各一块）。

④"浪漫今生"——××酒店首届婚庆博览会展区分布图（1楼、2楼各一块）。

（3）酒店入口岗亭处

"浪漫今生"——××酒店首届婚庆博览会主会场设国际会议中心2楼、4楼国际会议中心加箭头（两块）。

（五）保安部——责任人：×××

①请于4月11日晚间加强国际会议中心的巡查工作，确保各商家的财产安全。

②4月11日国际会议中心前坪，按照餐饮部的要求，预留6个车位，便于婚庆花车的展示，负责活动当天车辆的停放，国际会议中心前坪控制好车位。

③活动期间请派4名保安维持现场秩序，协助餐饮部对所有来宾进行验票，另派2名固定保安着重对××珠宝展位进行严加防范，确保商品展示安全。

（六）总办——责任人:×××

①负责好此次活动的宣传报道工作。

②请于 4 月 12 日 8:30—18:00 不定时在步行街酒店拱门广告位地方,等候观展客人,负责往返的运送观展客人至酒店国际会议中心及市区。

③司机需提前做好车检工作,确保车辆的正常使用。

（七）人力资源部——责任人:×××

①请于 4 月 9 日前与各相关部门协调,在 4 月 12 日婚博会 11:30—11:40 和 16:30—17:40 分别安排吻合婚博会主题的 1 个节目,要求带妆表演,彩妆和服装由××婚庆礼服提供。

②4 月 11 日 14:00 对组织好的节目进行彩排。

（八）康乐部——责任人:×××

①请在活动当天做好指引工作。

②4 月 11 日前领取 500 张免费温泉券,交由财务部,便于对当天参展来宾的礼品发放。

③4 月 11 日 17:00 前准备 500 份温泉、足浴宣传单,便于婚博会当天酒店展台宣传。

（九）计财部——责任人:×××

①请于 4 月 11 日安排专人与市场营销部核对赞助奖品数量的清点工作,4 月 12 日安排 4 名工作人员负责活动现场的抽奖票及奖品的管理和兑换工作。

②严格按照抽奖环节进行兑换,兑换时间截止日期为 4 月 20 日,具体奖品清单附后。

（十）采购部——责任人:×××

做好活动期间临时物资的采购工作。

（十一）市场营销部职责分工

总调度负责人:×××

各商家布展负责销售代表:×××

来宾登记:×××　　入场券发放:×××　酒店展台:×××

①4 月 11 日前收集各部门的宣传资料,活动当天由××进行酒店资料派发,客人咨询等工作。

②4 月 11 日前打印好嘉宾签到表 50 张,按照观展来宾要求,以青年男女为主,年龄在 20 岁以上的做好登记,并可领取入场券 1 张(按一对男女一张入场券的原则),对未成年人酒店将不发放入场券,可以观展,不参加抽奖和纪念品的领取。

③4 月 11 日全天各销售代表与保安部、工程部、餐饮部做好商家进场布展的时间掌握,确保各商家布展用品通过统一的入口进入会场,进场布展严格要求交纳押金,通知工程部人员进行布展施工的监督工作,如有损坏将照价赔偿。

④4 月 11 日各销售代表将赞助奖品,统一汇总交给财务部奖品发放专人进行数量的核对及手续的办理,确保洽谈前的奖品数量。

⑤由部门副经理、主管对所有活动现场的指引水牌、横幅、喷绘、签到台、兑奖区、商家布展的前期准备情况等进行严格把关,确保此次活动的流畅。

八、特别说明

①各部门要对此活动高度重视,接待期间注意礼节礼貌、仪容仪表,做好个性化、细

微化服务。

②此次活动还有一些细节尚未明确,营销部将密切与各商家衔接,并第一时间通知相关部门做好准备工作。

③各部门负责人在活动接待期间,手机必须二十四小时开机,保持信息传递的畅通。

会展接待方案是会务和展务工作机构针对重要的会展接待应事先制订接待方案,或作为会展策划方案或预案的有机组成部分。接待方案获得批准后,即成为会展接待工作的依据和保障。

4.1 参展说明书

【训练要领】

参展说明书是在办展机构确定了会展的有关日期,指定了会展承建商、会展代理商等相关机构之后,将会展筹备、开幕以及参展商参加会展时应注意的相关问题汇编成册,以便于参展商进行参展准备而撰写的文本文案。

4.1.1 参展说明书的含义

办展机构在确定了会展的有关日期安排,指定了会展承建商、会展运输代理和会展旅游代理以后,即可着手编制会展参展说明书。

参展说明书又称参展商手册,是办展机构将会展筹备、开幕以及参展商参加会展时应注意的相关问题汇编成册,以方便参展商做参展准备的一种小册子。编制参展商手册是会展筹备过程中的一项基础工作。

4.1.2 参展说明书的主要内容

从某种意义上讲,参展说明书(参展商手册)是帮助参展商进行参展筹备的纲领性文件,也是办展机构对会展布展、展览和撤展等各环节进行有效管理的指导性文件,参展说明书所包含的内容涉及举办会展的各个环节。

1)前言

前言主要是对参展商参加本会展活动表示欢迎,阐明本说明书编制的原则和目的,提醒参展商在筹展、布展、展览和撤展等环节要自觉遵守本手册的相关规定等。前言一般要求言简意赅。

2)展览场地基本情况

展览场地基本情况包括展馆及展区平面图、至展馆的交通图、展览场地的基本技术数据等。

3)会展基本信息

会展基本信息包括会展活动的名称、举办地点、展览时间、办展机构、会展指定承建商、指定运输代理、指定旅游代理、指定接待酒店等。

4)会展规则

会展规则即会展要求参展商和观众等参展时所必须遵守的规章制度,包括会展有关证件使用和管理的规定、会展现场保安和保险的规定、展位清洁的规定、物品储藏的规定、现场使用水电的注意事项、现场展品销售的规定、消防规定、知识产权保护规定、现场展品演示的注意事项等。

5)展位搭装指南

展位搭装指南是对会展展位搭装的一些基本要求和说明,主要包括标准展位说明和空地展位搭装说明等。

6)展品运输指南

展品运输指南是对参展商将展品等物品运到展览现场所作的一些指引和说明,主要包括海外运输指南和国内运输指南等。

7)会展旅游信息

会展旅游信息是对解决参展商及观众等参加会展期间的吃、住、行等需要和会展前后的旅游需要等做出的一些说明。

8)相关表格

相关表格是有关参展商在筹展和布展过程中需要使用的各种表格,主要包括展览表格和展位搭装表格两种。展览表格主要有贵宾买家服务表、聘请临时服务人员申请表、额外工作证和邀请卡申请表、研讨会和技术交流会申请表、刊登会刊广告申请表等。

参展说明书编制成功以后,可印刷成册,在会展开幕前适当的时间寄给参展商,也可将其内容发布在会展的专门网站上供参展商阅览和下载。如果会展活动有海外参展商,还要将参展商手册翻译成外语文本。

4.1.3 参展说明书的编制要求

从参展说明书所起的作用可以看到,参展说明书是展会筹备过程中的一个重要文件。要让参展说明书在展会筹备过程中切实起到上述作用,在编制参展说明书时,必须遵循以下要求:

1)实用

参展说明书所包含的内容必须是对参展商进行筹展、布展、展览和撤展等有较大的指导作用,或对办展机构展会筹展、布展、展览和撤展各环节进行管理有较大帮助,或对参展商邀请老客户来展会参观有辅助作用;否则,该内容就不能进入参展商手册。

2)简明

参展说明书对各方面内容的说明和叙述应该简洁,文字不要太多,篇幅不要太长,能说明问题即可;参展说明书对各方面内容的说明和叙述必须准确、具体,让人看得明明白白,不能产生歧义。否则,在展会筹展、布展、展览和撤展等环节的具体执行中就会引起争议,既不利于参展商展出,也不利于办展机构对展会现场进行管理。

3)详尽

对参展说明书提到的各项内容要尽量详细,如对布展和撤展加班时间的规定可具体到小时和分钟,对各种表格的返回最后期限的规定具体到年月日等,这样更有利于展会的具体操作和管理;对参展说明书提到的各项内容,要做到没有遗漏。

4)美观

参展说明书的排版和制作要美观大方,印刷讲究,尽量不要出现错别字和其他印刷错误;参展说明书的制作和用纸与展会的档次和办展机构的品牌与声誉相符,不能让人产生不好的联想。

5)专业

参展说明书的遣词造句要符合行业习惯和规范,要使用行业熟悉的语言,所涉及的术语要规范,不应使用一些行业比较陌生的词语;内容编排要符合参展商筹展的筹备程序,便于展商查找。

6)国际化

如果展会是国际性的展会,或者展会有向国际化方向发展的打算,那么,参展说明书的内容编排和制作也要尽量做到符合国际参展商的需要,如除了中文的文本外还要有外文的文本。外文文本的参展说明书,其翻译一定要准确。

【例文评析】

例文 4.1　2019 年第十一届中国××展览会参展说明书	评　析
首先对贵单位参加本次展会表示热烈的欢迎。为了使所有参展单位都能获得完善、及时、周到的服务,确保展览会在良好的秩序下取得圆满成功,特汇编本参展说明书以供各参展商参考和遵守。 　　请您仔细阅读本参展说明书,以熟悉参展程序并提前做好相关的准备工作。请各参展单位根据自身的实际需要,认真填写有关表格,并在规定的截止时间内将相关表格传真、发电子邮件或邮寄至相关服务单位,所有表格一经参展单位盖章签名确认,即具有合同之等同约束力。	本参展说明书是帮助参展商进行参展筹备的纲领性文件,也是办展机构对会展布展、展览和撤展等各环节进行有效管理的指导性文件,参展说明书所包含的内容涉及举办会展的各个环节

如有本指南未能包括之服务及信息,请与我们联系,我们会尽可能为您提供帮助或指导。在展览会期间,请直接与指定代理或现场办公室联系。

对贵单位支持我们的展览会表示衷心的感谢,我们会尽可能地完善说明书内的信息,如有本说明书内未能包括之服务及信息或任何疑问,请及时联络咨询。

祝参加本次展览会的各参展单位取得圆满成功!

一、综合信息

1. 承办单位。

2. 大会组委会指定收款账户。

3. 展览场馆。

4. 住宿酒店。

5. 主场搭建水电及展具租赁。

6. 展品运输及进馆服务提供商。

7. 特装展位搭建商。

8. 进馆布展。

9. 仓储。

10. 特装搭建。

11. 现场。

①提供 220 V 照明电源(标准展位免费),最大负载 500 W。如需 380 V 动力电源或使用其他大容量电源,请提前两周通知主办单位,并支付相关费用。

②提供 24 小时清洁及保安工作,贵重物品请参展商自行保管为妥。

12. 展览中心交通指示图。

13. 展览中心展馆平面图。

14. 展览地点。

15. 入场参观。

16. 参展商登记报到。

17. 国内展商住宿。

18. 室内展厅技术数据。

19. 用餐及花草管理。

二、参展总则

1. 参展指南。

2. 展位的取得。

3. 参展费用的支付。

4. 展商的保证。

5. 展馆的使用。

6. 展位装修和展品进场。

7. 展会会刊。

8. 展会的变更和取消。

9. 参展许可及非转让性。

10. 保险责任。

11. 展品的登记与安全。

12. 展览会的宣传活动。

13. 展台配置、设计及施工。

14. 电源供应。

15. 展品的登记与安全。

16. 组委会责任限度。

17. 撤展。

18. 其他。

①请同时参阅《参展注意事项》及《安全须知》并遵守其中要求与规定。

②其他不详之处可向组委会咨询了解。

三、展览会规则

1. 展会规则。

2. 展览会指定服务商。

3. 责任与保险。

4. 消防。

5. 展台搭建规定。

6. 标准展位说明。

7. 电力供应。

8. 电力安装。

9. 租赁须知。

四、现场操作与服务

1. 展位现场操作。

2. 展品保存。

3. 展品撤除。

五、宣传与服务

1. 展览会刊发送。

2. 展览会刊登录。

3. 展览会刊广告。

六、货运指南

1. 承运公司。

2. 集货地点。

3. 货物包装要求。

4. 代办项目及费率。

七、特别提醒

1. 光地参展商可于××月××日起至××展览公司或××月××日到××展览中心南接待大厅办理场地押金、光地管理费、施工证、值班证等相关手续。施工证每张××元人民币,值班证每张××元,光地管理费收费标准如下:××元/平方米。

2. 押金收取。

3. 现场施工问题请咨询。

4.运输问题请咨询。

5.运输车辆进入展馆卸货区或展厅装卸货必须在现场办理车辆临时进馆证,方能进入卸货区。

6.特别注意布展、展出及撤馆时全过程的人身安全及物品安全。

7.由于现场参观参展人员众多,为了营造良好的洽谈氛围,请现场参展单位的机器及音响设备的声音控制在70分贝以下。

8.本次展会现场严禁拍照。

9.特别提醒:展览现场活跃着一批非法的服务人员,他们"什么都能干"而且有"价格优势",但安全、质量不能得到保证,经常出现纠纷,给展商造成很大损失,请广大参展商提高警惕、切勿轻信。

10.光地展商拆除搭建物后,凭保安及保洁人员开具的确认单,前往××展览公司退还押金。

11.吊点管理。

八、回执表

表1 展商报到登记单

表2 参展公司名称及会刊登记回执

表3 额外家具申请表

表4 加班单回执表

表5 额外电器申请表

表6 展览会展品处理回执

表7 会刊广告登记表

表8 会场广告登记表

表9 宾馆服务登记表

表10 专业观众邀请申请表

表11 门票申领表

表12 特装展台搭建申请

【训练设计】

请根据下述材料将学生分编成组,每组8名同学分别撰写前言、展览场地基本情况、会展基本信息、会展规则、展位搭装指南、展品运输指南、会展旅游信息、相关表格,从而形成一份完整的参展说明书。

2019 中国广告媒体推介洽谈会(××)

主办单位:××广告协会

展会时间:2019 年 11 月 28—30 日

展会地址(场馆):××国际会展中心

展品范围:公共广告媒体、展览展示媒体、广告制作系统、广告材料及物料、广告设计、多媒体技术设备、户内外广告媒体、广告摄影技术及设备、大屏幕显示及应用设备、广告礼品等。

参展手续:

1.填写参展申请表邮寄或传真至组委会,报名截止日期为 2019 年 10 月 31 日。

2. 请于展位确定后 10 日内将参展费用（50% 定金或全款）电汇至组委会，余款于 10 月 31 日前付清。

3. 参展商凭组委会展位确认函及交款票据办理参展手续。

联系人：×××　　×××

联系方式：

电　话：×××-××××××××

传　真：×××-××××××××

邮　箱：××××@ 163. com

4.2　会展接待方案

【训练要领】

对重要的会展接待，会务和展务工作机构应事先制订接待方案，或作为会展策划方案或预案的有机组成部分。接待方案批准后，即成为会展接待工作的依据。

4.2.1　会展接待方案的基本内容

会展接待的内容包括接站、食宿安排、宴请、看望、翻译服务、观看电影和文艺演出、参观游览、联欢娱乐、返离送别等。接待内容的安排应服从于整个会展活动的大局，并有利于参加对象的休息、调整，使会展活动有张有弛，节奏合理，同时也能为会展活动创造轻松、和谐的气氛。

1）接站与引导

（1）接站工作的程序和要求

接站工作的程序和要求具体包括确定迎接规格、组织欢迎队伍、树立接站标志、掌握抵达情况、热情介绍、主动握手、献花、陪车、注意安全保卫、准备新闻报道等内容。

（2）引导工作

引导是指会展活动期间会务和展务工作人员为参加对象指引会场、座位、展馆、展区、展位、餐厅、住宿的房间以及参加对象所要打听的地方的路线、方向和具体位置。

2）报到与签到

（1）报到与签到的联系和区别

报到和签到都是指参加对象到达会展举办地时所办理的手续。会期较短、无须集中接待的会展活动，一般只需办理签到手续，但如果会期、展期较长，具体活动较多，需要集中接待的会展活动，不仅要求参加对象签到，而且还要办理报到手续。二者的区别是：报到是指参加对象在到达会展活动所在地时所办理的登记注册手续，但不一定证明其参加每一次具体会展活动。在一些法定性会议上，签到是一种法律行为。

（2）报到工作

报到工作包括查验证件、登录信息、接收材料、发放文件、预收费用、安排住宿等内容。

3）看望与会见

（1）看望和会见的区别

看望是礼节性的，主要起表示欢迎和慰问的作用；会见也具有礼节性，但主要起交换意见的作用。

（2）看望与会见的安排及要求

①确定出面人。应安排主办方的领导人出面看望参加对象。

②安排时间和地点。看望时间一般在报到之后、会展活动开始之前为宜，也可以安排在会展活动的前半段，但不应安排在即将结束时；会见的时间安排较灵活，一般安排在会展活动开始前或前半段，如需要会见的对象较多，时间安排不开，也可将会见安排在会期的后半段。看望和会见的地点一般安排在参加对象住宿的房间或会议、展览的现场。

③通知。领导看望和会见参加对象之前，工作人员应先口头或电话通知参加对象，以免参加对象临时离开。重要的看望和会见可列入会议或展览的日程表。

④陪同和记录。看望和会见时，要由秘书或翻译陪同。秘书或翻译除向参加对象介绍领导人，做好翻译工作外，还要做好记录。对领导人在看望和会见时所作的指示要及时办理。

4）安排食宿和作息时间

（1）安排饮食的要求

安排饮食的要求包括饮食卫生、规格适中、照顾特殊等要求。

（2）安排饮食工作的程序

安排饮食工作的程序包括制订饮食工作方案、预订餐厅、印制和发放就餐凭证、统计就餐人数、商定菜谱、餐前检查、餐后反馈等程序。

（3）安排住宿的要求

安排住宿的要求包括住地相对集中、距离会场较近、设施齐全、确保安全、合理分配、照顾特殊、规格适中、勤俭节省等要求。

（4）住宿安排工作的程序

住宿安排工作的程序包括制订住宿安排工作方案、统计住宿人数、分析参加对象的情况、确定预订房间的数量、预订宾馆和房间、分发房间钥匙等程序。

（5）作息时间的构成

①会议活动作息时间的构成。包括就餐时间，每天上午、下午会展活动的开始、结束和休息时间，会展活动辅助活动的时间。

②展览活动作息时间的构成。包括布展时间、展览时间、展览期间参展单位工作人

员最早进馆时间和最晚离馆时间,撤展期间参展单位工作人员最早进馆时间和最晚离馆时间。

5)文艺招待和参观游览

(1)举行文艺招待

文艺招待的形式多样,如观看文艺演出、电影等。例如,选好节目和影片、安排好时间、安排好接送、组织好专场演出的入席与退席。

(2)组织参观、考察、游览

例如,策划项目及线路、安排落实、陪同、介绍情况、摄影、注意安全。

6)返离工作

所谓返离工作,即闭会、闭展后参加对象的离会和返回。返离工作的具体内容包括预订返程票、结算费用、检查会场与房间、告别送行等。

4.2.2 会展接待方案的结构与写法

会展接待方案可包含在会展整体策划书或预案之中,也可单独拟写,作为会展策划书或预案的附件。单独拟写的接待方案分为综合性方案和单项方案两种。综合性方案包括会展期间内所有的接待工作,单项方案仅对某项具体的接待活动做出安排。

会展接待方案的书面格式如下:

①标题。综合性方案的标题由会展活动名称加"接待方案"组成,例如,"2010年东北亚高新技术及产品博览会接待方案"。

②正文。正文逐项载明接待方案的具体内容,结构安排上一般采用序号加小标题的结构体例。开头部分写明接待的对象、缘由、目的、意义,主体部分写明接待的方针、规格、内容、日程、责任和经费等内容。在撰写相关条目时一定要力求准确、翔实,充分考虑不同类展会和不同参展商的具体要求,尤其在具体的接站、食宿安排及活动安排上更不能有所纰漏。

③提交方案的会务工作机构。

④提交方案的时间。

【例文评析】

例文4.2 2018××国际汽车博览会接待方案	评 析
一、指导思想(略) 二、接站 在机场、火车站设立接待站,由专人负责接待。重要来宾抵达时,拟安排领导迎接。 三、食宿安排 1.××观光酒店	本会展接待方案的内容包括接站、食宿安排、宴请、看望、翻译服务、观看电影和文艺演出、参观游览、联欢娱乐、返离送别等方面

位　　置	××
等　　级	五星级
客房数	105 个
设　　施	旋转餐厅、结婚礼堂、小宴会场、咖啡厅、舞厅、男士桑拿浴、卡拉 OK、美容室
电话／传真	电话：×××- ××××××××
交　　通	航空：距机场只需 20 分钟 汽车高速公路××(需要 20 分钟)

2.××观光酒店

位　　置	×××
等　　级	五星级
客房数	70 间
设　　施	– 地下 1 层：舞厅、男士桑拿浴、理发厅 – 1 层：总台、咖啡厅、韩食餐厅、宴会场 – 2 层：健身房、客房 – 3 层：大厅 – 5 层：客房 – 6 层：旋转餐厅、酒吧
电　　话	五星级
交　　通	航空：30 分钟的距离 汽车高速公路××(需要 30 分钟)

四、招待活动

庆祝活动：2018 公开音乐会(前夕宴)

五、观光信息

中心水面形观光路线

第一路线(需要 1 天)：×××

第二路线(需要 6 个小时)：×××

六、经费

以上接待工作所需接待经费××美元。

接待内容的安排应服从于整个会展活动的大局，并有利于参加对象的休息、调整，使会展活动有张有弛，节奏合理，同时也能为会展活动创造轻松、和谐的气氛

【训练设计】

请根据下述材料编写一份会展接待方案。相关内容要按照展会指导思想、接待对象、接待方针、接待规格、接待内容、接待时间安排、接待责任、接待经费等内容来撰写。

第17届中国××电脑资讯产品博览会

主办单位:××省经济贸易委员会××省对外贸易经济合作厅××省科学技术厅××市人民政府

展会时间:2016年10月17—20日

展会地址(场馆):××国际会展中心

展会介绍:

××以其良好的投资创业环境和高速发展的魅力,吸引了众多的跨国公司落户××,上规模的电子信息制造业企业有3 300多家。全世界排名500强的电子信息企业有17家在××落户,如通用电气、施乐、杜邦、日立、富士通、三洋、富士、NEC、佳能、飞利浦、三星、诺基亚等。电子计算机及其外部设备的零部件配套率达95%,61.8%属于国际高端电子产品。国际著名的主要电脑制造商,如IBM、惠普、贝尔等公司都把东莞作为重要的零部件采购基地。IT业界盛传"无论你在哪里下订单,都在东莞制造"之说,形象地说明××电子信息制造业在全球市场上有着举足轻重的地位。

省领导××出席第17届××电博会开幕式时说:本届电博会在上届基础上规模更大、水平更高,给人印象更深刻,照这样发展下去,东莞将成为广东IT产业发展的领头羊!

联系人:×××

联系方式:

电　话:×××-×××××××

传　真:×××-×××××××

邮　箱:××××@163.com

4.3　展会相关活动策划案

【训练要领】

在展会期间,为了活跃现场气氛,更好地吸引企业参展和观众参观,以及作为展会的一项重要服务内容,办展机构往往还会根据展会的需要,举办一些与展会有一定关联的表演、比赛以及其他活动。精心的策划对展会的成功举办起到锦上添花的作用。

4.3.1　展会相关活动策划的作用与原则

1)举办展会相关活动的作用

举办展会相关活动能满足参展企业与专业观众达成交易、获得信息等需求。对于办展企业而言,也能使展会的影响力、知名度提高,作用很大。主要表现在以下5个方面:

(1)丰富展会信息

从本质上来说,会展是为信息交流而进行的传播活动。会展的最大特点在于信息的"集中"。从"会"的角度讲,会议的每一个参加者,既是本人信息的传播者,又是他人信息的接收者;从"展"的角度来说,展览是以展馆场所为媒介进行社会信息系统的运作;从目标受众的角度来说,观众参观展会,大都是为了能在展会中收集各种有用的信息。因而,展会本身应该是信息的总汇。举办会展相关活动正是为了极大地丰富会展信息。

(2)强化展会发布

专业展览会常常会有系列研讨会、讲座、产品发布会等活动,主讲一般都是行业内单位。由于会展行业人员聚集,信息传播很快,许多企业都选择展会作为发布信息的场所。有些展会还专门组织产品发布会供企业选择,还有些展会将新产品发布与表演、比赛等活动结合起来,以此来强化展会的发布功能。

(3)扩展展会展示

展会的价值与展出目标主要是在展台上得以实现的。展台工作包括展会开幕期间的展台接待、展台推销、贸易洽谈、情况记录、市场调研等。如果将筹展工作比作"搭台",展台工作比作"唱戏",那么,展会的相关活动就好比"配乐、配器"。在展会期间举办相关的活动如产品展示会、有关表演和比赛等能使企业和产品的形象更好地展现,给观众留下更加深刻的印象。

(4)延伸展会交易

在大多数交易会、展览会和贸易洽谈会上都能签署一定金额的购销合同,以及投资、转让和合资意向书。据统计,法国博览会和其他专业展览会每年展商的交易额高达1 500亿法郎。2018年,中国国际高新技术成果交易会(简称高交会)迎来第20个年头。第20届高交会以"坚持新发展理念,推动高质量发展"为主题,展会总面积达14万平方米,共有3 356家展商参展,展示的高新技术项目达11 322项,涵盖了智能汽车、物联网、智能制造、人工智能、节能环保、AR/VR、互联网+、生物医药、大数据、无人系统、智慧城市、航空航天、新能源、新材料、光电平板和现代农业等领域。来自42个国家和地区的108个代表团、3 278家参展商、9 765个项目和2 690家投资商,参加了高交会的展示、交易和洽谈等活动。本届高交会参观人数共达61.2万人次,230多家海内外媒体、近千名记者参与报道了大会盛况。可以毫不夸张地说,展会是一个重要的贸易平台。举办会展相关活动能够延伸展会贸易的这种功能。例如,产品订货会、产品推介会、项目招标活动等都可使展会取得良好的效果。

(5)活跃展会现场气氛

举办富有观赏性和趣味性的相关活动能极大地调动现场观众的积极性。在设计相关活动时,策划者应当选取参与性强、互动效果好的项目,这样不仅能给观众留下深刻的印象,而且可使展会现场气氛活跃,为参展企业创造良好的现场气氛。

2)举办展会相关活动的原则

一般来说,举办展会的相关活动应遵循的原则有以下3条:

①切合展会的主题。

②有助于吸引目标受众。

③有助于提高展会效果。

4.3.2 展会相关活动的种类与策划

1）开幕式策划

开幕式是展会正式开始的标志,同时也是主办单位向公众展示展会的规模和实力的良好机会。因此,必须受到重视,更不能有任何差错。其策划要点有以下6点:
①主题。
②时间和地点。
③开幕式程序。
④出席的主要嘉宾。
⑤讲话稿和新闻通稿。
⑥创新之处。

2）专题会议策划

在展会的相关活动中,专业研讨会、技术交流会、行业会议以及产品发布会等是最常见的会议活动。在策划专题会议时,关键应掌握各种会议不同的策划要点。

（1）专业研讨会

专业研讨会是以研究行业发展动态为主要内容的会议。其策划要点有以下内容:会前简明扼要地向主要发言人与主持人介绍相关情况,事先设计好会议议程,邀请知名人士主持讨论会。明确讨论会的性质,合理安排讨论会的时间,与主持人讨论议程要求,请演讲者告知演讲的大致内容,并提供适当细节及分发相关资料。

（2）技术交流会

技术交流会是以技术的交流和传播为主要内容的会议。这类会议是与会者就大家共同关心的领域和能引领合作的事业,或是未来伙伴关系的框架进行研讨。其策划的要点有以下8点:
①考虑合理安排会议时间。
②不要强挤时间来安排活动。
③事前当众宣传会议,要知道这个机会也许还有利于会议登记。
④考虑设立"交流会"布告牌。
⑤如果合适,与会议主席或主持人一起为会议构建框架,推进会议的进行。
⑥考虑提供茶点。
⑦不要强迫人们参加讨论交流会。
⑧要考虑那些也许不属于交流范围内的人。

（3）行业会议

行业会议一般是由行业协会或者政府主管部门组织举办,行业协会会员或该行业有关企业参加的会议。行业会议在策划上有3个方面的中心任务,即会议的主题、议题和筹备方案。

（4）产品发布会

产品发布会是以发布新产品或者是有关新产品信息为主要内容的会议活动。在发布形式上可采取新闻发布会、记者招待会、情况通报会、记者通气会、政策说明会、技术推介会、产品推介会以及成果发布会等类型,这些类型在内容和形式上常常互相交叉,各有特点。产品发布会的策划要点有:

①明确目的。

②确定口径和发布方式。

③选择时机。

④确定对象。

⑤发出邀请和接受报名。

⑥确定主持人和发言人。

⑦准备有关材料。

⑧布置会场。

⑨安排翻译。

⑩收集媒体的报道。

3）评奖活动策划

为了提高参展商和观众的积极性并丰富展览内容,有时候,展会主办单位还会组织相关评奖活动。一般评奖活动主要有 3 类:第一类与展会现场表演有关,如评选最具人气展台、最佳展台设计等;第二类是产品评奖,如"××展会金奖"等,在实际操作中,这一种评奖类型最为常见;第三类是独立活动,如策划论坛暨××展会颁奖晚会,作为展会的重要补充。评奖活动的策划要点有:

①成立评审委员会。

②制订和发布活动方案。

③发动参展商参加。

④评委会评选。

⑤公布评奖结果。

4）娱乐活动策划

在展会期间,为了活跃现场气氛,更好地吸引企业参展和观众参观,办展机构往往会结合展会的需要,举办一些与展会有一定关联的表演及其他活动,如比赛、特色餐饮等娱乐活动,如果这些活动策划得好,可提高展会的效果。

（1）表演

表演是一项观赏性比较强的公众性活动,它吸引的观众一般较多,现场气氛也比较热烈。表演可以是参展企业自己组织的为提高其展出效果的表演,也可以是由办展机构组织的为整个展会和所有参展商及观众服务的表演,还可以是行业协会和当地政府组织的表演。

（2）其他

娱乐的内涵十分丰富，只要精心策划，主办单位可在很多方面实现突破，从而给参展商和专业观众带来全新的感觉。具体包括竞赛、特色餐饮、文化大赛等内容。

5）展会旅游活动策划

会展旅游的概念有广义和狭义之分。广义的概念，是把展会作为旅游活动的一种特殊类型；而狭义的概念，是指展会之余所伴随的观光、休闲活动。本书所说的展会旅游活动是指狭义的概念。展会旅游活动的策划要点有：

①策划项目及路线。一般来说，策划展会旅游项目及路线要考虑以下4个方面：

a. 切合展会主题。

b. 照顾对象兴趣。

c. 接待能力。

d. 内外有别。

②安排落实。落实好车辆，安排好食宿，准备好必需的资金和物品，如摄像机、对讲机、团队标志、卫生急救药等。

③陪同。

④介绍情况。

⑤摄影。

⑥安全。

【例文评析】

例文 4.3　　2019 中国防水展主要日程					评　析
日期 （Date）	时间 （Time）	活动 （Events）	地点 （Place）	备注 （Note）	本展会相关活动日程包括论坛、研讨会、分享会、交流会、发布会、培训会、现场演示等相关内容。活动形式多样，成为相关博览会的有效补充，同时也能满足参展企业与专业观众达成交易、获得信息等需求。对于办展企业而言，也能使展会的影响力、知名度提高
5 月 27 日 （星期一） May 27 （Monday）	全天 Whole Day	2019（上海） 国际防水高端论坛	海世博洲际酒店 二层大宴会厅	凭券 入场	
5 月 28 日 （星期二） May 28 （Tuesday）	09：30	中国国际屋面和 建筑防水技术展 览会开幕式	上海世博展览 馆北序厅	免费	
	10：00— 17：00	中国国际屋面和 建筑防水技术展 览会参观	上海世博展览 馆 1 号和 2 号 展馆	免费	
	09：00— 12：00	建筑师专场 研讨会（一）	上海世博展览 馆 1 号展馆内 一号会议室	凭券 入场	

续表

日期 （Date）	时间 （Time）	活动 （Events）	地点 （Place）	备注 （Note）
5月28日 （星期二） May 28 （Tuesday）	10：00— 12：00	金属围护系统技术专题研讨会	海世博展览馆1号展馆内二号会议室	免费
	10：30— 12：00	防水行业职业发展国际分享会	上海世博展览馆2号展馆内三号会议室	免费
	13：00— 15：30	既有建筑维修改造技术论坛	上海世博展览馆1号展馆内一号会议室	免费
	13：00— 15：30	韩国防水技术专场交流会	上海世博展览馆2号展馆内三号会议室	免费
	15：00— 17：00	第三届中国房地产与防水行业合作发展大会	上海世博展览馆1号展馆内二号会议室	免费
	10：00— 16：00	国际屋面和防水技术施工演示	上海世博展览馆1号展馆内国际施工演示区	免费
	10：00— 16：00	中国国际屋面和建筑防水技术展览会全产业链新品发布会	上海世博展览馆北序厅	免费
5月29日 （星期三） May 29 （Wednesday）	09：00— 17：00	中国国际屋面和建筑防水技术展览会参观	上海世博展览馆1号和2号展馆	免费
	09：00— 12：00	建筑师专场研讨会（二）	上海世博展览馆1号展馆内一号会议室	凭券入场
	09：30— 11：30	建筑防水施工技术研讨会	上海世博展览馆1号展馆内二号会议室	免费
	09：00— 11：00 13：00— 15：00	数字供采新生态——广联达数字采购联盟供需对接会	上海世博展览馆2号展馆内三号会议室	免费

续表

日期 （Date）	时间 （Time）	活动 （Events）	地点 （Place）	备注 （Note）
5月29日 （星期三） May 29 （Wednes- day）	13：00— 15：00	地下空间防水 技术论坛	上海世博展览 馆1号展馆内 一号会议室	免费
	12：30— 17：00	防水行业注册培训 师继续教育培训会	上海世博 展览馆 1号展馆内 二号会议室	免费
	10：00— 16：00	国际屋面和防水 技术施工演示	上海世博展览 馆1号展馆内 国际施工演示区	免费
	09：20— 16：00	中国国际屋面和建 筑防水技术展览会 全产业链新品发 布会	上海世博展览 馆北序厅	免费
5月30日 （星期四） May 30 （Thursday）	09：00— 13：30	中国国际屋面和建 筑防水技术展览会 参观	上海世博展览 馆1号和2号展馆	免费
	09：30— 11：00	家装防水领域的电 商应用和转型—— 京东零售建材交流 大会	上海世博展览 馆1号馆一号 会议室	免费
	10：00— 11：00	"走进社区 诊治渗 漏"大型公益活动	上海世博展览 馆北序厅	免费
	14：00	闭馆		

【训练设计】

请根据下述材料编写一份展会相关活动日程安排。

第16届中国××国际玩具、模型及婴儿用品展

主办单位：中国玩具协会××玩具展览公司

展会时间：2019年10月18—20日

展会地址（场馆）：××新国际博览中心

展品范围：模型机械类、电子玩具、塑胶软体类、木制玩具、圣诞节用品、节日用品、玩具零部件、教育类及游戏、户外用品、婴儿用品及儿童服饰类、礼品类、其他相关机构及产品。

展会介绍:

2019 年中国××国际玩具模型展,一共有 400 家,1 200 个展位,来自 25 个国家及地区的玩具、模型企业齐集会场。其中,品牌公司包括日本的三大玩具公司 TOMY,BANDAI 和 TAKARA;美国最大的美泰和孩之宝;德国的 BIG,ZAPF 和 ROVENSBERGER 三大玩具公司。参展企业中 30% 的纯内销企业主要为海外知名品牌在中国的代理;另外,还专门设立德国展团,以及中国香港展团-香港贸发局、中国台湾展团-台湾玩具公会。

联系方式:

联系人:×××

电　话:×××-××××××××

传　真:×××-××××××××

邮　箱:××××@163.com

4.4　会展意向书

【训练要领】

会展意向书是会展活动过程中当事人之间表达合作愿望的文书,没有法律约束力,是签订重大会展合同的必要准备。

4.4.1　会展意向书的含义

会展意向书是会展活动过程中当事人之间表达合作愿望的文书,没有法律约束力。会展意向书常常是会展合同的前奏曲,很多重大项目的合同就是在意向书的基础上签订的。因此,它是签订重大会展合同的必要准备。

4.4.2　会展意向书和会展合同的区别

1)内容上

会展意向书的内容概括、原则,仅表明当事人双方的意向、设想和打算,而会展合同的内容具体、详细、周密,对双方的权利、义务等有具体的要求。

2)法律效力上

会展意向书不具有法律效力,不受法律保护;而会展合同具有法律的约束力和强制性,当事人必须全面履行合同规定的义务,任何一方不得擅自变更或解除合同,不论哪一方违背了合同中规定条款,都要负违约责任。

4.4.3 会展意向书的结构和写法

1）标题

标题要写明双方合作意向的主题或项目名称,如"联合办展意向书"。文种必须写"意向书",不能写成"协议书"。

2）双方当事人名称或姓名

标题之下写明双方当事人名称或姓名,一般用"甲方""乙方"作简称,也可写明双方法定住所、营业批准机关名称及批准时间、营业执照编号等。

3）开头

说明订立意向书的目的、依据、时间、地点、原则,并用"达成如下合同意向"过渡到下文。标题下不写双方当事人名称或姓名的,必须在开头部分写明双方名称或姓名。

4）主体

一般应写明项目的性质、内容、规模、实施时间和地点、双方的权利和义务、具体分工、财务安排、价格等。会展意向书的内容一般是粗线条的,主体部分的每一部分用序号列出合作内容即可。

5）结尾

结尾可说明本意向书不属于正式合同、双方保留进一步磋商的权利、以正式合同或协议书为准等意思,也可不写结尾。

6）签署

由各方代表签署姓名。

7）签署日期

写明双方实际签字的日期。

【例文评析】

例文 4.4　2019 年玩具展 523 号展位搭建项目合作意向书	评　析
甲方:××装潢设计公司 乙方:××玩具销售公司 　经过初步协商,双方拟就 2019 年玩具展 523 号展位搭建项目的合作事宜,达成以下合作意向: 　一、同意就 2019 年玩具展 523 号展位搭建项目开展合作。 　该项目的基本情况是:	

2019 年玩具展在××会展中心召开,双方就其 523 号特装展位(50 平方米)搭建达成意向。

二、甲乙双方各自负责的前期工作。

甲方应负责的工作:

1. 对××会展中心 523 号展位的考察工作。

2. 在进行充分考察基础上向乙方提交 325 号特装展位的设计图纸,并接受乙方提出的修改意见。

乙方应负责的工作:

1. 及时向甲方提供考察××会展中心 523 号展位的相关入场许可。

2. 认真审核甲方提交 523 号特装展位的设计图纸,并提出意见。

三、在甲乙双方完成前期工作基础上,双方商定 2019 年 8 月 15 日签订正式合同。

四、本意向书是双方合作的基础。甲乙双方的具体合作内容以双方的正式合同为准。

甲方:××装潢设计公司　　　　乙方:××玩具销售公司

代表人:王××　　　　　　　　代表人:张××

××××年××月××日　　　　××××年××月××日

> 这是一份展位搭建项目合作意向书,正文部分先概述签订意向书的目的,接着分 4 条表明了双方的意向:同意就 2019 年玩具展 523 号展位搭建项目开展合作,并列明了甲乙双方应尽的义务。这与会展合同不同,意向事项原则、概括,无具体时间、数字限制,仅表明双方意向

【训练设计】

请根据下列材料编写一份会展意向书。

第 15 届××国际橡塑胶及包装技术设备展览会

主办单位:讯通展览公司

展会时间:2019 年 8 月 23—26 日

展会地址(场馆):××国际博览中心

展品范围:橡塑胶类(生产设备、其他加工机械、辅助设备及配件、材料及产品原物料、控制器、检测试设备)、包装类(各类包装机器)及自动化生产线(食品及药品包装、制袋及制盒机械、印刷包装机械)。

收费标准:

标准摊位:

A 区:HK $ 12 000 / RMB 12 800

B 区:HK $ 10 000 / RMB 10 600

C 区:HK $ 8 000 / RMB 8 500

净空地:按标准摊价九五折(面积不少于 30 平方米,不含地毯),面积折扣优惠:1 ~ 3 个摊位 8.5 折;4 ~ 9 个摊位 7.5 折;10 个或 10 个以上 7 折。

联系方式:

地　　址:×××

邮　　编:×××××

联系人:×××

电　　话:×××-×××××××

传　真:×××-×××××××

邮　箱:××××@163.com

本章小结

本章主要介绍参展说明书主要包括的项目、会展接待的内容和步骤、展会相关活动的种类以及会展意向书的写法。参展说明书是办展机构将会展筹备、开幕以及参展商参加会展时应注意的其他问题汇编成册,以方便参展商做参展准备的一种小册子;会展接待的内容包括接站、食宿安排、宴请、看望、翻译服务、观看电影和文艺演出、参观游览、联欢娱乐、返离送别等方面;举办展会相关活动能满足参展企业与专业观众达成交易、获得信息等需求,同时也能使展会的影响力、知名度提高;会展意向书是会展活动过程中当事人之间表达合作愿望的文书,没有法律约束力。通过学习,会展从业人员应在会展运作过程中熟悉并掌握以上文案的写作。

复习思考题

一、名词解释

1. 参展说明书

2. 会展意向书

二、多项选择题

1. 展览场地基本情况包括(　　　　)等。

　　A. 展馆所在城市的地图　　　　B. 展馆及展区平面图

　　C. 至展馆的交通图　　　　　　D. 展览场地的基本技术数据

2. 展会期间举办的相关活动一般有(　　　　)。

　　A. 会议　　　　　　　　　　　B. 表演

　　C. 比赛　　　　　　　　　　　D. 其他相关活动

3. 《参展说明书》的基本原则是(　　　　)。

　　A. 实用　　　　　　　　　　　B. 简明

　　C. 详尽　　　　　　　　　　　D. 专业

　　E. 国际化

4. 会展接待方案的书面格式有(　　　　)。

　　A. 标题　　　　　　　　　　　B. 正文

　　C. 提交方案的会务工作机构　　D. 提交方案的时间

5. 接待报到工作包括(　　　　)。

　　A. 查验证件　　　　　　　　　B. 登录信息

　　C. 接收、发放材料　　　　　　D. 安排住宿

三、简答题

1. 编制参展说明书有哪些基本原则?

2. 简述展会相关活动的内容。

3. 简述会展接待方案的内容。

4. 报到与签到的联系和区别有哪些?

5. 举办展会相关活动的作用是什么?

实训题

实训项目:关于"第22届中国(北京)国际美博会"的相关运作文案。

实训目的:通过本次实训,使学生掌握会展接待方案、展会相关活动策划案的写作方法。

实训学时:4学时。

实训内容:请根据上述材料,分别编写一份会展接待方案、展会相关活动策划案。

2019年2月26—28日于××举办"第22届中国(北京)国际美博会"。展览范围包括美容产品(皮肤护理品、美体产品、彩妆产品、美甲产品、纹绣产品、香氛香薰产品、保健养生产品)、美发产品(洗护产品、染烫产品、发制品、养发育发产品、发用饰品)、器具产品(美发用具、美容用具、美发设备、美容设备、脱毛仪器、沙龙家具、专用工服、专用织品)等。展览地点:××展览馆;展览面积:40 000平方米。主办单位:广州佳美展览有限公司。

实训观测点:

1. 会展接待方案是否按照接站、食宿安排、宴请、看望、翻译服务、观看电影和文艺演出、参观游览、联欢娱乐、返离送别等方面撰写?

2. 展会相关活动策划案的安排程序是否具体、时间安排是否可行、内容是否紧凑?

案例分析

2019年××市首届招商投资洽谈会接待方案

一、指导思想

本次招商投资洽谈会是我市建市来首次举行的大型涉外投资招商活动。届时,预计有500多个国内外企业和政府组织前来参加,接待人数预计达3 000多人,接待工作任务相当重。为了确保洽谈会的成功,接待工作一定要 高标准,严要求,以热情、友善、真诚、周到的服务,使国内外来宾感到满意,从而赢得来宾的信任,树立我市文明城市的形象,体现我市良好的投资环境。

二、接站

在机场、火车站设立接待站,张贴大幅欢迎标语,由专人负责接待。重要来宾抵达时,拟安排市领导接待。

三、食宿安排

五洲饭店、四海国际大酒店等 10 家星级饭店负责安排来宾的食宿。

四、招待活动

5 月 6 日开幕式当天,举行欢迎晚宴,由市长主持,市委书记致欢迎辞。

5 月 7 日和 5 月 8 日分别由市政府和市对外友好协会出面举行招待酒会。

5 月 10 日下午闭幕式后,举行欢送宴会。

五、安全与交通

市公安局负责大会期间场馆安全保卫工作,确保场馆附近交通畅通。

市公用事业管理局负责大会期间接待用车。

××市首届投资招商洽谈会组委会

2019 年 4 月 10 日

以上是《2019 年××市首届招商投资洽谈会接待方案》,请认真阅读并分析下列问题:

1. 该接待方案是否内容齐全? 如不齐全需要在哪些方面补足?

2. 作为洽谈会的接待方案和展览会的接待方案在什么方面有区别? 在实际工作中应如何加以注意?

3. 请为该接待方案匹配一份适合的展会相关活动策划案。

第5章
会展运作阶段的文案(下)

【本章导读】

本章主要介绍会展运作阶段的展会宣传推广计划、会展广告文案、展会通讯和会展记录4种文案。通过本章的学习,要求了解展会宣传推广计划的特点、会展广告媒体的选择、展会通讯的作用;掌握展会宣传推广计划的内容、会展广告文案的写作、展会通讯的内容、会展记录的格式。

【关键词汇】

展会宣传推广计划　会展广告文案　展会通讯　会展记录

【案例导入】

第八届中国家具展览会宣传推广方案

会前的主要宣传推广工作

一、同南京市一些大型家具城、家具制造厂联手宣传

展会的组委会已邀请南京各大家具城专业买家前来参观采购,并且联手各大家具制造厂提供新产品信息及样品。

二、参加全国各地相关家具展会宣传

组委会在全国各地同行业家具展会上购买展位,以南京飞达会展公司的名义去参加本年度全国各地几十次展览会,通过展览会进行广泛的宣传。例如,中国青岛国际艺术品古典红木家具展、中国国际家具生产设备及原辅材料展览会、国际名家具东莞展览会、中国国际家具及木工机械济南博览会、成都国际家具工业展览会、山东国际古典家具及收藏精品博览会、郑州家具展、上海春季大型品牌家具展等。

三、户外宣传

在进入南京的主要交通路口发布本次展览会的户外广告(如路边的广告牌、机场的广告牌、商业街路牌、公交站牌、地铁站等),同时在上海、苏州等人口密集区发布广告。

四、流动广告宣传

在南京的各个公交上做移动电视广告或广播等宣传,也可在地铁内贴一些广告(经过许可)。

五、杂志宣传

尽量与国内一些知名家具杂志联系,借用他们的影响力来宣传,如《家具中国》《中国红木古典家具》《华东家具》《主流家具》等。

六、网站宣传

利用网站宣传,如中国家具网、新浪网、中国家居网、南京家居网、中国古典家具网等一些相关网站每天24小时滚动式进行宣传推广本次展览会。

七、报纸及新闻媒体宣传

开展前一个月在《新华日报》《南京日报》《扬子晚报》《金陵晚报》《南京晨报》《现代快报》《东方快报》等报纸及南京一些电视台等媒体进行全方位、密集式的宣传报道。

八、展前宣传工具

展会开展前,组委会将编辑出版大会会刊,并向与会专业观众发放,并通过数据库进行直邮推广。展品预览:开展前连同参观门票直接邮寄到专业观众手上。它包含了展览会资料、展商简介,如展台号码、展品介绍及图片等,让宣传时序由展会之前就得到开始。

九、365天无间断展览服务

配合网络做后盾,确保展商获享365天每天24小时无间断的宣传效益。所有参展商将免费享用为期一年的网上展厅宣传,结合网上展览及现场展览的宣传效果,随时随地带来无限商机。

会中的宣传推广活动

江苏电视台、南京电视台、南京广播电台将对展会进行专题报道。

每天一期的《金陵晚报》深度宣传与会企业。

组委会与各专业媒体机构合作的报纸报刊将对大会作深度报道。

新浪网、南京家居网将对大会进行现场直播。

展会期间邀请50多家新闻媒体与会采访和深入报道。

在南京市各主要交通要道布置彩旗、灯杆旗进行宣传。

会后宣传报道

受邀采访展会的50多家媒体将作广泛报道,其中10家媒体(包括电视和平面)进行深度报道。

新浪网、南京家居网就展会中展现出来的行业亮点和热点进行进一步的报道。

(资料来源:豆丁网)

以上资料为第八届中国家具展览会宣传推广方案。从案例中可以看出,展览会的主办方运用了项目推介、同类展会招商宣传、直邮、不同媒体广告、新闻发布会等宣传推介方法和渠道,进行大力宣传。其目的是取得良好的宣传效果,吸引大量的参展商和专业观众,为打造品牌奠定了良好的基础。

5.1　展会宣传推广计划

【训练要领】

展会宣传推广是指展会整体的宣传推广,是围绕展会基本目标指定的、有目的、有计划举行的一系列促进招展、招商和建立会展形象的宣传推广活动。展会宣传推广计划可将多种宣传推广方式进行组合安排,从而促进达成展会宣传目的及良好的效果。

5.1.1　展会宣传推广计划的含义

展会宣传推广计划就是简要介绍展会宣传推广的手段、办法、范围和渠道以及展会计划如何扩大其影响的措施等。展会宣传推广计划是展会的整体宣传推广计划,对展览会的发展有重要的影响,是展会策划和营销工作中的一个重要环节,也是参展商尤为关注的项目。因此,需要在写作中详细列明。展会的招展宣传推广和招商宣传推广可独立进行,也可包含在展会整体宣传推广计划中。

展会宣传推广工作是展会的"导航器"。它对展会各方面的工作都有重要的影响,很多客户是通过展会宣传推广才开始认识和了解展会的。鉴于展会宣传推广的重要性,很多展会的办展机构都会指定专门的人员来负责展会的宣传推广工作。

5.1.2　展会宣传推广计划的特点

一般来说,展会宣传推广具有以下特点:

1)整体性

与展会招展宣传推广和展会招商宣传推广不同,展会宣传推广服务于整个展会,是一种整体的宣传推广工作。展会宣传推广的任务主要有:促进展会招展;促进展会招商;

建立展会的良好形象和创造展会竞争优势;协助业务代表和代理机构顺利展开工作;指导内部员工如何对待客户等。展会宣传推广要处处注意展会的整体利益,不能因为只关注实现其中的某一个目标而妨碍其他目标的实现。

2)阶段性

展会宣传推广是随着展会筹备工作的进展和展会的实际需要而分步骤、分阶段逐步实现的。因此,展会宣传的阶段性很强,展会发展到什么阶段就进行什么样的宣传推广工作,任务十分清晰和明确。

3)计划性

展会宣传推广的任务多,阶段性强,这就要求在展会一开始筹备时就必须认真规划好展会的宣传推广工作,照顾到展会筹备工作各方面对宣传推广的需要,给展会筹备工作以强有力、全方位的支持。

4)服务性

展览本质上是一种服务。它属于服务业的范畴。展会只是各种会展服务的一个有形载体,本身对于参展商和观众来说并无多大意义;参展商和观众之所以要参加展会,是因他们想得到展会提供的服务,如贸易成效、信息、展示等。如果他们享受不到这些服务,展会对于参展商和观众来说就形同虚设。正是有了这些服务,展会才成为名副其实的展会,企业才来参展,观众才来参观。因此,从本质上看,展会宣传推广是在宣传和推广展会的各种服务。

展会宣传推广是一种多媒体多渠道的宣传推广工作。各媒体和渠道的宣传推广安排,要求时间上要协调,口径上要统一,内容上要各有侧重,效果上要互相补充,这样展会宣传推广对展会发展的促进作用才最明显。

5.1.3 展会宣传推广计划的内容

基于展会宣传推广的整体性和计划性等特点,几乎所有的办展机构都将展会的招展宣传推广和招商宣传推广纳入展会宣传推广计划中,由展会负责宣传推广的部门来统一制订和实施。因此,展会宣传推广计划基本上都是展会的整体宣传推广计划,包含的内容很多。

展会宣传推广计划实质上就是对各种展会宣传推广的手段、办法、范围和渠道的选择,一个展会往往选择多种宣传推广的方式组合应用,以达到宣传的效果。

1)广告

广告包括在专业杂志、大众媒体、网站户外媒介(如户外广告牌、交通工具等)、包装媒介等上面做的各种广告。不管是在哪种媒体上做广告,广告的主题设计必须明确、突出,并包含目的、优势和承诺3个基本要素;广告文稿的标题要简洁醒目,口号要富有创意,正文要真实具体;广告的图画设计要具备能引人注意、强化记忆、提示广告的主题和内容,看起来令人精神愉悦的特点。

2)软性文章和图片

软性文章和图片包括在专业报纸杂志、网站、广播电视等媒体上刊登的各种对展会的评论、报道、特写和消息以及相关图片等。这些文章可能是展会有关人员写的,也可能是一些记者或专业人士写的,它们一般都是免费的。软性文章是一种隐形的广告,其可信度较高,也容易被受众所接受。

3)直接邮寄

直接邮寄包括办展机构向其客户直接邮寄的各种展会宣传资料,如展会宣传单、展会说明、观众邀请函等。直接邮寄是展会宣传推广常用的方式之一,其针对性强、效率高、效果明显。

4)新闻发布会

新闻发布会是展会在社会上进行展会形象宣传推广的主要方式,是媒体获得新闻的重要途径。由于新闻采访和报道费用较低,可信度比较高,对塑造展会的社会形象和传播展会的品牌知名度有很好的效果。在展会筹备期间以及展会开幕前后就展会的有关情况举行新闻发布会对宣传展会很有帮助。举行新闻发布会的前提是即将发布的内容一定要有新闻价值,否则可改为以邀请记者进行现场采访的方式来代替新闻发布会。

5)人员推广

人员推广包括展会有关工作人员对各机构和客户的直接拜访、电话、传真和 E-mail 联络等。人员推广方式能够最直接地和客户进行一对一的沟通,能很好地联系客户的感情,倾听客户的声音。

6)展会推广

展会推广包括在国内外各种同类展会上的宣传推广活动。

7)机构推广

机构推广包括与各行业协会和商会、国内外的办展机构、国际组织、外国驻华机构和政府主管部门合作进行的各种推广活动。

8)公共关系

公共关系是指办展机构利用各种传播手段和社会公众沟通感情,建立良好的社会形象和经营环境的活动,如加入国内外著名的行业协会,积极参加行业活动,举行公益事业活动等。会展公共关系的作用面较广,着重于会展的形象和长远发展,有利于会展品牌的建立。

9）展会相关活动

展览期间举办的各种活动,如会议、比赛、表演等都是展会宣传推广的重要组成部分。

10）在有关网站上宣传推广

无论展会宣传推广计划中选择了哪种宣传推广方式和渠道,都应明确推广目标、作出费用预算,以便于宣传推广活动的实施和效果评估。

5.1.4　展会宣传推广计划的写作规范

在展会宣传推广计划的撰写过程中,需要注意以下 4 个方面的问题:

1）预算决定规模

展会宣传推广的预算经费决定了展会宣传推广活动的规模,这是展会宣传推广计划的编撰前提。

2）选择合适的媒体

根据目标群体,选择合适的媒体,以便使广告的效应得到最大限度的发挥,使投入和产出率最大化。

3）合理利用户外广告

户外广告(包括海报、广告牌、广告条幅、展板等)成本相对较低,能很容易使人感受到展会的宣传攻势,是一种不错的选择。

4）宣传语言标准化

展会宣传推广计划的语言需要规范化,标题、正文、广告词等都需要在文案中有具体的描述和充分的概括。

【例文评析】

例文 5.1　展会宣传推广计划	评　析
“第二届(惠州)国际电展会”宣传推广计划 一、同惠州数码工业园等国家级开发区联手宣传 　组委会已于惠州数码工业园、惠州仲恺高新技术开发区、惠州大亚湾经济技术开发区等惠州各大开发区内的所有电子信息行业专业买家前来参观采购。 二、参加全国各地相关电展会宣传 　组委会在全国各地同行业电子展会上购买展位,以惠州电子展的名义去参加本年度全国各地十几次展览会,通过展览会进行广泛宣传。例如,第十三届中国国际电子设备、电子元器件工业展览会;第十	展会宣传是吸引参加者、推广展会主题、树立展会品牌的重要手段,展会宣传的计划应该全方位立体化,通过综合运用各种宣传手段实现最佳的宣传效果

一届中国(东莞)国际电子产品展览会;第四届浙江国际电子工业展览会;第四届北京国际电子生产设备及微电子工业展;江苏国际电子制造工程展览会;第四届中国(重庆)电子工业产品博览会;中国国际电子产品暨家用电器展览会;第七届中国国际光电博览会(CIOE);中国国际电子产品暨家用电器展览会等。

三、户外宣传

在进入惠州的主要交通路口发布本次展览会的户外广告,同时在东莞、深圳等电子信息行业比较集中的地方发布广告。

四、流动广告宣传

在惠州发往珠三角的各大城市巴士上做24小时移动电视广告宣传。

五、杂志宣传

《电子零件》《电子质量》《电子市场广告》《电子变压器专辑》《现代连接技术》《电子元件与材料》《电子采购商情》《电子与电脑》《电子资源》《电子采购》《电子产品与技术》《E代电子》《自动化商讯》《环球光电与显示》《环球光电与连接》《电子产品可靠性与环境试验》《国际电子设备》《中国电源博览》《国际线缆与连接》《粤港电子商情》《印制电路工业》《SMT工艺与设备》《PCB&SMT工业资讯》《中国电源资讯》《环球电子报》《中国电子商讯》《华商电子信息》《元器件与设备报》《元器件快递》《电子大市场》等。

六、网站宣传

全球电子贸易网、新浪网、慧聪电子资讯频道、中国产品平台、电子查询网、中国电子设备网、中国仪器仪表网、中国电子电器网、中国电子元器件网、PCB商贸网、中华线路板资讯网、库存在线网、中国连接在线、华强电子世界网、广东电子商贸网、中采网、中发网等50多家网站每天24小时滚动式进行宣传推广本次展览会。

七、报纸宣传

开展前一个月在《广州日报》《羊城晚报》《南方都市报》《惠州日报》等报纸,以及电视台等媒体进行全方位、密集式的宣传报道。

八、展前宣传工具

展品预览:开展前连同参观门票直接邮寄到对口观众手上。它包含了展览会资料、展商简介,如展台号码、展品介绍及图片等,让您的宣传时序由展会之前就得到开始。

九、365天无间断展览服务

配合雅式通网络(全球电子贸易网)作后盾,我们确保展商获享365天每天24小时无间断的宣传效益。所有参展商将免费享用为期一年的网上展厅宣传,结合网上展览及现场展览的宣传效果,随时随地带来无限商机。

该宣传推广计划包括与国家级开发区联手宣传、参加全国各地相关电展会宣传、户外宣传、流动广告宣传、杂志宣传、网站宣传、报纸宣传、展前宣传工具、365天无间断展览服务等宣传方式和手段。针对性强,覆盖面广

【训练设计】

"中国白酒金三角"2018 年酒业博览会宣传推广活动

本届酒业博览会的宣传整体分为 3 个阶段开展。把握重点,做好会前预热、会中造势、会后展望等各阶段报道。把握时间节点,进行酒类企业形象展示宣传。要做到持续加热、氛围浓厚、突出重点、高潮迭起。

(一)会前宣传

策划媒体全面报道酒博会筹备情况,为酒业博览会的召开营造浓厚的舆论氛围。

1.着力抓好在成都举办的新闻发布会。

2.着力整合市内媒体资源,充分报道各阶段筹备进展情况。

3.着力办好《"中国白酒金三角"2018 年酒业博览会会刊》。

4.省级媒体驻泸记者站积极对接总部,做好前期沟通和发稿策划。

(二)会中宣传

1.突出报道本届酒博会的开幕盛况和重要活动。

2.酒博会召开期间,市内媒体开辟《建设白酒产业高地打造白酒国际品牌——聚焦"中国白酒金三角"2018 年酒业博览会》等专栏,按每日一报的要求开展宣传。

3.开展新媒体整合宣传。

4.做好公益宣传。

(三)会后回顾和展望

大泸网全程直播

1.强化宣传队本届酒博会在商品展销、投资洽谈、区域合作、品牌打造等方面取得的成果,进一步增强酒博会的影响力和泸州的吸引力。

2.强化宣传各级领导和外部媒体对泸州和酒博会的总体印象和客观评价。

3.强化宣传举办酒博会取得的成功经验。

根据"中国白酒金三角"2018 年酒业博览会宣传推广活动,回答问题:

1.展览会宣传推广活动在会前、会中、会后不同阶段采取的宣传策略和渠道有什么区别?

2.展览会宣传推广活动在会前、会中、会后不同阶段的宣传推广重点各有何不同?

5.2 会展广告文案

【训练要领】

会展广告是通过特定媒介向公众介绍会展信息的宣传活动。它具备广告主、广告目的、广告信息、广告媒介、广告受众、广告费用、广告代理等基本要素。

5.2.1 会展广告的含义

会展广告是指围绕举办会展活动而进行的广告宣传活动,属于商业广告的一种。会展广告是会展宣传的重要方式,也是吸引目标观众的主要手段之一。会展广告的范围可能覆盖已知的和未知的所有目标观众,可将展出情况传达到直接联络所遗漏的目标观众,还可加强直接联络的效果。这是覆盖面最广同时也是最昂贵的会展宣传手段。因此,对会展广告安排要严格控制。刊登广告要目标明确,根据需要、意图和实力安排,不要受竞争对手的影响,也不要完全听从广告公司的劝说。

会展广告预算决定广告规模,要根据需要和条件决定预算。如果经费充裕,可多在几家报刊上反复登载广告;如果经费有限,则可集中力量在少数影响大、效果好的报刊上做广告。不少人错误地认为花钱越多,广告效果就越好,实际上广告开支与效果不一定成正比。选择合适的媒体才是降低成本、提高效率的最好办法。

会展广告的时间也需要安排,在一般情况下,不要将广告集中在展览前几天,而应在3～4个月前就开始并持续刊登,时间间隔要事先安排好。连续刊登广告有利于加深客户的印象。美国专业调查显示,比起未刊登广告的展出者,在展前连续登6次整版广告的展出者要多吸引50%的参观者,刊登12次整版广告的展出者要多吸引100%的参观者。广告不仅可安排在展览会之前,还可安排在展览期间和展览之后。展后的广告主要是为了在客户心中建立持久的印象,促进实际成交。

5.2.2 会展广告媒体的选择

选择会展广告媒体主要看媒体的对象。如果是消费性质的展出,可选择大众传媒,包括大众报刊、电视、电台以及人流集中地的招贴、旗帜等;如果是专业性质的贸易展出,就要选择使用针对目标观众的专业媒体,如专业报刊、内部刊物、展览刊物等。

1)大众媒体

大众媒体面向大多数人,覆盖面大,影响力是其他媒体所不能及的,当然费用也是最高的。几种大众媒体情况见表5.1。

表5.1　大众媒体及特点

媒体类型	特　点
电视和电台	覆盖面最广,主体对象是消费者,适用于消费性质的展览宣传,但费用高
网　络	费用相对较低,且覆盖面广。弱点:一是网络信息太多,信息被湮没的可能性大;二是职位越高的目标观众使用计算机的可能性越小,因此最重要的目标观众不一定能通过网络得到信息
综合性报刊	费用较高,只适宜有实力的主办者和参展者

2)专业刊物

专业刊物是指生产、流通领域的专业报纸杂志。它是贸易展出者做广告的主要选择。专业刊物的特点见表5.2。

表 5.2   专业刊物及特点

媒体类型	特 点
专业报刊	瞄准特定的读者群体,如果与展出者的目标观众一致,就可选择刊登广告。其效果比较好,费用比大众媒体低。交叉使用行业内的不同刊物刊登广告可加深客户印象
内部刊物	即政府有关部门、贸促机构、工商会、行业协会等内部发行的报纸、杂志。发行对象多是特定的专业读者。优点是读者专、收费低、效果好;缺点往往是覆盖面不够理想
展览会专刊	有些报刊为展览会编印专刊,可利用它做新闻宣传并刊登整版广告。专刊的读者对象是对展览会有兴趣的人士,广告收费一般也低于正常版面。对地方报刊和知名度不高的报刊的展览会专刊要持慎重态度,而主要报刊的展览会专刊可信度则高一些

3)户外广告方式

户外广告成本相对较低,效果也不错。户外广告方式及特点见表 5.3。

表 5.3   户外广告方式及特点

广告方式	特 点
海 报	海报也称招贴,比较适合面向大众的宣传和消费性展出的宣传。张贴海报要注意时间、地点以及管理规定和手续。海报多为展览会组织者或大公司使用,从机场、车站、市中心沿路一直贴到展览会场甚至展台
广告牌	广告牌分场外广告牌和场内广告牌。场外的广告牌主要用于吸引激发参观兴趣,场内的广告牌是为了吸引观众参观展台。使用一个大广告牌往往能吸引观众的注意和兴趣,使用多个小广告牌则常常可引导观众走向展台
广告条幅	展馆建筑物上花花绿绿的广告条幅可制造出热闹的气氛。展台上的广告条幅或矗立在展台之上的广告牌,能吸引观众的注意力并引导其走向展台

4)其他的广告方式

如报刊广告的夹页,其优势为:夹页往往比正页更能吸引观众的注意力,且可刊登丰富的信息和照片,印刷质量也容易控制,而印刷质量会给人留下印象。夹页广告上可印有参观邀请函,参观者可剪下使用。

此外,还有户外移动横幅、彩球等。

5.2.3 会展广告文案的结构与写法

1)标题

标题是会展广告文案的眉目,放在最醒目的位置,在视觉上和内容上要能引起人们的注意和兴趣。

会展活动的名称是会展广告中关键性的信息,因而是标题的主要内容,并且要以显著的位置和强烈的视觉效果加以突出。名称一定要写全称或人们共同认知的简称,首次举办的会展活动不可使用简称。

会展广告标题一般有以下6种表达方法:

(1)写实式标题

即用会展活动的名称作为标题。例如,"第六届中国国际装备制造业博览会"。

(2)新闻式标题

即在标题中提示展会开幕或即将开幕的新闻事实。例如,"第22届深圳国际家具展览会隆重开幕"。

(3)祝贺式标题

即从第三人称的角度祝贺会展活动举行。例如,"绍兴金海湾大酒店热烈祝贺浙江第三届家私博览会隆重举行",这类标题,既宣传了会展活动,又树立了祝贺单位的形象。

(4)夸耀式标题

即在标题中运用夸耀的词语以显示展会的实力。例如,"申城装潢巨头联合出击——2018上海第八届家庭设计装潢大型咨询展",标题中的"巨头""出击"等均属于夸耀性词语。

(5)比喻式标题

这种标题以某种事物或形象来比喻会展的某一特点,从而凸显会展的形象。例如,"百姓装潢时尚家具实景展示会——来百姓装潢 送半个厨房",标题中"半个厨房"比喻参加这次展示会的买家可享受到相当于装修半个厨房价格的优惠,具有较强的诱惑力。

(6)修辞式标题

即巧妙运用修辞手段制作标题。例如,将普通会展广告标题中的某个字或词组换成具有特殊含义的谐音字,使其读起来顺畅,看起来意义非凡。又如,"2007新居室惠展",其中的"惠"字与"会"同音,但意义却不一样,体现了这次展会实惠多多的亮点。

2)正文

标题制作利用名称吸引人,这只是完成了广告写作的第一步。要使会展广告能够使广大受众转变为参展者和观众,走进展馆,关键在于广告正文的写作。会展广告正文是标题的延伸和具体展开,应载明会展的主要信息。以综合性会展广告为例,其内容一般包括:

(1)主办者

写明主办单位的全称或规范化简称。联合主办的会展活动,要写明每个主办者名称。必要时,还可简要介绍组委会、筹委会、执委会等各级组织管理机构的设置以及协办单位、支持单位、承办单位的名称,以显示组织阵容的强大。

(2)历届会展活动的成果

对于历史较长的会展活动来说,这段历史本身也是优势性资源。简要而又恰到好处地介绍历届会展活动的成果,有助于增强对象参展的信心和决心。

(3)会展活动的内容和形式

具体包括会展活动的目的、宗旨、主题、议程、展品范围、各项配套活动的安排等。

(4)参加的对象

参加的对象包括会议的规格、报告人的身份、参会参展的范围和条件。例如,由中国主办,中国和东盟10国参加的中国—东盟博览会的广告中对参加对象做这样的表述:"欢迎东盟国家领导人、经济贸易部长届时出席博览会,并率领本国企业参展"。

(5)会展活动的规模

会展活动的规模包括展览面积、展位的数量、参会参展人数等。会展广告中载明活动的规模,可显示一种气派,是主办者自信的表现。例如,中国—东盟博览会的举办广告载明:"设置2 000个国际标准展位、200个非标准展位和2.6万平方米室外展场。到会各国专业客商约2万人。"当然,有些会议的举办地也可限制规模,以此体现稳重、高雅、精英。

(6)会展的时间

会展的时间包括报到时间、举办时间、会期及展期。

(7)会展的地点

应具体写明会展活动举办地的地名、路名、门牌号码、楼号、房间号码、场馆名称。必要时,画出交通简图,标明地理方位及抵达的公交线路,以方便参展者和观众。

(8)费用和价格

会议活动要向与会者说明经费的承担部分以及支付方式。展览活动要列明展位价格、门票价格以及其他收费服务的项目。

(9)报名的方式和截止日期

会展活动如需要履行报名手续,应说明提交哪些文件、材料,报名时间和地点。

（10）其他专门事项

其他专门事项包括参加学术会议的论文撰写和提交的要求,展览活动的进馆布展和撤展要求,会展活动期间观光旅游活动的安排以及组织者认为必须说明的事项等。

（11）联络方式

联络方式包括主办单位或会议筹备机构的地址、邮编、银行账号、电话和传真号码、网址、联系人姓名等。

5.2.4　会展广告文案的写作要求

1）主题要鲜明

无论是哪一种会展广告的写作,主题鲜明、突出是首要原则。要使主题鲜明、突出,一是要以广告目的为统帅。如果广告宣传目的是招展,就要强调历届展会的成果和本届展会的规模,使潜在的参展者认识到这次展会对他们来说是一次巨大的商机,从而会付诸行动。二是要内容集中。在这一点上,会展广告与招展公告或参展说明书有着明显的区别。招展公告或参展说明书要求全面介绍会展活动的各项信息,包括具体的参展程序和规则,内容详尽;会展广告则突出宣传会展活动的特色和亮点,内容集中,给人以深刻的印象。有的会展品牌已为人熟知,广告写作可突出形象为主,有的甚至全篇仅为一个提示会展名称的标题和一句突出会展理念或主题的广告口号。例如,"上海世界博览会——城市,让生活更美好"。三是要有画龙点睛的广告语(口号)。又如,2020年2月,面对新冠疫情,"上海书展·阅读的力量"利用网络开展了特别网聚阅读活动,让爱阅读,爱生活的人们体验互联网时代的特殊展会方式,提倡从阅读中获取力量的新理念,使书展广告的主题得到了升华。

2）内容要真实

会展广告的内容一定要真实,承诺一定要兑现,不能有半点虚假,更不能利用会展广告搞欺诈;否则,不仅危害广大与会者、参展者和观众的利益,也会累及设计、制作、发布这些广告的经营单位,而最终广告主本身也会名誉受损,甚至受到法律制裁。

3）形式要活泼

会展广告的写作没有固定的模式,在表现方法、结构安排和版式设计上讲求创新,做到构思新颖,图文并茂,不落俗套。

【例文评析】

例文 5.2　会展广告文案	评　析

第五届中国北京国际科技产业博览会暨中国北京高新技术产业国际周

<table>
<tr><td colspan="3">
主题：入世、奥运、创新、发展
1. 中国加入 WTO 后第一个大型国际科技经贸活动
2. 北京"申奥"成功后第一次对外综合性招商活动
3. 全球科技、资金、人才、信息的全方位展示、交流、链接
</td></tr>
</table>

主展场：中国国际展览中心
主会场：北京人民大会堂
　　　　北京国际会议中心
主　办：中华人民共和国科学技术部
　　　　中华人民共和国对外贸易部
　　　　中华人民共和国教育部
　　　　中华人民共和国信息产业部
　　　　中国国际贸易促进会
　　　　国家知识产权局
　　　　北京市人民政府
顾　问：中国科学院
　　　　中国工程院
　　　　中国企业联合会
　　　　中国科学技术协会
支持单位：中国中央电视台
承　办：北京市贸促会
协　办：联合国开发计划署
　　　　联合国工业发展组织
　　　　日本国际贸易促进会
　　　　香港贸发局
　　　　　：

第五届"科博会"（国际周）主要活动一览表

展览会	专题论坛 3 大系列，16 大专题论坛	大型与专项交流活动 14 项
展览会：总面积 12.05 万平方米，7 个展场： 中国国际展览中心 北京国际会议中心 中国国际贸易中心 全国农业展览馆 北京锦绣大地展览中心 北京经济技术开发区 中国人民革命军事博物馆	1. 世贸论坛 2. 奥运论坛 3. 科技论坛	1. "国际周"主题报告会 2. 北京市市长国际企业家顾问会议第四届年会 　：
	技术成果交易与经贸洽谈会 10 场	**网上交流活动** 3 项
	1. 奥运及相关建筑项目洽谈会 2. "WTO 与中国"国际经济发展战略高层研讨会 　：	1. 网上招商、合作、技术转让项目推介 2. 网上人才招聘会 3. 国际周专场活动网上转播

中国北京国际科技产业博览会
组委会办公室
（北京市贸促会）

地址：
邮编：
网址：
电话：
传真：

历届国际周规模和成果

（略）

评析栏：

写实式标题

此展会的报纸广告做得非常成功。该广告用了整张版面，标题醒目，视觉冲击力较强

广告正文分为五大板块，每一板块用图文框构成一个表达区域，视觉效果非常突出

第一板块：主题和特色板块

第二板块：主办者板块

第三板块：主要活动板块

第四板块：历届规模和成果板块

第五板块：联络方式板块

【训练设计】

参考以下资料,为2020(第十六届)北京国际汽车展览会选择合适的广告媒体,并设计广告标题。

北京国际车展(Auto China)自1990年创办以来,每逢双年在北京举行,至今已连续成功举办了15届,在中外汽车界、新闻界和社会各界的大力支持和积极参与下,在主、承办单位精心培育下,规模和影响不断扩大,已从创办初期的2万平方米逐年扩大,2018(第十五届)北京国际汽车展览会展出面积达22万平方米。成为当今具有广泛国际影响力的汽车大展,是国际汽车业界具有品牌价值的、全球著名的汽车展示、发布及贸易平台之一,是中外汽车业界在中国每两年一次的重要展事活动。

众多国际顶级汽车跨国企业集团已将北京国际汽车展览会与世界五大知名汽车展览会同时列为国际A级汽车展览会,即北京国际汽车展在其全球营销预算和资源调配中享有最优先地位。Auto China已成为我国在国际会展行业为数不多的知名品牌之一,是在我国乃至在亚洲最有影响力的国际性汽车专业品牌展览会,并有望成为世界三大车展之一。Auto China已超越了一个展览会的意义,成为具有国际影响力的象征符号。

十几年来,各主、承办单位不断吸取国内外先进经验,努力提高组织、管理和服务水平,取得了显著成效,增强了北京国际汽车展览会(Auto China)这一品牌展览会的生命力。北京既是首都,又是中国最大的汽车市场之一,她特有的地域和人文色彩,结合浓郁的汽车文化氛围,造就了Auto China北京车展的权威性和独特魅力。

汽车产业是我国国民经济的支柱产业,汽车展览会则是汽车行业对外的窗口。相信,2018年北京国际汽车展览会(Auto China 2018)对促进中国汽车业与国际同行业间的多种形式的贸易往来、技术交流和经济合作,推动我国汽车工业的发展,繁荣汽车市场,扩大对外贸易等方面都将起到积极的作用。

5.3 展会通讯

【训练要领】

在展会的筹备阶段,展会的目标参展商和目标观众往往很想了解展会的筹备进展情况如何。例如,展会的目标参展商希望了解展会将会邀请什么样的专业观众到会参观;展会的目标观众则希望知道有哪些企业带着什么样的产品来参展,国外的客户希望知道当地的市场状况。他们对这些信息的了解程度,将在很大程度上影响到他们做出是否参展或参观的最终决定。如果上述信息不能及时传递到他们手中,展会可能因此失去大批客户。如何才能将上述信息及时准确地传递到上述客户手中呢?制作展会通讯是解决这一问题的常用手段。

5.3.1 展会通讯的含义

展会通讯是办展机构根据展会的实际需要编写的、用来向展会的目标客户通报展会有关情况的一种宣传资料。它通常是一本小册子,或是一份小小的报纸。展会通讯编印出来以后,办展机构可以以直接邮寄的方式及时地将它邮寄给其目标客户(即展会的目标参展商和目标观众),或通过电子邮件发送给其目标客户,并在展会的专门网站上发布。

5.3.2　展会通讯的作用

办展机构之所以要及时编制和向目标客户直接邮寄展会通讯,是因为展会通讯有以下5个方面的重要作用:

①它可及时准确地向展会的目标客户传递展会的有关信息,与目标客户保持经常的联络和信息沟通。

②它可扩大展会宣传推广的范围和渠道,树立展会的良好形象。展会通讯一般是通过直接邮寄向目标客户发送,针对性非常强,效率很高,宣传效果明显。

③它可促进展会招展。展会通讯里有关当地市场和展会招商内容的通报,往往能对促进企业参展产生积极的作用,面对已参展的行业知名企业的通报则能对其他企业参展产生示范作用。

④它可促进展会招商。通过展会通讯,及时地告诉展会的目标观众有哪些企业已经参展,展会将展示哪些产品,有哪些新产品将在展会上首次亮相,这对吸引观众到会参观有较大的帮助。

⑤它可为展会目标客户提供良好的信息服务。展会通讯的内容往往不仅包括展会的有关情况,通常还包括展会展览题材所在行业的国内外市场信息和行业动态。

5.3.3　展会通讯的内容

展会通讯要切实地起到上述作用,就必须包含较为实用和丰富的内容;否则,展会通讯将只限于形式,不会受到展会目标客户的欢迎,也起不到其应有的作用。

图5.1是第41届全国新特药品交易会的一份展会通讯。一般来说,展会通讯的内容主要包括:

①展会的基本内容。包括展会的名称、举办时间和地点、办展机构、展会的Logo、本展会的特点和优势等。如果展会已举办过几届,则本部分的内容有时候还包括上届展会的总结和展览现场的有关图片。

②展会展览题材所在行业的市场信息和行业动态。不仅包括国内外同类展会的情况,更应包括本展会展览题材所在行业的国内外市场状况、行业动态和发展趋势等。

③展会招展情况通报。除了通报所有参展企业名单等,一般还会将一些行业知名企业的参展情况重点通报。

④展会招商情况通报。包括招商的渠道、招商宣传推广、招商措施和招商效果等。

⑤展会宣传推广情况通报。包括各种宣传推广渠道、办法和时间安排,用以增强客户参展和观众参观的信心。

⑥展会期间举办的相关活动情况的通报。它告诉目标客户展会期间将举办一些什么样的相关活动,如专业研讨会、产品发布会等,以方便客户提前安排时间,做好参与该

活动的计划与准备。

⑦参展(参观)回执表。包括参展(参观)申请人的单位名称、地址、联系人、联系方式、参展(或感兴趣的)产品介绍、办展机构的联系方式和联系人等。参展(参观)回执表的目的在于方便客户及时反馈其参展(参观)的信息。

图 5.1 展会通讯

展会通讯一般是分期编印,但并不是每一期的展会通讯都必须包含上述内容。根据展会进展的实际需要,展会通讯的编印具有一定的阶段性。例如,在展会筹备的初期,展会通讯的主要作用在于向目标客户传递展会信息,扩大宣传,促进展会招展,因此,展会通讯的内容也要偏重能促进展会招展的有关信息;在展会筹备的中后期,除了继续促进展会招展以外,展会通讯的主要作用在于与目标客户保持经常的联络和信息沟通,提供信息服务,促进展会招商,因此,展会通讯的内容也就要偏重能促进展会招商的有关信息;在展会已经成功举办并开始筹办下一届展会时,展会通讯里就必须含有对上一届展会进行总结的内容,因此,展会通讯的内容不是一成不变的,它是随着展会筹备进展的需要而不断调整的。

5.3.4 展会通讯的写作要求

展会通讯通过直接邮寄发送到目标客户并对他们的参展(参观)决策产生影响,为此,必须要促使客户在拿到展会通讯时愿意看、能够看;否则,展会通讯即使是邮寄到客户手中,客户也会将它当成垃圾宣传物一样扔掉,这样展会通讯就起不到任何作用。因此,在编印展会通讯时,应遵循以下写作要求:

①使展会通讯具有知识性、时尚性和趣味性。展会通讯的内容切忌死板,对于各种信息的提供不要像记流水账,让人读起来索然无味。展会通讯要富有趣味性,让人读起来不会味同嚼蜡。尽管展会通讯是为展会服务的,但展会通讯的内容不能只局限在有关展会的信息上,还必须及时传递相关行业的动态和市场方面的信息,使客户在接受行业动态和市场信息时了解展会。

②外观美观大方。展会通讯的制作要符合展会的定位和档次,外观看起来要赏心悦目、美观大方,整体版式设计要便于邮寄,文字字体和编排要便于阅读。

③内容短小精悍,信息真实可靠。展会通讯里的各种文章不宜冗长,内容要简洁流畅,短小精悍,所传递的各种信息要经得起推敲,做到真实可靠。

在国外,很多展会都编印展会通讯。而目前国内办展机构在筹办展会时,编印展会通讯的还不太多,很多办展机构还没有充分认识到展会通讯的重要作用。其实,编印展会通讯的成本并不高,尤其在如今电子商务如此发达的时代,如果通过网站或电子邮件发送展会通讯,编印展会通讯的成本将更低。在实际操作中,展会通讯不仅是展会直接营销的有力武器,也是扩大展会宣传推广、促进展会招展和招商的重要手段。作用大、成本低、效果明显,真可谓一举数得。

【例文评析】

例文5.3　展会通讯	评　析
2019年中国国际自行车展览会通讯 　　2019年第29届中国国际自行车展览会(以下简称:中国展)于5月6日至9日在国家会展中心(上海)举行。以"创新强业,聚力发展"为主题的本届展会,全面展示当今自行车产品发展的新趋势,展示自行车产业新科技,展示电动自行车智能化、锂电化、轻量化的新成果,展示自行车为人类绿色出行和娱乐生活带来的新概念。展会将带您进入一个无限可能的两轮世界! **逆水行舟,经受考验** 　　中国自行车行业经过数十年的发展,已成为世界上产业规模最大、产业链最完善、制造能力最强的代表。2018年,尽管受到共享单车产量大幅下降、中美贸易摩擦和欧盟"双反"等多重因素的影响,中国	展会的基本内容介绍

自行车行业运行依然保持整体平稳。根据中国自行车协会统计数据，2018年自行车整车产量7 320.1万辆，同比下降17.1%；出口5 927.2万辆，同比增长5.1%；电动自行车产量为3 277.6万辆，同比增长5.8%。出口187.7万辆，同比增长10.4%。

世界品牌　聚焦中国

2019中国展总面积为15万平方米，吸引了来自26个国家和地区的1 224家企业参展，展位总数6 365个，除了自行车整车、零件展示外，还设立了电动自行车展区、童车展区、户外骑行用品展区。相比2018年，展商名单中新增了芬兰、比利时、捷克、墨西哥、阿联酋、新加坡、泰国等国家的参展企业。预计将有来自美国、德国、法国、意大利、荷兰、日本、印度、韩国、西班牙等100多个国家和地区的业内人士到访。中国展已成为全球最重要的自行车专业展会之一，在世界经济波澜起伏的今天，中国展仍能受到业界的广泛关注，说明中国展的国际地位无可撼动！作为世界高端品牌进入中国市场试水和国外专业观众寻求中国合作方的首选场所，中国展正张开双臂迎接八方来宾前来观展与洽谈。

展会招展情况通报

每年都有一些新的海外展商和新的国际品牌亮相，也有一些国际品牌则经常光顾展会。在这些品牌中有大家熟悉的"面孔"。例如，日本的SHIMANO；德国的ABUS，ORTLIEB；美国的SRAM，JAGWIRE，STRIDER，MARIN；意大利的COLNAGO，PROLOGO，GIOS；法国的MACH 1；丹麦的CeramicSpeed；英国的CLARKS；印度的HERO等。还有第一次参展的韩国的BICBUDDY，意大利的RUDY(新)，阿联酋的SOVEX，新加坡的ANYWHEEL，捷克的ICG等。

将一些行业知名企业的参展情况重点通报

国外制造商、品牌商和经销商们有的把中国看成产品采购基地，有的把中国看成大市场，也有的把中国看成品牌培育基地，在这里他们大展身手，收获丰硕。而中国展成为他们实现梦想的最好舞台。到中国去、到中国展去、到最能实现理想的地方去，成为这些外商每年必须要做的一件事。

创新至上　助力前行

本届展会活力北厅主题为"以创新，致初心"，自行车行业作为传统产业，需要突破来获得新生，需要创新来获得活力。在展会北厅突出展示的"2019 CHINA CYCLE创新奖"获奖产品依然是展会的一大亮点。该评选过程一如既往地获得了自行车整车、电动自行车、零部件、户外骑行用品等国内外参展企业的热烈关注和积极参与。在众多参评产品中，评审专家从设计、功能、市场、材料、创新五大方面对所有参评产品进行考量和初评，共计评选出50件入围产品在"中国国际自行车展览会"官网上进行公示。通过网络投票和现场评委相结合的计分方式，最终有10件产品脱颖而出，获得"金奖"，40件产品获得"创新奖"。

这些获奖作品在匠心设计和材料选配上都有独特之处。在使用时，有的可降低空气阻力，有的可提高骑行舒适度、提高出行质量，还有的可提高操控精准度。新设计为自行车未来发展提供了新的创意，并对市场起到引领、提升作用。

"CHINA CYCLE 创新奖"获奖作品展作为历届创新示范展中的一个重要展示板块，为行业的创新成果提供展示与推广的平台。"CHINA CYCLE 创新奖"自 2011 年诞生以来，历经八年的发展日趋成熟，与中国自行车产业正在共同成长和不断进步，中国自行车产业的未来就在这持之以恒的创新之中，由"CHINA CYCLE 创新奖"引领行业刮起的这股"创新之风"，为中国自行车企业在国际上"树品牌、创价值、造影响、谋发展"发挥重要作用！

新的国标　新的未来

今年4月15日是我国电动自行车新国家标准正式实施的日子，新国标的实施，对我国电动自行车健康发展具有重大意义。在新的起点上，必将迎来电动自行车制造企业的又一次腾飞，将我国电动自行车产业带向一个新的高度！目前，我国电动自行车产品已经出口到全球150多个国家和地区，且随着国家大力推进"一带一路"倡议，行业企业"走出去"、积极融入全球的市场网络、创新网络和制造网络的愿望非常强烈。2018年，480家电动自行车规模以上企业累计完成主营业务收入758.8亿元，同比增长8.2%；实现利润33.7亿元，同比增长5.7%。产业聚集度不断提高。目前，前十强企业产量已占行业总产量的62%。主营业务收入已超过传统自行车，占行业总量的60%以上，在国民经济发展中的地位日益提升。

参加本届展会的电动自行车企业依然是中国电动自行车外销主力，包括整车企业和零部件企业，这些企业近期虽然受到欧盟"双反"的打压，使原来正常的出口渠道受到一定影响，但他们主动调整策略，通过拓宽"一带一路"渠道，寻找新的商机。这些参展企业包括宝岛车业集团有限公司、金华卓远实业有限公司、捷安特投资有限公司、八方电气(苏州)股份有限公司、小刀科技股份有限公司、广州威华自行车有限公司、东莞市台铃车业有限公司、常州金色年华车业有限公司等。

交流活动　精彩纷呈

走进中国展展厅，就像参加一次自行车嘉年华活动，各项活动内容精彩纷呈，让人流连忘返。其中还有些活动关系行业发展大势。如海峡两岸自行车协会交流活动，这项交流已延续多年，每次交流都会让海峡两岸自行车业界相互了解对方，增进友谊，促进两地产业继续发展进步。亚洲自行车行业协会座谈会的活动也已举办几年，届时来自亚洲自行车主要产区的自行车协会负责人将汇聚一堂，交流各自国家的最新发展情况。此外，印度投资招商会也将吸引部分中国企业参与，这个位于印度旁遮普邦的自行车谷园区是否能吸引到中国投资者，让我们拭目以待。

金辕奖颁奖今年已经是第3届，与往年情况一样，今年的金辕奖获奖作品又出现许多新创意，值得大家去欣赏。一年一度美诺华展台评选是展会的一大看点，展位设计奖今年花落谁家，令人期待。为爱车一族打造的单车风尚节、单车集市、两轮全明星等活动，将把玩车人的胃口吊到极致，让观众的感官充分得到满足，同时也会令兴趣相投的中外宾客邂逅于中国展，产生意想不到的火花。

本展会通讯的主要介绍展会具有六大亮点的信息，目的在于向目标客户、观众传递展会信息，扩大宣传，吸引更多的参展商和观众，从而促进展会招展、招商

两轮明星　再次闪耀

在经历过共享单车带来的大洗礼之后,行业洗牌加速到来,但从长期发展来看,这将是自行车行业发展难得的机遇时期。企业如何主动谋变求新、转型升级,是摆在面前的主要任务,自行车产业新设计、新工艺、新技术、新材料层出不穷,市场呈现出更广阔的发展空间,骑行配置的不断提高,零部件国产化比例的持续攀升,智能化、互联网化以及产业规模日益扩大开放,正在将自行车行业推向新一轮的发展高潮。

在这个时间节点上,两轮全明星(第四季)从微论坛到精品展,从骑行文化到产品设计,展会汇聚行业顶尖产品与顶尖大师,与行业面对面,拨开市场迷雾,洞悉行业未来!

本季两轮全明星"产品设计"专场演讲主讲嘉宾有江南大学设计学院工业设计系副院长(硕士生导师)曹鸣、美团 LBS 平台单车事业部车产品中心经理章思远、精灵 ELVES 行销负责人李万夫、前海零距创始人 & CEO 郑波等。

骑行文化专场演讲嘉宾有 2018 骑闯天路个人总冠军吐尔松江、2018 年骑闯天路正赛全程完赛者(工商银行网点副行长)、森地客-科速美车队经理胡浩、单车环球旅行女骑友刘丹阳等。

绿色世界,魅力无穷,无限商机,尽在其中。2019 中国国际自行车展览会,期待您的光临,让我们携手创造更美好的未来!

(资料来源:中国国际自行车展览会网)

【训练设计】

参考以下资料,为"2019 第四届中国(广东)国际印刷技术展览会"写一期在展会筹备中后期的展会通讯。

2019 第四届中国(广东)国际印刷技术展览会(以下简称"广印展")于 4 月 9—13 日在东莞举办。组委会在东莞举行"国际媒体周"活动中全面介绍本届展会筹备情况。来自俄罗斯、菲律宾、韩国等海内外的 100 多家媒体出席活动。

据了解,该展会为"中"字号展会,由中国印刷及设备器材工业协会、广东省印刷复制业协会和中国国际展览中心集团公司联合主办,创办于 2007 年,每四年举办一届,现已成功举办三届。

"尽管世界经济形势复杂多变,但将于 4 月在东莞举行的第四届广印展得到了海内外企业超乎预料的大力支持,预计展出规模将再次达到 14 万平方米,这充分证明了中国印刷工业的发展前景潜力巨大,中国印刷市场的强劲需求将使广大中外参展商深受其益。"中国印刷及设备器材工业协会理事长徐建国表示,第四届广印展将是今年全球最具区域覆盖面和行业影响力的世界性印刷行业盛会。

中国印刷及设备器材工业协会副理事长陆长安透露,本次展会参展厂商预计 1 200 多家,境外将有近 30 个国家和地区的企业报名参展;预计专业观众将达到 20 万人次,其中将有来自 140 多个国家和地区的海外观众,约占观众总数的 20%;线上观众将达到 35

万人次。与本次展会合作的媒体将达到 100 多家,其中境内 60 多家,境外 40 家左右。展会期间,将有交流会、报告会、研讨会等活动 70 多场。

"我们将有的放矢地对展会进行组织,在布展上特设数字印前、印刷设备、印后加工、包装印刷、标签印刷、广告喷绘、瓦楞纸箱、网印印花、器材耗材、综合配套等十大展示板块,同时开辟互联网+智能包装、智能机器人+印刷、3D 打印、绿色印刷和 VOCs 综合治理、激光+印刷等五大主题专区。"陆长安透露,本次展会上将集中展示最新科技成果,观众将会看到智能制造的新成就,融合创新的新进展,服务转型的新模式,同时绿色印刷技术也会有突破性的成果展示。

本次"国际媒体周"活动期间,主办方还举办了系列会议和活动。惠普、柯尼卡美能达、中德集团、北大方正等 10 家参展企业代表分别就新技术和新产品发表演讲。海外媒体代表们参观了广东现代国际展览中心、广东力顺源智能自动化有限公司和东莞市新富发纸业有限公司,了解东莞的办展设施及印刷企业发展现状。1 月 10 日下午,来自全国 46 省市的印刷协会代表将召开全国各省市印刷协会交流座谈会。

5.4 会展记录

【训练要领】

会展记录分为会议记录和展览记录。会议记录忠实地记录了会议的全貌,是会议情况和会议内容的原始凭证,会议进行过程中连续编发的会议简报,以及会议后期制作的会议纪要,都要以会议记录为原始素材。展览记录是展览举办期间用以记载接待和现场情况的原始性文件,便于组织者及时掌握展览会的现场情况,以及参展企业收集和登记客户信息。

5.4.1 会议记录

1)会议记录的含义和作用

会议记录是由会议组织者指定专人,如实、准确地记录会议的组织情况、会议进程和会议内容的一种原始性文书。会议记录一般用于比较重要的会议或正式的会议。它要求真实、全面地反映会议的本来面貌。会议记录的作用体现在以下 5 个方面:

①立卷归档,以供参考、研究或编写材料,为日后查考、研究会议提供第一手材料。

②在一些法定性会议中,会议记录经发言人和会议领导人确认签字后,具有法律效力。

③便于会议组织者及时、全面了解和掌握会议的进展情况和动向,督促会议各项决议事项的执行情况。

④为形成决定、决议、会议纪要等最后文件打好基础。

⑤经会议领导和发言者同意,可根据记录的内容,起草、修改有关文件,散发会议记录整理稿,以便传达和学习会议精神,或撰写会议简报和会议新闻。

2)会议记录的种类

按记录的方法,可分为以下 3 种:

(1)详细记录

重要会议应采用详细记录,尽可能做到有言必录,以记载会议的全过程。详细记录要求记录人员熟练掌握速记技能,运用速记方法进行记录。必要时,可由多人同时记录,会后共同核对整理,将速记符号转换成文字。整理稿必须经每个记录人签字。经同意,也可使用录音的办法,然后根据录音整理成记录稿。

(2)摘要记录

摘要记录适用于一般性的会议。摘要记录与详细记录的区别仅在于记录发言时只需记录发言人姓名、发言的要点,而不必有言必录。摘要记录可直接用规范的文字进行记录,使会议记录一次性成文,经领导人审核或经发言者确认后直接归卷,省去了会后整理的工作程序。摘要记录要做到"取其精华",努力保持发言者的发言风格。

(3)简易记录

简易记录只要求记载会议的概况、会议的议题和结果,不必记录发言的内容和经过。简易记录由于不能较全面反映会议的过程,查考研究利用的价值较小,故仅限于较为简单的事务性会议。

3)会议记录的格式和内容

(1)标题

会议记录的标题有以下两种:

①专用性标题。由会议名称和"记录"组成,如"××公司 2018 年度销售工作会议记录"。大中型会议往往有主席团会议、代表团团长会议、分组讨论或审议会等,可使用格式统一的记录用纸,标题格式为"××学会第×届代表大会第×次全体(或主席团)会议记录"。

②通用性标题。适用于一个单位内的所有会议。由单位名称和"会议记录"组成,如"×××会展公司会议记录",会议名称则写在首部的表格中。

(2)首部

会议记录的首部的任务是反映会议的基本情况,一般要求采用表格的形式,以便使每个项目清楚明了。具体项目包括:

①会议名称。会议名称一定要写全称,以便于后人查考。如果标题中已有会议名称,这里的名称可省略。

②会议时间。包括开始时间、结束时间和中间休会时间。时间要具体到时、分。

③会议地点。应具体到会场名称或房间号码。

④会议主席。即会议的召集人或主持人,要写明姓名和职务。联席会议、多边会议还应写明主持人所在的单位名称。

⑤参加人员。包括出席人、列席人、旁听人,不同性质的与会者要分类记录,并写明

姓名、单位、职务。

⑥缺席人员。法定性会议的记录应反映缺席情况,这样既可让组织者了解缺席情况,便于事后补会,也可清楚地反映会议应出席的范围,这对日后查考和研究会议十分重要。

(3)主体

主体部分的任务是记载会议的进程和内容。其具体包括:

①会议的议程和议题。议题的记录要完整。如果是讨论或审议某一项文件,应写明文件的完整标题。以口头方式提出的临时提议,可作为发言来记录。

②发言情况。发言情况是会议记录的重点,包括发言人姓名和发言内容两部分。发言人的姓名要求记录全名,发言内容可根据记录的要求确定详略程度。详细记录要求有言必录,并记录插话、争论、表态等情况。摘要记录只记其发言要点即可。

③会议结果。包括对议题的通过、缓议、撤销、否决情况。如果经表决通过或否决了某个议题,要记录表决对象的名称、表决的方式(如口头表决、举手表决、投票表决、表决器表决等)、表决的结果(同意、反对、弃权的统计数字)。如实行多轮投票,每轮投票的情况都要记录在案。

④会场情况。即会议期间会场内所发生的与会议进程有关并且具有记录价值的情况,如与会者的掌声、笑声、迟到、早退、中途退场以及其他影响会议进程的情况。记录会场情况可更全面地反映会议的气氛以及与会者的情绪和态度。

(4)尾部

尾部的任务是记载署名的情况。署名是对记录的真实性郑重负责的体现。以下4种人需要署名:

①记录人。会议记录人必须在会议记录上签字,以示负责,同时也便于日后与其核实情况。

②审核人。重要的会议记录应由会议主要领导人对其进行审核,确认无误后签字。审核人对记录的真实性负领导责任。

③发言人。论证会、鉴定会、听证会以及国际性组织的重要会议,与会者的发言常常是决策、定案的重要依据。因此,可要求发言人会后对记录进行核对并签字。

④法定的签字人员。例如,《中华人民共和国公司法》明确规定,各类公司的股东会、董事会应对所议事项的决定做成会议记录,出席会议的股东、董事应当在会议记录上签名。

署名一般应置于会议记录的尾部,用以表示记录完整性,同时也避免有人在正文部分私加文字。如将记录人、审核人置于首部,必须在结尾处写明"会议结束"的字样。如需发言人签署,应置于尾部。

为了方便记录,提高效率,现已有印刷好的会议记录表格。其格式见表5.4。

表5.4 会议记录

会议名称		会议时间	年 月 日 午 时
会议地点		会议主持人	
出席人与列席人			
缺 席			
记录人		审阅签字	
会议议题			
发言内容记录			

4)会议记录的要求

(1)准备充分

具体包括:

①事先了解会议的目的、议题、程序、方式和手段,对一些专业性较强的会议,还应事先阅读会议文件,掌握有关的专业知识,熟悉主要的专业术语,确保记录时得心应手。

②会前熟悉与会人员的姓名、职务、相貌特征、口音特点、说话习惯,以提高记录的准确性。

③备好必需物品。一是备好纸和笔。会议记录用纸应尽可能统一印制,格式规范。记录所用的笔墨应符合归档的要求。如有分组会议,要事先将记录纸和笔分发到组。二是备好必要的器材。如果会议允许作录音记录,要事先安装并调试好录音设备,确保录音质量。采用摄像机记录的,要事先选好机位和角度,配好灯光。用计算机记录的,要准备好电脑及电脑桌椅,接好电源。

(2)客观真实,全面准确

客观真实、全面准确是会议记录最基本的要求。具体要做到:

①记录时,注意力高度集中,全神贯注,认真听取每个人的发言,仔细观察发言者的表情、手势和口型,做到反应迅速,判断准确,以提高记录的全面性和准确性。

②会议结束后要及时核对,有的会议记录还应请发言者本人进行核对和确认。

(3)清楚规范

会议记录是立卷归档的重要材料,一般都列为永久保存,因此一定要用钢笔或毛笔记录。录音记录、速记和多人同时记录,会后要整理、誊清,并签字,以示负责。整理后的记录稿,要做到字迹清楚、文字规范、语法正确。

5.4.2 展览记录

1)展览记录的含义和作用

展览记录是展览举办期间用以记载接待和现场情况的原始性文件。所起的作用主要是：

①便于组织者及时掌握展览会的现场情况，一旦发现问题，立即采取有效措施加以解决。

②收集和登记客户信息，便于日后进一步联系洽谈。

2）展览记录的种类

按记录的主体可分为：

（1）场馆值班记录

即在展览会举办期间，由主办单位派专门人员对参展单位或参观者的投诉、意见、要求和建议，以及现场出现的突发性事件和处理情况的记录。

（2）展台接待记录

即在展览期间，由参展单位的展台工作人员对参观者接待情况的记录，相当于一个调查记录。当然这种记录有时很难收集，因为参观者本身未必对本公司的情况都十分了解。此外，询问过细也可能会引起对方的不快。因此，能记多少则记多少，对确有必要记录的参观者，也可在后续工作中进一步收集。

3）展览记录的格式和内容

（1）标题

由展览名称、记录的种类和"记录"组成，如《第七届上海国际工业博览会值班记录》《2019 大连国际办公设备暨文化用品展览会展台接待记录》。如标题中省略展览名称，则必须在正文中加以记录。

（2）正文

展览记录的正文都采用表格形式。场馆值班记录应设有值班人员姓名、值班时间、值班地点、值班电话、记录事项等项目。展台接待记录应包括展览会名称、记录日期、记录人姓名、参观者姓名、职位、单位名称、联系方式、行业类别、产品名称、经营范围、经营性质、公司规模、参会情况、成交意向等。具体内容可根据调查收集的要求制订。

【例文评析】

例文5.4　会议记录	评　析
××公司××会议记录 时间：2019 年 3 月 12 日 9：00 地点：公司第一会议室 出席人：各分公司与直属部门的经理 缺席人：第三分公司总经理×××（出差上海） 主持人：高飞（集团公司副总裁） 记录人：周游（总经理室秘书）	标题 　这是一份格式规范的会议记录，记录依据会议的程序，紧扣会议主题，分为主持人讲话、集体发言讨论、会议决议三部分，条理清楚，重点突出

一、主持人讲话	
今天主要讨论一下"美廉娱乐城"的兴建立项以及如何开展前期工作的问题。(略)	

一、主持人讲话

今天主要讨论一下"美廉娱乐城"的兴建立项以及如何开展前期工作的问题。(略)

二、发言

第一分公司李总:该项目的选址应定位在亚运村以北,清河以南……(略)

第二分公司张总:该项目应以体育健身为龙头带动其他餐饮娱乐。(略)

项目。(略)

市场部刘总:汇报该项目市场调查与预测的结果。(略)

财务部莫总:汇报公司的资金状况。(略)

技术部王总:汇报建筑项目投、招标情况。(略)

策划部梁总:讲述三种关于该项目的前期策划设想,前期的宣传投入应该加大。(略)

财务部莫总:前期宣传投入要慎重,理由有三。(略)

市场部刘总:前期宣传投入要慎重,理由有三。(略)

策划部梁总:前期投入一定要加大。(略)

三、决议

(一)一致通过该项目的选址定在××地段(举手表决)。

(二)一致通过项目第一期投入人民币×××万元(举手表决)。

(三)(略)

四、散会(12:00)

主持人:高飞(签名)

记录人:周游(签名)

> 对发言者、汇报人不可直呼其名,而姓氏加职务(职称)代之,如"王×"写"王总"
>
> 会议中如有争议问题,还应把争议问题的焦点及有关人员的发言争论观点记录下来
>
> 会议记录结尾要注意签名,表示对该会议记录的负责

(资料来源:安徽工商职业学院)

例文5.5 展览记录	评析
×××××××有限公司 ×××××展览会展台接待记录 编号:_____	展览记录对展览后续工作很重要 收集名片是最简便的方式,缺点是内容有限 记录表格是一种常用记录方式,有多种形式。使用最多的是展台人员在接待后填写的表格;另一种表格附印有展出者地址,有邮资已付信封,供参观者带走,填好后寄回

序号	项目	记录内容
1	展会名称	
2	记录日期	
3	记录人	
4	参观者姓名	
5	参观者职位	
6	公司名称	
7	公司地址	

序号	项　目	记录内容	
8	电话		
9	成立年份		
10	行业类别		
11	产品名称		
12	经营范围		
13	经营性质		
14	公司规模		
15	参会情况		
16	成交意向		
17	接待情况		
18	已做工作		
19	后续工作		
20	建议		
21	备注		

【训练设计】

按照下面格式,针对某一次会议,写一份会议记录,注意会议记录的格式和内容。

××公司办公会议记录

时间:20××年××月××日××时

地点:公司办公楼五楼大会议室

出席人:×××　×××　×××　×××　×××　……

缺席人:×××　×××　×××

主持人:公司总经理

记录人:办公室主任刘××

主持人发言:(略)

与会者发言:

×××

×××

散会

主持人:×××(签名)

记录人:×××(签名)

(本会议记录共×页)

本章小结

通过本章的学习,了解展会宣传推广计划的特点、会展广告媒体的选择、展会通讯的作用,掌握展会宣传推广计划的内容、会展广告文案的写作、展会通讯的内容、会展记录的格式。展会宣传推广计划是展会的整体宣传推广计划,它是展会策划和营销工作中的一个重要环节,对展会的发展有重要的影响。会展广告文案要注意媒体的选择,如果是消费性质的展出,其广告文案可以选择使用大众传媒;如果是专业性质的贸易展出,其广告文案就要选择使用生产和流通领域里针对目标观众的专业媒体。展会通讯是办展机构根据展会的实际需要编写的、用来向展会的目标客户通报展会有关情况的一种宣传资料;而会展记录则是进行会展管理的重要方法。

复习思考题

一、填空题

1.展会宣传推广具有_____、_____、_____及_____的特点。

2._____是覆盖面最广同时也是最昂贵的会展宣传手段。

3._____决定广告规模。

4.在一般情况下,不要将广告集中在展览前几天,而应该在_____前就开始并持续刊登。

5.选择会展广告媒体主要看_____。

6.专业媒体一般包括_____、_____和_____等。

7.张贴海报要注意_____、_____以及管理规定和手续。

8.展会通讯一般是_____编印。

9.按记录的方法来分,会议记录可分为_____、_____和_____。

10.按记录的主体来分,展览记录可分为_____记录、_____记录。

二、简答题

1.展会宣传推广计划的内容包括哪些?

2.广告文案写作的内容和写法包括哪些?

3.会展广告文案写作时有哪些要求?

4.在展会筹备的初期,展会通讯的目的是什么? 可包括哪些内容?

5.会议记录、展台记录的内容通常包括哪些方面?

三、多项选择题

1.从宣传推广的方式上看,展会宣传推广主要包括广告、(　　　　)、人员推广、展会推广、机构推广、公共关系、在有关网站上宣传推广等。

    A.软性文章和图片　　　　　　　B.直接邮寄

    C.新闻发布会　　　　　　　　　D.展会相关活动

2. 如果是消费性质的展出,可以选择大众传媒,包括( )等。

    A. 大众报刊   B. 电视

    C. 电台   D. 展览刊物

    E. 人流集中地的招贴、旗帜

3. 如果是专业性质的贸易展出,就要选择使用生产和流通领域里针对目标观众的专业媒体,包括( )等。

    A. 专业报刊   B. 互联网

    C. 内部刊物   D. 展览刊物

4. 办展机构之所以要及时编制和向目标客户直接邮寄展会通讯,是因为展会通讯有以下几方面的重要作用? ( )

    A. 它可以及时准确地向展会的目标客户传递展会的有关信息

    B. 它可以扩大展会宣传推广的范围和渠道,建立展会良好形象

    C. 它可以促进展会招商

    D. 它可以促进展会招展

    E. 它可以为展会目标客户提供良好的信息服务

5. 会议记录要求( )。

    A. 准备充分   B. 客观真实

    C. 全面准确   D. 清楚规范

实训题

实训项目:会展广告文案写作。

实训目的:通过本次实训,使学生掌握会展广告媒体的选择、会展广告文案写作的结构及要求。

实训学时:3 学时。

实训内容:请根据下述材料编写一份完整的会展广告文案。

中国国际工业博览会

中国国际工业博览会是由国家发展和改革委员会、商务部、科学技术部、信息产业部、教育部、中国科学院、中国国际贸易促进委员会和上海市人民政府共同主办、中国机械工业联合会协办、上海世博(集团)有限公司承办的大型工业博览会。

中国国际工业博览会的前身即上海国际工业博览会,创办于 1999 年,经历 8 年的培育,正持续、健康、稳步地发展。经国务院批准,从 2006 年起正式更名为中国国际工业博览会,这标志着"中国工博会"将成为中国国家级的、国际性的交易、展示工业领域最新技术和产品的平台和窗口。

"中国工博会"将主题定为"科技创新与装备制造业",重点突出现代装备。强化以交易为核心,展示、评审、论坛为辅的四大功能。展览面积达 11 万平方米。设立"重大技术装备展""信息技术与装备展""数控机床与金属加工展""能源展""工业自动化展""环保技术与设备展""科技创新展"七大专业展。

中国政府搭建"中国工博会"这个平台,目的是把"中国工博会"办成中国装备制造类最有影响力的国际品牌展;成为推进建设创新型国家,鼓励自主创新,展示装备制造业最新成果和交流最新信息的重要平台;成为转变外贸增长方式,优化外贸结构,促进我国装备类机电产品出口的重要抓手。通过"产品、技术、产权"三大交易的强磁场,形成专业展商和专业客商集聚、装备制造设备集聚、高新技术成果集聚、市场信息集聚的强效应。

实训观测点:

1. 展会广告媒体的选择是否合适?

2. 展会广告文案写作的结构是否合理?

3. 展会广告文案是否符合写作要求?

案例分析

××学院 2019 年会议情况记录

会议名称:××学院第×次办公会议

时间:××××年××月××日

出席人:李××(院长),王××(总务科科长),伍××(学生科科长),刘××、卢××、许××(各班班主任),校医龙××

主持人:李××(院长)

记录人:白××(校长室秘书)

一、报告

李××(院长)传达市政府关于防治"非典"的专题报告。

二、讨论

遵照报告精神,学院决定对学生进行一次预防"非典"的教育,并采取有效措施,保证学生的集体健康。

三、发言

李××院长:大家伙嘛,说说看什么样的措施能有效地保证学生的健康? 伍××,你是学生科科长,你这个呢,带个头发表你的意见吧。

伍科长:我认为首先要让学生知道有关"非典"的病理知识,以及预防的办法,你们讲是不是?

王科长:龙医生,你这个,看看是不是想办法加强食堂环境卫生?

……

四、决议

(一)利用两天时间,由学生科组织班主任分班组织学生传达报告精神,并结合学习××月××日《光明日报》专题报道的有关"非典"相关病理知识及防治办法。

(二)总务科、学生科密切与学校医务室配合,切实加强学校环境卫生与食堂饮食卫生工作。

(三)各班主任要深入调查、了解学生在寒假期间,是否去疫区探亲,凡有去疫区探亲的学生,由学校医务室统一组织去医院检查,有疑似症状的学生,马上报告,并采取相应措施。

五、散会

缺席人：江××

地点：学院三楼

根据会展记录的写作要求，回答以下问题：

1. 会议记录包括哪些内容？

2. 会议记录的写作要求有哪些？

3. 试分析并找出上面案例的错误之处，并改正。

第6章
会展实施阶段的文案

【本章导读】

　　会展合同及协议是会展活动期间各方进行具体操作的法律依据,而会展新闻稿及会展简报则对会展活动的宣传及进行阶段性总结和通报起到了重要作用。本章结合实例主要介绍4种文体的特点、格式及写法。通过本章的学习,要求掌握4种文体的写作方法,并在实际工作中进行会展文案的写作。

【关键词汇】

　　会展业务合同　　会展协议书　　会展新闻稿　　会展简报

【案例导入】

我国相关法院通过对近年来受理的涉及会展服务的合同纠纷案件进行专题分析,发现该类案件呈现3个特点:

1.服务合同权利义务约定不明。会展服务合同标的金额一般较小,合同文本提供方通常是提供服务的企业。签约时,接受服务的企业和提供服务的企业一般对合同的具体内容不作沟通,也很少详细约定服务的细节内容,造成双方权利义务不对等或不明确。

2.服务履行是否存在瑕疵的认识不同。因双方当事人对服务质量有不同的认识标准,导致双方对服务合同是否恰当履行存在不同意见。如演唱会主办方以音响、灯光设备没有达到预期效果为由拒绝支付相应的费用,服务提供方则认为设备不存在导致演唱会无法正常进行及超出观众合理忍受范围的瑕疵等。

3.违约责任范围如何确定存在争议。会展活动是企业展示自身形象的平台,一旦出现瑕疵,会展主办方可能同时遭受重大的直接损失和间接损失,故其往往在诉讼时将直接损失和间接损失一并计算在内,有时间接损失可能会超过直接损失。但提供服务方认为,根据《合同法》的有关规定,其仅愿意承担直接损失。

会展运作阶段会展业务合同是一个展会能否取得成功及避免纠纷产生的开始。会展业务合同涉及的内容范围广,格式要求严格,撰写时应注意细节的规定。

6.1 会展业务合同

【训练要领】

会展业务合同有狭义和广义之分,其种类繁多,根据不同的标准可以做不同的分类。掌握其内容、结构是学习的重点,同时要注意撰写会展业务合同时应注意的问题,做到主体合格、内容合法、条款全面、手续齐全。

6.1.1 会展业务合同概述

1)会展业务合同的含义

《合同法》第2条对合同所作的定义是"平等主体的自然人、法人、其他组织之间设立、变更、终止民事权利义务关系的协议"。在规范双方的交易行为时具有法律效力。签订各种会展合同是规范会展市场行为的最常见也是最重要的手段之一。

狭义的会展业务合同,往往是以会展承办单位为中心主体,包括会展承办单位与会展主办单位之间签订的业务合同、会展承办单位与与会者或参展商之间签订的业务合同,以及会展承办单位为租赁会展场地和各种会展所需用品、洽谈会展场所的工程施工业务、为会展招聘工作人员而签订的业务合同等。另外,还有为展品运输、广告、代办各种其他事项而签订的合同等。而广义的会展业务合同,则还包括主办单位与赞助商之间、参展商与消费者之间签订的会展业务合同。

2）会展业务合同种类

会展业务合同种类繁多，根据不同的标准可作不同的分类。

（1）会展租赁合同

会展租赁合同是出租人将租赁物交付给承租人使用、收益，收取承租人支付费用的合同。会展业务中的租赁合同，主要是会展承办单位为会议、展览的举办而租赁会场、展馆或租赁会展用品时，依法与出租人订立的、旨在设立民事权利义务关系的契约。

（2）会展买卖合同

会展买卖合同主要是指参展商（即供应商）将其参展产品的所有权转移给销售商或普通消费者时，依法订立的、由销售商或消费者支付价款的合同。可见，会展买卖合同是供、需双方为有偿转让一定数量的标的，而明确相互权利、义务的协议。

（3）会展运输合同

会展运输合同是指会展承办单位在代办参展物品运输业务或组织与会、参展人员外出活动时，与承运人依法订立的旨在设立民事权利义务关系的合约。

（4）会展承揽合同

会展承揽合同是指会展承办单位在办理会展业务时，将相关会场、展馆的工程建设、展台搭建、会展宣传广告印刷等工作交由其他单位或个人完成，并按约定给付报酬的契约。在此类合同中，会展承办单位为定做人，接受会展业务工作的其他单位或个人为承揽人。

（5）会展仓储合同

会展仓储合同是由储存人提供场所，存放存放人的货物、物品，仓储管理人只收取仓储费和劳务费的劳务合同。其中，存放人交付储存物，支付规定的仓储费是仓储合同成立的必要条件。仓储保管独立于一般保管。

（6）会展供用电、水、气、热力合同

供用电、水、气、热力合同是指供电人、供水人、供气人、供热力人向用电人、用水人、用气人、用热力人提供电、水、气、热力，用电人、用水人、用气人、用热力人支付费用的合同。会展供用电、水、气、热力合同则是会展承办单位为了确保会展期间的电、水、气、热力供应，而依法与供电、供水、供气、供热部门订立的一种买卖协议。

6.1.2　会展业务合同的主要内容

会展业务合同主要内容由法律、法规直接规定外，合同双方当事人的权利义务是通过合同条款来确定的。因此，《合同法》第12条规定，合同的内容由当事人约定，但一般包括以下主要条款：

1）标的

标的是合同权利义务所指向的对象，标的是一切合同必须具备的主要条款。合同中应清楚地写明标的的名称,以使其特定化。特别是作为标的的同一种物品会因产地的差异和质量的不同而存在差别时,更是需要详细说明标的的具体情况。

2）数量和质量

数量是指合同标的在量的方面的限度,要求数量准确,双方当事人应选择共同接受的计量单位和计量方法。如为易损耗物品,允许规定合理的磅差。

标的的质量是指对标的内在品质和外观形态的综合表现。要求质量具体,主要包括5个方面:第一,标的物的物理和化学成分;第二,标的物的规格,通常是用度、量、衡来确定的质量特性;第三,标的物性能,如强度、硬度、弹性、抗腐蚀性、耐水性、耐热性、传导性和牢固性等;第四,标的物的款式,如标的物的色泽、图案、式样等;第五,标的物的感觉要素,如标的物的味道、新鲜度等。

3）价款或报酬

价款是购买标的物所应支付的代价;报酬是获得服务应当支付的代价。这两项作为合同的主要条款应予以明确规定。在大宗买卖或对外贸易中,合同价款还应对运费、保险费、装卸费、保管费及报关费做出规定。

4）履行期限、地点和方式

当事人可以就履行期限是即时履行、定时履行、分期履行作出规定。当事人应对履行地点是在出卖人所在地,还是买受人所在地;以及履行方式是一次交付,还是分批交付,是空运、水运还是陆运应做出明确规定。

5）违约责任

当事人可在合同中约定违约致损的赔偿方法以及赔偿范围等。针对涉及不同业务的会展合同,违约原因也各不相同。在订立合同中的违约条款责任时,可根据涉及的不同业务对违约原因进行列举,并相应地详细规定违约金的支付方法。

6）解决争议的方法

当事人可约定在双方协商不成的情况下,是仲裁解决,还是诉讼解决买卖纠纷。当事人还可约定解决纠纷的仲裁机构或诉讼法院。

另外,根据《合同法》第131条的规定,买卖合同的内容除依照上述规定以外,还可包括包装方式、检验标准和方法、结算方式、合同使用的文字及其效力等条款。

6.1.3 会展业务合同的结构与写法

会展业务合同一般包括首部、正文和尾部3个部分。

1）首部

（1）标题

会展业务合同标题表示合同的性质、文种，如展馆租赁合同。

（2）当事人的名称或者姓名和住所

如果当事人是自然人，其住所就是其户籍所在地的居住地；自然人的经常居住地与住所不一致的，其经常居住地视为住所。如果当事人是法人，其住所是其主要办事机构所在地。如果法人有两个以上的办事机构，即应区分何者为主要办事机构，主要办事机构之外的办事机构为次要办事机构，而以该主要办事机构所在地为法人的住所。为了便于下文表述，当事人名称或姓名后面可用括号说明其简称，可以是"甲方""乙方"，也可以是"主办方""参展方"或"供方""需方"。账号、通信方式可写在各自名称或姓名下方，也可写在尾部。

2）正文

（1）开头

开头写明合同订立的依据、目的，双方是否自愿订立等内容。

（2）主体

主体采用条款法或用数字序号标注层次等方法，具体表述合同的各项主要条款，即将会展业务合同的主要内容罗列其中，要求做到全面周到、条理清楚、语言严谨。

（3）其他条款

其他条款包括合同的书写文字及其效力（用于涉外合同）、合同生效的条件、有效期限、合同文本数量及保存方式等条款。

3）尾部

尾部是落款部分，由合同各方当事人（或代表）签名并加盖公章。写明合同订立时间、当事人的法定住所。账号和通信方式也可写在各方签署的下面。

会展合同如有附件，应在正文下方，签名之上标注附件的名称和序号。

6.1.4　会展业务合同的写作要求

1）合同主体要合格

当事人应具有民事权利能力和民事行为能力。对一些特别的会展业务合同，法律对其主体资格有合同主体合法的规定，如商品展销会的举办单位、参展经营者必须具备合法经营资格。

2）合同内容要合法

对每一个条款都要认真审查，核实其是否有违反法律的内容，是否尊重社会公德。

3）合同条款要全面

合同条款的订立是合同订立的关键。其主体部分的条款要注重全面。

4）合同手续要齐全

合同手续是否齐全直接关系到合同能否生效。对方签字人的权限要严格检查，一般应由当事人的法人代表或自然人亲自签字。法人代表或自然人因故不能亲自签字时，可委托其他人签字，但必须向对方提出由法人代表或自然人亲自签署委托书。

5）合同文字要准确、规范、通俗

准确，就是文字要真实反映合同各方的意思，不发生歧义。规范，就是字、词、句及标点符号等必须符合国家对文字方面的有关规定。通俗，就是要大家能看懂，避免用词高深莫测，不知所云。

【例文评析】

例文 6.1　会议承办代理合同（范文）	评　析
甲方： 乙方： 　　经友好协商，甲乙双方就乙方承办/代理甲之_____会议事宜达成如下协议，双方共同遵守执行。 　　一、甲方主办的_____会议全部交由乙方承办。会议地点是_____。会议时间____年___月___日至____年___月___日。主会场是_____。 　　二、乙方提供以下会议服务： 　　1.礼仪及接待 　　2.会议交通 　　3.会场布置 　　4.会议餐饮安排 　　5.会议秩序维持 　　6.会议秘书服务 　　7.会议代表住宿安排 　　8.会务考察安排及夜间娱乐安排 　　9.返程票务服务及站场接送 　　10.财务协助 　　各项服务分述如下： 　　■ 礼仪及接待 　　乙方提供_____名礼仪小姐，汽车站、火车站、机场分别安排_____名礼仪，设立标识（甲方提供企业或行业标识，乙方制作），引导甲方人员报到及安排商务车辆前往下榻酒店。在下榻酒店大堂设立专用接待台（乙方负责设立），乙方提供____名工作人员协助甲方会务组人员进行代表签到、房间安排、发放会议指南（甲乙双方共同拟订）、	本会展业务合同是会议承办代理合同，是展会常用合同种类之一 　　本合同内容完整，格式标准，条款规定详细，可操作性强

告知代表会议注意事项、编制会议名录。礼仪工作时间为＿＿月＿＿日＿＿时至＿＿月＿＿日＿＿时,下榻酒店接待人员工作时间为＿＿月＿＿日＿＿时至＿＿月＿＿日＿＿时,乙方提供一条接待热线电话,热线电话开通国内长途、国际长途,费用按酒店商务电话收费,记入甲方会议支出,除非甲方工作人员许可,乙方人员不得使用热线电话。

1.会议名录制作

开本＿＿＿＿＿＿,＿＿＿＿＿＿色印刷,内文纸张为＿＿＿＿＿＿纸,封面为＿＿＿＿＿＿,制作＿＿＿＿＿＿份,单价为＿＿＿＿＿＿,交货时间为＿＿月＿＿日前。会议名录资料要求在＿＿月＿＿日前以＿＿＿＿＿＿格式上传给＿＿＿＿＿＿网站。

2.会议发言材料制作

开本＿＿＿＿＿＿,＿＿＿＿＿＿色印刷,内文纸张为＿＿＿＿＿＿纸,封面为＿＿＿＿＿＿,制作＿＿＿＿＿＿份,单价为＿＿＿＿＿＿,交货时间为＿＿月＿＿日前。

■ 会议交通

1.站场接送

根据实际需要,乙方必须于＿＿月＿＿日＿＿时至＿＿月＿＿日＿＿时安排＿＿＿＿＿＿座空调巴士＿＿＿＿＿＿辆,7座面包车＿＿＿＿＿＿辆,5座轿车＿＿＿＿＿＿辆至＿＿＿＿＿＿机场(汽车站、火车站)。按照先到集合、统一运输的方式,安排与会代表前往下榻酒店。双方同意所有费用按运输趟次结算,其结算标准见下表。如果由于甲方原因使得预订的车辆空驶,甲方按照大巴＿＿＿＿＿＿元、面包车＿＿＿＿＿＿元、轿车＿＿＿＿＿＿元结算。所有交通工具的运行命令由甲方发出,并在行驶单上签字。

送站场费用同上述约定。双方应在＿＿月＿＿日前,确认需要送站场的名单。甲方应在本协议签署前告知乙方此部分费用的分摊方法(会务组支付或者个人支付),甲方确认:下列人员由会务组承担送站场费用,除此之外,均由个人承担。或者甲方确认,所有与会人员的送站场费用由会务组承担;或者全部与会人员的送站场费用均由个人承担。

甲方确认:需要会议期间提前送离的人员有＿＿＿＿＿＿,具体时间是＿＿月＿＿日＿＿时,乘用车标准为＿＿＿＿＿＿座＿＿＿＿＿＿车。

2.会务交通

乙方必须于＿＿月＿＿日＿＿时至＿＿月＿＿日＿＿时安排＿＿＿＿＿＿座空调巴士＿＿＿＿＿＿辆,7座面包车＿＿＿＿＿＿辆,5座轿车＿＿＿＿＿＿辆至＿＿＿＿＿＿酒店,用于接送会务人员至会场。甲方(或者乙方)负责通知并集合需要乘坐商务用车人员。用车行程为(往返/单程,选择)。于＿＿月＿＿日＿＿时至＿＿月＿＿日＿＿时安排＿＿＿＿＿＿座空调巴士＿＿＿＿＿＿辆,7座面包车＿＿＿＿＿＿辆,5座轿车＿＿＿＿＿＿辆至＿＿＿＿＿＿酒店,用于接送会务人员至晚会/宴会现场(地点为:＿＿＿＿＿＿)。用车行程为(往返/单程,选择)。

但是,违约责任的规定过于模糊,不够明确,如果能将违约责任进行列举,并规定相应的违约金赔付方法,可避免在违约情况下产生争议乙方于____月___日____时至____月___日____时提供_____吨货车_____辆,负责运输会议材料,行程为_____至_____。包括装卸,费用合计为_____元。

■ 会场布置

乙方应在____月____日前预订_____会场,并于____月____日____点前按甲方要求完成布置:

1. 主席台

要求鲜花_____盆,_____色地毯,绒布主持台,主席台设_____席位,背景为_____材料,投影帘要求(_____×_____),投影仪要求_____流明,配备激光指示笔(或伸缩式教鞭)、有线/无线麦克风_____个。主席台配置茶水杯(或瓶装矿泉水),一侧放置饮水机(配瓶装矿泉水时可不用饮水机),主席台配备电工1名,会务服务小姐1名。双方确认:投影仪为(甲方自带,乙方提供甲方租赁,第三方提供),当甲方自带时,乙方仅有义务提供技术支持,不负责保证仪器正常工作;双方确认,投影仪租赁价格为_____元/天,茶水提供及服务人员支持包含在会场租赁成本中。

2. 会场布置

乙方必须于____月____日_____点前完成会场布置——U形、课堂式、围桌形、剧院式等供选择,安排席位不少于_____个,其中前排布置需要_____,各排间距不得小于_____厘米;在会场安排固定摄影点_____个,需要提供饮水机_____台,提供小型会晤室_____个,会晤室摆设桌椅不得少于_____套。会场悬挂横幅_____条,内容为_____。会场内/外提供资料/样品展示台_____个。双方确认:展示台为全新制作/租赁,规格为_____×_____×_____,单价为_____元/个。饮水机由乙方免费提供,饮用水由甲方提供(乙方可代办)。

3. 氛围支持

乙方应在____月____日_____点前完成_____个气球条幅悬挂,条幅内容为_____,规格是_____米×_____米,拱形气模_____个,规格是_____×_____,会场内/外摆放花篮_____个。同时在____月____日报纸预订_____版面发布相关信息(内容甲方提供)。会场布置与氛围支持费用总计为:_____元。

4. 同声翻译系统

乙方必须于____月____日_____时前调试好同声翻译系统,提供_____声道翻译(语种为_____),____月____日____时前甲方应将发言大致领域及特点告诉口译员,并告诉口译员发言者国别与大致语言习惯。乙方提供的口译人员必须在____月____日____时前熟悉所需翻译的专业领域,作同声翻译时,错误率不得超过2%。甲方发言者语速不得超过_____字节/分钟。同声翻译支持费用总计为_____元。

■ 会议餐饮安排

双方确认，会议期间与会人员就餐地点为_____酒店_____餐厅及_____餐厅。其中，中餐就餐人数不少于_____人次，西餐就餐人数不少于_____人次。早餐餐标为_____元/人，正餐（中餐及晚餐）餐标为_____元/人，宴会餐餐标为_____元/人，早餐、正餐及宴会餐食见附件（菜谱）。____会议提供的餐饮不含酒水（或者含酒水），时间是____月____日____时餐至____月____日____时餐止，其中____月____日____时餐为宴会餐。会议人员凭_____证件（或者餐卡）就餐。早餐形式为自助餐（或者团餐），正餐为围桌式（或者自助餐）团餐，具体就餐时间由乙方制作水牌告知甲方与会人员。

商务考察旅程用餐另计。

宴会餐/商务酒会要求

时间：____月____日____时至____月____日____时

规模：

内容：

(1) 自助餐/围桌宴会。

(2) 演讲系统。

(3) 娱乐节目。

(4) 服务/交通。

餐饮费用总计为：_____元。

■ 会议秩序维持

为便于保密及会议正常举行，双方确认____月____日____时至____月____日____时，会议室设立_____位工作人员，工作人员由甲方/乙方负责指定/委派，主要职责是核查进入会场人员身份。进入会场人员一律凭_____证件进入。此项服务费用_____元/免费。

■ 会议秘书服务

双方确认，会议期间乙方为甲方提供以下如数服务：

(1) 速记员_____名，工作时间为_____。

(2) 翻译员_____名，工作时间为_____。其中英文_____名，日文_____名，德文_____名。

(3) 会务勤杂人员_____名，工作时间为_____。

(4) 保健医生_____名，工作时间为_____。

(5) 摄影师_____名，工作时间为_____。录制媒介为_____，规格为_____，后期编辑由乙方/甲方完成。

(6) 旅行顾问_____名，工作时间为_____。

(7) 签约司仪（礼仪）_____名，工作时间为_____。

(8) 其他：指示牌制作，_____块，内容_____，放置地点为_____。

以上会议秘书服务费用共计：_____元。

会议承办代理合同中餐饮的安排是不容忽视的环节

■ 会议代表住宿安排

双方确认,甲方预订客房数共计____间,其中_____饭店____级标准间_____间(_____元/间),商务套间_____间(_____元/间),行政套间____间(_____元/间);_____饭店_____级标准间____间(_____元/间),商务套间_____间(_____元/间),行政套间_____间(_____元/间)。

基于与会人数有一定的机动性,双方约定乙方预留_____间客房至____月____日____时,其中标间_____间,套房_____间。截至____月____日____时甲方实际用房如果低于预订,则按预订客房数量结算,超过的按实际结算(在预订总量的10%范围内),乙方承诺超过部分按预订价格计算。____月____日____时以后按实际用房计算。

所有用房时间为____月____日至____月____日____时。超过____月____日____时,如果甲方人员需要继续使用客房,可提前通知乙方,乙方可以与酒店交涉,尽量(但不保证)按协议价格结算。

双方确认,乙方必须在____月____日____时前获得酒店预订房间钥匙牌,按甲方指定名录登记分派房间,同时完成入住登记。

■ 会务考察安排及夜间娱乐安排

1. 会务考察

双方确认,会议期间甲方与会人员进行商务考察,线路及行程如下:

线路1

D1:

D2:

人数:_____人

线路2

D1:

D2:

人数:

总人数为:_____人

车辆要求:乙方提供旅行责任保险、专业导游、陪同。

费用:_____元

2. 夜间娱乐安排

双方确认,会议期间如果甲方人员举办各类酒会或者联谊会,乙方将负责代理安排。此部分费用由甲方统一支付/参加人员直接支付。

具体方案见附件。

■ 返程票务服务及站场接送

双方确认,甲方人员返程事宜由会务组织统一安排/与会人员自行支付。乙方提供返程票务代理服务(在签到会场酒店大堂提供咨询及预定处,时间为____月____日____时至____月____日____时)。

1. 机票

明折明扣,不收取服务费,免费送票至下榻酒店。

2. 火车票

票面价格,每位收取40元服务费,免费送票至下榻酒店。

3. 高速巴士

票面价格,免服务费,免费送票至下榻酒店。

4. 船票

票面价格,免服务费,免费送票至下榻酒店。

乙方提供站场欢送服务:时间为___月___日___时至___月___日___时

■ 财务协助(此条款为非一次性收取会务费用组织机构适用)

双方确认,甲方与会人员签到时,乙方提供_____名财务人员协助甲方收取会务费用,提供验钞设备,并协助甲方人员统计核实相关应收费用。

■ 其他协助

乙方在自有网络上发布会议预告信息,制作回执表单,供甲方相关人员下载填制,同时指派固定人员统计回执信息,定期向甲方报告。此项服务免费提供。

三、双方确认,以上预订及服务属于不可撤销约定。自双方签字、盖章且甲方按本条款支付预订金之日起协议立即生效。甲方于协议生效后_____个工作日内支付人民币_____元作为预订金。

■ 变更及核算原则

1. 甲方确认

除非发生以下几种情况,否则甲方不存在撤销或变更本协议理由——如果撤销或变更,乙方将有权要求甲方支付撤销或变更给乙方造成的预期损失:

◇ 战争或政治事件;

◇ 甲方进入破产程序;

◇ 甲方实体进入重组变更程序;

◇ 由于政策或法律变化导致会议不可能举行。

2. 甲方可以在预定的期间内变更会议时间

但变更通知必须于预定期限前_____天抵达乙方,乙方接到甲方通知后应在_____个工作日内以(□传真 □电邮 □公函)方式回执确认,甲方在接到乙方确认文件后即表示甲乙双方就会议时间的变更达成一致,双方间的协议除会议日期外,其余不作变更。

3. 乙方服务的变更

除非发生如下情形,否则乙方无权变更服务:

◇ 乙方签约的下游服务商出现法律规定的破产、停业或者其他人力不可抗拒的服务中止事件,同时乙方更换的下游服务商不能满足甲方要求;

◇ 会议地点出现重大自然灾害(包括急性传染病);

对不可抗力的规定较为详细

◇ 会议地点出现重大政治事件(包括政府征用会议场所)。

如果不是由于上述原因,乙方要求变更服务,将赔偿甲方由于服务变更而导致的预期损失。出现本条款所列事项时,乙方应该在第一时间内以书面形式通报甲方,并在甲方收到通知后作出变更预案供甲方选择——乙方保证变更的服务应当不低于原来协议水准。

基于友好合作的精神,所有变更事宜应由双方同意协商解决。同时双方约定:

◇ 甲方变更或取消会议应当在协议生效后会议正式举办前____个工作日内通知乙方,除乙方已经支付的成本外(在甲方的预付款项中抵扣,不足部分乙方有权要求甲方补足,多余部分乙方同意返还甲方),乙方放弃预定收益的索赔;

◇ 甲方变更或取消会议的决定如果在会议前____日通知乙方,甲方应赔付乙方预期利益的_____%,并不退回预付金;

◇ 甲方变更或取消会议的决定如果在会议前____日通知乙方,甲方应赔付乙方预期利益的100%,并不退回预付金;

◇ 乙方由于非本条款原因要求改变服务或者取消的,于会议举办前____日通知甲方的,必须全额退还甲方预付款;

◇ 乙方由于非本条款原因要求改变服务或者取消的,于会议举办前____日通知甲方的,除退还甲方预付款外,还必须赔付甲方本协议总金额的_____%;如在____日前通知甲方,乙方必须全额赔付。

4. 双方约定

本协议规定的服务及费用核算原则如下:

◇ 住宿、餐饮及车辆——按协议标准结算,基于可以理解的原因,允许实际费用总量下浮5%,即如果甲方需要的服务低于预定的95%,按95%结算;高于95%的,按实际服务费用结算。

◇ 除协议规定的服务总量以外,乙方同意按协议标准提供服务预留空间,但不超过总量的5%(指各单项服务)。甲方如果需要超过预定的服务,在5%范围内可享受协议标准,超过部分乙方尽量(但不保证)提供协议标准服务。

◇ 双方确认,所有服务费用在____月____日前由甲乙双方核算认可,甲方保证一次性将款项支付给乙方——如果超过约定期限,乙方有权要求甲方支付滞纳金——标准为总量的0.5%,按日计算。

5. 仲裁

双方约定,如果对本协议执行出现争议,将首先协商解决;如果协商不能解决,双方将申请仲裁解决,仲裁地点为_____。

6. 生效

本协议自双方共同签章且甲方提供规定的预付金后生效。

(资料来源:旅交汇网,有改动)

例文6.2　展览场地租赁合同	评　析
签约双方： 展场经营单位(下称"甲方")： 地址： 电话： 传真： 承租展场单位(下称"乙方")： 注册地址： 办公地址： 电话： 传真： 　　根据中华人民共和国有关法律、法规和本市有关规定,甲乙双方遵循自愿、公平和诚信原则,经协商一致订立本合同,以资共同遵守。 　　第一条　合同主体 　　1.1　甲方系依法取得坐落于展览场地租赁经营权的法人。 　　1.2　乙方系本合同约定的展会的主办单位。 　　第二条　生效条件 　　本合同经双方签署生效。对依法需经政府部门审查的展会,本合同应自展会取得政府部门审查批准后生效。 　　第三条　租赁场地 　　甲方同意乙方租用位于_____,总面积为_____平方米的场地(下称"租赁场地"),用于乙方举办_____(展会全称)。 　　第四条　租赁期限 　　4.1　租赁期限为____年____月____日至____年____月____日,共____天。 　　其中:进场日期:自____年____月____日至____年____月____日; 　　　　　展览日期:自____年____月____日至____年____月____日; 　　　　　撤离场地日期:____年____月____日。 　　4.2　乙方每日使用租赁场地的时间为____至____。乙方和参展商可以在前述时间之前_____小时内进入展馆,在前述时间之后_____小时内撤离展馆。 　　4.3　乙方需在上述时间之外使用租赁场地,应提前通知甲方。乙方超时使用租赁场地的,应向甲方支付超时使用费用。双方应就具体使用与收费标准协商约定,并作为合同附件。 　　第五条　展览服务 　　5.1　租赁期间双方可以就以下方面选择约定租赁费用范围内基本服务: 　　(1)照明服务: 　　(2)清洁服务: 　　(3)验证检票: 　　(4)安保服务:	此处填写展场经营单位及承租展场单位的具体信息 租赁场地写明场地所在地点、面积大小及用途 租赁期限要详细规定,写明进场、展览和撤离场地日期

（5）监控服务：

（6）咨询服务：

（7）其他服务：

5.2 乙方如需甲方提供上述基本服务之外的服务或向甲方租赁各项设备，应与甲方协商，并由乙方向甲方支付费用，具体内容和收费标准应列明清单，作为合同附件。

第六条 租赁费用

6.1 租金的计算如下：

场地类型	租金/平方米/天	面积（平方米）	天 数	共 计
展览室内场地	人民币 /平方米/天 或 美元 /平方米 /天			人民币 或 美元
展览室外场地	人民币 /平方米/天 或 美元 /平方米 /天			人民币 或 美元
总 计	人民币或美元			

6.2 如果租赁场地实际使用面积大于合同约定面积,则租金根据实际使用的总面积作相应调整。结算方式可由双方另行协商,签订补充协议。

6.3 乙方按以下方式支付租金：

支付日期	签订本合同之日起___天内	____年__月__日（进场日期前___天）	____年__月__日（进场日期前___天）
展场租费比例			
应付款人民币或美元	人民币或美元	人民币或美元	人民币或美元

6.4 所有支付款项汇至以下账户：

以人民币支付：

银行账号：

银行名称：

银行地址：

开户名称：

以美元支付（按支付当日中国人民银行公布的外汇汇率中间价）：

银行账号：

银行名称：

银行地址：

开户名称：

6.5 对依法须经政府部门审查的展会因无法获得政府部门批准导致本合同无法生效的,乙方应通知甲方解除本合同,并按照下列规定向甲方支付补偿金。甲方在扣除补偿金后如有剩余租金,应返还乙方。

支付款行此处详细写明收款方的账户,包括人民币及外汇账户;外汇账户信息里要规定结算时使用的汇率或其规定方法

解除合同时间	补偿金
租赁期限前_____个月以上	已付租金的____%
租赁期限前____个月至____个月	已付租金的____%
租赁期限前____个月至____个月	已付租金的____%
租赁期限前____个月至____个月	已付租金的____%

第七条　场地、设施使用

7.1　乙方应在租赁期开始前____天向甲方提供经双方共同选择约定的下列文件：

（1）一式____份的设计平面图，该平面图至少应包括下列内容：

①电力及照明的用量，每个区域容量的布置图及分布供应点位置。

②电话位置分布图。

③用水区域或用水点。

④压缩空气的要求和位置。

⑤卫星电视/Internet 设置图。

⑥甲方展馆内部及其周围红线范围内的其他布置设计。

（2）一份与展览有关的活动时间表，包括展览会、开幕仪式、进馆、撤馆、货运以及设备使用等的时间。

（3）一份参展企业名录和工作人员数，并请注明国内和国外参展商。

（4）一份使用公共设施的内容，包括设备、家具、礼仪设施、贵宾室和其他服务。

（5）货运单位和装修单位名录及营业执照复印件。

（6）所有参展的展品清单，特别需要注明的是有关大型设备、大电流操作的展品及会产生振动、噪声的展品清单。

（7）_____。

7.2　为展览进行搭建、安装、拆卸、运输及善后工作及费用由乙方自行承担。乙方进行上述活动时不得影响其他承租人、展览者在公共区域的活动。

7.3　乙方不得变动或修改甲方的展馆的布局、建筑结构和基础设施，或对其他影响上述事项的任何部分进行变动或修改。在租赁场地的租赁期限内，乙方如需在甲方展馆内的柱子、墙面或廊道等建筑物上进行装修、设计或张贴，须事先得到甲方书面许可。

7.4　租赁期间，双方应保持租赁场地和公共区域的清洁和畅通。乙方负责对其自身财产进行保管。

7.5　甲方有权使用或许可第三方使用甲方场地中没有租借给乙方的场地，但不得影响乙方正常使用租赁场地。

7.6　乙方对租赁期限内由乙方造成的对租赁场地、设施和公共区域的任何损害承担责任。

7.7　如果两个或两个以上的展览同期举办，登记大厅、广告阵地、货运通道等公共区域将由有关各方根据实际的租赁场地按比例共享。

第八条　保证与承诺

8.1　甲方保证与承诺：

（1）确保乙方在租赁期内正常使用租赁场地。

（2）按本合同约定的服务内容和标准提供服务。

（3）在甲方人员因工作需要进入租赁场地时，保证进入人员持有甲方出具的现行有效证件，并在进入前向乙方出示。

（4）协调乙方与同期举办的其他展览单位之间对公共区域的使用。

（5）配合乙方或有关部门维护展会秩序。

8.2　乙方保证与承诺：

（1）在租赁期前＿＿＿天取得举办展会所需的工商、消防、治安等政府部门的批准文件并交由甲方备案。

（2）在进场日前＿＿＿天向甲方提供＿＿＿份展位平面图。

（3）不阻碍甲方人员因工作需要持有甲方现行有效证件进入乙方租赁场地。

（4）租赁期限届满，在撤离场地日期内将租赁场地恢复原状，返还向甲方租赁的物品并使其保持租赁前的状况。

（5）未经甲方书面同意，不在甲方建筑物内进行广告发布。发布广告如果涉及需要有关政府部门批准的，则负责申请办理相关审批并承担相关费用。若不能获得政府部门批准而导致展览无法如期举办，则承担相应的法律后果。

（6）对乙方雇员或其参展者在租赁期内对甲方实施的侵权行为承担连带赔偿责任。

（7）＿＿＿＿＿＿＿＿＿＿＿＿＿＿＿＿＿＿＿＿＿＿＿＿＿＿＿＿。

第九条　责任保证

9.1　乙方应妥善处理与参展商之间的争议。在乙方与参展商发生争议，且双方无法协商解决时，争议双方可共同提请甲方出面进行调解。甲方无正当理由不得拒绝主持调解。调解期间任何一方明确表示不愿继续接受调解，甲方应立即终止调解。甲方的调解非争议解决的必经程序。调解不成的，调解中任何一方的承诺与保证均不作为确认争议事实的证据。在调解中，甲方应维护展会秩序，乙方应配合甲方维护展会秩序。

9.2　乙方应于租赁期开始前30天按照本合同规定的租金总额的30%向会展行业协会支付责任保证金，以保证乙方在与参展商发生争议并出现下列情况时承担相应责任：

（1）争议双方经和解达成协议，乙方承诺承担相应的赔偿或补偿责任。

（2）经审判或仲裁机关调解，争议双方达成调解，乙方承诺承担相应的赔偿或补偿责任。

（3）审判或仲裁机关对争议作出终审或终局裁决，乙方被裁决构成对参展商合法权益的侵害，应当承担相应的赔偿责任。

9.3　乙方在支付责任保证金后3天内应向甲方提供责任保证付款凭证。

第十条　知识产权

乙方为推动其展览进行对甲方名称、商标和标志的使用，须事先征得甲方书面同意。如有违反，甲方保留追究乙方侵权责任的权利。

第十一条 保险

11.1 乙方应在进场日期之前向保险公司投保展馆建筑物责任险、工作人员责任险及第三者责任险,将甲方列为受益人之一,并向甲方提供保险单复印件。

11.2 保险公司的理赔不足以支付甲方所受损失的,甲方有权对乙方进行追偿。

第十二条 违约责任

12.1 甲方有下述行为之一的,乙方有权单方面解除本合同,并按照本合同12.4条向甲方主张违约金:

(1)未按本合同的规定向乙方提供租赁场地,经乙方书面催告仍未提供的。

(2)未按本合同第5.1条提供基本服务,经乙方书面催告仍未提供的。

(3)未按本合同第8.1条(5)款维护展会秩序,致使展会因秩序混乱而无法继续进行的。

(4)_____。

12.2 乙方未按期支付到期租金,应按日向甲方支付逾期付款金额万分之_____的违约金,付至实际付款或解除本合同之日。

12.3 乙方有下述行为之一的,甲方有权单方面解除本合同,并按照本合同12.4条向乙方主张违约金:

(1)未按本合同规定支付场地租金、设备租赁、额外服务及超时场地使用等各项应付费用,经甲方催告后_____天内仍未支付的。

(2)国际性展会违反本合同规定,擅自变更展题,经甲方催告后仍未纠正的。

(3)未按第8.2条(1)款规定向甲方提供办展所需的相关政府部门的批准文件,经甲方催告后仍未纠正的。

(4)违反本合同规定,擅自使用甲方的名称、商标或标志,经甲方催告后仍未纠正的。

(5)未按本合同第9.2条支付责任保证金,经甲方催告后仍未纠正的。

(6)_____。

12.4 本合同第12.1条、第12.3条规定的违约金明列如下:

违约行为发生时间	违约金
租赁期限前____个月以上	已付租金的____%
租赁期限前____个月至____个月	已付租金的____%
租赁期限前____个月至____个月	已付租金的____%
租赁期限前____个月至租赁期届满	已付租金的____%

以上违约金不足以赔偿守约方损失的,违约方应就超额部分损失向守约方承担赔偿责任。

违约责任的规定不能过于笼统。应该根据合同性质和具体内容进行具体的规定

12.5　守约方根据第12.1条、第12.3条单方面解除本合同，应在违约行为发生后____天内书面通知违约方，否则视为守约方放弃合同解除权，但不影响守约方向违约方主张违约金和赔偿责任。

12.6　甲方违约的，应在收到乙方解除本合同书面通知之日起____天内返还乙方已付租金，并支付违约金。乙方违约的，甲方应在乙方收到甲方解除本合同书面通知之日起____天内将已扣除乙方应付违约金后的剩余租金返还乙方。

12.7　除本合同第12.1条、第12.3条约定外的其他违约行为造成守约方损失的，违约方应当承担赔偿责任。

第十三条　变更与解除

13.1　除本合同另有约定外，本合同未经双方协商一致不得变更与解除。

13.2　国际性展会变更展题，须取得政府审批机关的批准，并向甲方提供。

13.3　双方协商变更或解除本合同的，变更或解除方应提前____天以书面形式通知相对方，相对方应于收到通知后____天内以书面形式答复变更或解除方，逾期不答复的，视为同意变更或解除本合同。违反本条规定提出协商变更或解除的，相对方有权拒绝。

第十四条　争议解决

因执行本合同而产生或与本合同有关的争议，双方应通过友好协商解决。协商应于一方向另一方书面提出请求后立即举行。如在提出请求后30天内无法通过协商解决，双方可选择下列第____种方式解决：

(1)向_____仲裁委员会申请仲裁，仲裁裁决为终局裁决并对双方均有约束力。

(2)依法向_____人民法院提起诉讼。

第十五条　不可抗力

15.1　本合同履行期间，任何一方发生了无法预见、无法预防、无法避免和无法控制的不可抗力事件，以致不能履行或不能如期履行合同，发生不可抗力事件的一方可以免除履行合同的责任或推迟履行合同。

15.2　本合同第15.1条规定的不可抗力事件包括以下范围：

(1)自然原因引起的事件，如地震、洪水、飓风、寒流、火山爆发、大雪、火灾、冰灾、暴风雨等。

(2)社会原因引起的事件，如战争、罢工、政府禁令、封锁等。

(3)_____。

15.3　发生不可抗力的一方，应于不可抗力发生后____天内以书面形式通知相对方，通报不可抗力详尽情况，提交不可抗力影响合同履行程度的官方证明文件。相对方在收到通知后____天内以书面形式回复不可抗力发生方，逾期不回复的，视为同意不可抗力发生方对合同的处理意见。

15.4　在展会尚未开始前发生不可抗力致使本合同无法履行，本合同应当解除，已交付的租金费用应当返还，双方均不承担对方的损失赔偿。

15.5 展会进行中发生不可抗力致使本合同无法履行,本合同应当解除,已交付的租金费用应当按____返还,双方均不承担对方的损失赔偿。

15.6 发生不可抗力致使本合同需延迟履行的,双方应对延迟履行另行协商,签订补充协议。若双方对延迟履行无法达成一致,应按第15.4条、第15.5条规定解决。

第十六条 适用法律

本合同的订立、履行、终止及其解释适用中华人民共和国现行法律。

第十七条 附件及效力

双方同意作为合同附件的文件均是本合同重要且不可分割的组成部分,与本合同同时生效并与本合同具有同等法律效力。

第十八条 信息披露

甲方可以用网页等形式对外公布本合同约定的展览会名称、馆号和展览日期等相关信息。乙方若调整展会名称、展览日期等内容,应及时书面通知甲方;因乙方未通知甲方致使甲方对外公布的展会名称、展览日期与乙方调整后的不一致,甲方不承担相关责任。

第十九条 保密

双方对基于本合同获取的相对方的办展资料、客户资源等商业信息均有保守秘密的义务。除非相对方书面同意,或法律强制性规定,双方均不得以任何形式对外披露其信息。

第二十条 通知

本合同规定和与本合同有关的所有联络均应按照收件的一方于本合同确定之地址或传真发出。上述联络如直接交付(包括通过邮件递送公司递交),则在交付时视为收讫;如通过传真发出,则在传真发出即时视为收讫,但必须有收件人随后的书面确认为证;如通过预付邮资的挂号邮件寄出,则寄出7天后视为收讫。

第二十一条 其他

本合同一式____份,甲乙双方各执____份,具有同等法律效力。

本合同未尽事宜,经双方友好协商,可订立补充条款或协议,作为本合同附件,具有同等法律效力。

甲方:_____

签署日期:

乙方:_____

签署日期:

(资料来源:《助理会展经营策划师》,有改动)

【训练设计】

请根据例文6.1的内容拟写违约条款,使该合同更加完整和严谨。在完成违约条款时要结合合同性质、内容及其种类,按照违约原因、违约金支付方法等内容采用概括和列举相结合的方法进行拟写。

6.2 会展业务协议书

【训练要领】

会展业务协议书与会展业务合同从适用范围、效益赋予方面具有一定的区别。会展业务协议根据会展业务的不同划分了不同的类别,其结构与会展业务合同相同,都包括首部、正文及尾部。

6.2.1 会展业务协议书的含义

1)协议的含义

从严格意义上来说,协议就是合同。协议是人们一种习惯性的叫法,类似的提法还有契约,如房契、地契。由此可见,合同就是具有特定内容的协议,用来约定当事人相互之间的权利义务关系,同样具备上述特征的协议就是合同。

2)协议与合同的区别

(1)适用范围不同

当事人之间凡涉及合同法和其他法律规定必须以合同订立以外的事项均可以用协议的形式设立、变更、终止双方的民事权利与民事义务。可见协议范围比合同更为广泛。

(2)效力赋予不同

一般而言,协议的效力赋予侧重于双方合意,其当事人所承担的义务更多地体现为约定义务;而合同效力的赋予更多地来自法律,其当事人所承担的义务体现为法定义务。

3)会展业务协议书的含义

会展业务协议书是会展业务中相关当事人之间为设立、变更、终止民事法律关系而订立的书面契约。由于会展业务协议书是当事人在平等互利的基础上确立的,强调各方意思表示一致。因此,虽然其内容不如会展合同那么具体,但其适用范围较广泛,凡围绕会展协商一致的事项都可以以会展业务协议书的形式表现出来。

6.2.2 会展业务协议书的种类

1)会展合作协议书

会展合作协议书是两个以上会展主办单位在合作主办会展时,依法订立的规范合作各方权利义务关系等事项的书面契约。

2）会展服务承包协议书

会展服务承包协议书是会展承办单位与会展服务承包提供者之间依法订立的,为了满足各种不同的会展服务需求,明确供需各方的权利义务关系等事项的书面契约。由于会展的服务需求项目种类繁多,且品种各不相同。因此,会展服务承包协议书的种类也很多。

3）会展聘任协议书

会展聘任协议书是指会展承办单位为雇用会展工作人员依法与受聘人员之间订立的、规范双方权利义务关系的书面契约。

4）会展委托协议书

会展委托协议书是指会展主办单位和会展承办单位之间就会展承办事项依法订立的、规范会展主办单位和会展承办单位权利、义务关系等事项的书面契约。另外,会展承办单位在委托招展等业务中也会用到此种协议书。

6.2.3　会展业务协议书的结构与写法

会展业务协议书一般包括首部、正文和尾部3个部分。

1）首部

首部需拟写当事人的名称或姓名和住所、订立会展业务协议目的。其他内容与会展业务合同写法相同。

2）正文

正文说明协议书的主要内容,重点是合同订立时间、合作期限、展会地点并明确当事人之间的权利义务关系。其他内容与会展业务合同写法相同。

3）尾部

尾部是落款部分。由合同各方当事人(或代表)签名并加盖公章。其他内容与会展业务合同写法相同。

【例文评析】

例文6.3　展会聘任协议	评　析
甲方(用人单位)名称:_____　　乙方(受聘人员)姓名:_____ 法定代表人:_____　　　　　　居民身份证号码:_____ 公司地址:_____　　　　　　　　现住址:_____ 联系电话:_____　　　　　　　　联系电话:_____ 根据国家法律和有关政策,经甲乙双方平等协商,自愿签订本合同:	乙方为自然人,详细资料需填写准确

一、聘用合同期限 本合同期从＿＿＿＿年＿＿月＿＿日至＿＿＿＿年＿＿月＿＿日止。 二、工作性质和考核指标 乙方同意按甲方工作需要,在＿＿＿＿岗位工作,完成该岗位承担的各项工作任务。 三、劳动报酬 乙方在聘用期间的基本工资为每月＿＿＿＿元,每月提成为项目利润总额的1%,在职期间乙方持有甲方1%股份,年度终了按该年度净利润的1%分红,具体发放事宜见甲方的奖金发放制度(注:签订本合同之日起到该年度12月31日,记为一个年度,其余年度为:该年的1月1日到12月31日)。 四、甲方的权利和义务 (一)甲方的权利 1.依照国家的有关规定和甲方的规章制度对乙方行使管理权、考核权和奖惩权。 2.合同期间因工作需要,甲方有权调整乙方的工作岗位。 3.具有下列情形之一的,甲方可随时通知乙方解除劳动合同,不受提前30天通知的限制: (1)乙方严重违反甲方工作责任制或甲方规章制度的; (2)乙方严重失职,营私舞弊,对甲方利益造成重大损害的; (3)乙方被依法追究刑事责任的; (4)不胜任现职工作的。 4.具有下列情形之一的,甲方可以解除聘用合同,但应当提前30天以书面形式通知乙方: (1)乙方患病或非因工负伤,在规定的医疗期满后,不能从事原工作也不能从事甲方另行安排的工作的; (2)聘用合同订立时所依据的客观情况发生重大变化,致使原聘用合同无法履行,经当事人协商不能就变更聘用合同达成协议的; (3)甲方濒临破产处于法定整顿期间或者生产经营状况发生严重困难,确需裁减人员的。 5.乙方受聘期间,因违法、违纪或其他不当行为,给甲方造成损失的,甲方有权要求乙方承担相应的赔偿责任。 (二)甲方的义务 1.遵守国家的法律、法规、政策,尊重职工的主人翁地位,创造有利于职工发挥积极性和创造性的企业环境。 2.甲方确因工作(生产)需要乙方加班时,按照公司给予相应时间的调休。 3.乙方享有国家规定的法定节假日、婚假、丧假、计划生育假等假期。 4.乙方如有正当理由,经过申请批准,可请事假。甲方不负责发放事假期间的薪酬、奖金和补贴(除国家规定补贴外)。	聘用期限可根据展会具体需要而定,最好写明具体日期

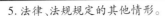

5.法律、法规规定的其他情形。

五、乙方的权利和义务

(一)乙方的权利

1.在合同期间乙方享有参与企业民主管理的权利。

2.有权享受国家规定的社保(办理时间为签订本合同当月)。

3.乙方享有国家规定的法定节假日、婚假、丧假、计划生育假、病假等假期。

4.有下列情形之一的,乙方可以随时通知甲方解除聘用合同:

(1)甲方以暴力、威胁或者非法限制人身自由的手段强迫乙方工作的;

(2)甲方未按聘用合同约定支付劳动报酬的。

(二)乙方的义务 ·乙方义务可根据展会业务需要具体写明义务内容

1.必须按时、按质、按量地完成约定的工作任务或工作指标,并接受甲方的考核。

2.乙方应保守甲方的商业秘密,严格遵守劳动纪律和甲方的各项管理规定及制度,并根据甲方工作安排,认真履行职责,维护甲方合法权益。

3.自觉保护甲方的形象和利益,不得实施有损甲方形象和利益的言行。

4.必须以甲方工作人员名义开展会展业务,并服从甲方统一管理。

5.乙方因其他事由单方提前解除劳动合同,应提前三十日以书面形式通知甲方,并承担相应责任。

六、劳动保险和福利待遇

甲乙双方依法参加社会保险,按月缴纳社会保险费,乙方个人缴纳部分,由甲方在其工资中代办扣缴。

节假日奖金及其他福利待遇,具体按公司制度执行。

七、违约责任

1.乙方在职期间,由甲方出资进行职业技术培训,当乙方未满约定服务年限解除本合同时,乙方按照实际支付的培训费赔偿。

2.违反和解除聘用合同的经济赔偿金和经济补偿金按国家现行有关规定执行。在双方终止劳动合同时,由甲方一次性付给乙方。

3.因不可抗力造成本合同不能履行的,可以不承担违约责任。

八、解除劳动合同的程序 ·解除劳动合同需要具体程序

双方协商一致,认为下述程序是公正而合理的。

1.提出书面通知;

2.填写《员工离职申请书》。

3.交接工作;

4.甲方出具终止或解除劳动合同证明;

5.办理户口、档案和社会保险转移。

6.办理好交接手续后,甲方按照上述规定支付乙方工资、提成、红利等。

九、本合同未尽事宜,按法律、法规、规章、政策执行。 　　甲方(盖章):_____　　　乙方(签名):_____ 　　法人代表:_____ 　　_____年___月___日　　　_____年___月___日	

(资料来源:百度文库)

例文6.4　展会合作协议	评　析
甲方: 地址:　　　　　　　　　　　邮编: 电话:　　　　　　　　　　　传真: 乙方:北京×××发展有限公司 网址: 地址:北京××路××号×××大厦×层 电话:×××-×××××××　传真:×××-××××××× 　　甲乙双方就关于____年__月__日至__月__日在_____举办的"_____"经友好协商,本着"优势互补、互相宣传、服务行业、合作双赢"的原则,达成如下合作协议: 　　一、甲方责任 　　1.负责本次展览会经济投入、展览场地的租用等相关手续的办理。 　　2.负责本次展览会的策划、组织、宣传、服务等详细工作。 　　3.承担本次展览会的风险及相关的责任与义务。 　　4.在展览会会刊上赠送乙方整版彩页广告一版,菲林由乙方提供。(尺寸:210毫米×285毫米) 　　5.会展方提供给乙方一个或一个以上的展位。 　　6.在网上宣传中将乙方网站列入此次展会支持媒体,并在会刊支持单位、合作单位或合作媒体中注明乙方网站。 　　二、乙方责任 　　1.建立独立的网上展厅,在会展中心为其进行文字和Logo的宣传,展厅内容为展会介绍、展会支持、展览日程、参展范围、展位规格及费用、展会宣传、会刊广告、参展程序、提供服务、下载参展表、联系方式。 　　2.为每个参展商制作独立的网上展厅,展厅内容包括企业介绍、产品介绍、联系方式。 　　3.将展会向乙方几千家的会员进行宣传。 　　三、未尽事宜,由甲乙双方协商解决,本协议一式两份,甲乙双方各执一份,双方签字后生效。传真件具有同等效力。 　　甲方:　　　　　　　　　乙方:北京×××发展有限公司 　　代表(签字盖章):　　　　代表(签字盖章): 　　　　年　月　日　　　　　　年　月　日	本协议是北京×××发展有限公司的一份合作协议书,该协议简洁明了,且比较清楚地规定了双方的权利和责任。但缺少违约责任,如果出现合同条款外的争议便很难处理

【训练设计】

××汽车工业展览会组委会和《车友》杂志社签订的一份合作协议书,在××汽车工业

展览会举办期间,××展览有限公司向《车友》杂志社免费提供:

1.1.3 米×3 米=9 平方米标准展位 1 个;地毯;展板;(系统材料,白色);门楣(包括公司名称);一张信息台;两把椅子;一个废纸篓;两盏聚光灯在门楣上,一盏在后墙上;一个电源插座(220 伏/50 安)。

2.在会刊上刊登甲方资料,具体参照随后附上的展商手册。

3.展览会门票 10 张。

4.会刊 5 本。

在××汽车工业展览会的宣传推广过程中,《车友》杂志社向××展览有限公司免费提供:

1.刊登 6 次劝业全才广告,日期分别为 2018 年 10/11/12 月及 2019 年 2/3/4 月,胶片由乙方提供。

2.刊登相关新闻稿(包括彩图),稿件可由乙方提供。

2019 年 4 月刊登××汽车工业展览会展前预览。

2019 年 6 月刊登××汽车工业展览会展后总结和回顾。

请根据所给资料拟写一份协议书,要求该协议简洁明了,内容完整(会展业务协议的格式及内容与会展业务合同相似,可参考会展业务合同写作方法进行写作)。

6.3 会展新闻稿

【训练要领】

会展新闻稿是以简洁明快的文字,迅速、及时地反映新近发生的会展事件的一种新闻文体。它主要有综合新闻稿、动态新闻稿、新产品新闻稿及经验新闻稿等。其结构与会展业务合同和协议不同,撰写时要注意捕捉新闻点,突出重点。

6.3.1 会展新闻稿的含义和种类

1)会展新闻稿的含义

会展新闻又称会展消息,是用简洁明快的文字,迅速、及时地反映新近发生的会展事件的一种新闻文体。无论是在展前还是展中,主办单位都需要为广大媒体记者提供一份新闻稿,而且由于展览会的新闻稿必须照顾到各种类型的媒体,因此,很多时候展览会组织者所提供的新闻稿包罗万象,以此提供足够多的信息。

2)会展新闻稿的种类

会展新闻稿主要有综合新闻稿、动态新闻稿、新产品新闻稿及经验新闻稿等。

6.3.2 会展新闻稿的结构与写法

会展新闻稿主要分为标题、导语、主体、背景及结尾 5 个部分。

1）标题

大多数情况下，编辑在浏览新闻稿时第一眼看见的就是标题。一个有效的标题往往意味着这名编辑会刊发你的新闻稿还是会点击删除按钮。会展新闻稿的标题有以下 3 种：

（1）多行标题

多行标题由引题、正题和副题组成。此类标题容量大、表现力强，一般用于重大会展活动的消息报道。

（2）双行标题

双行标题由引题和正题组成或由正题和副题组成。两个标题一实一虚，正标题概括主题，副标题阐明消息的意义或补充说明消息的结果。

（3）单行标题

单行标题以一行简洁明了的文字反映消息的主旨。

2）导语

导语是新闻稿开头的第一段文字或是开头的第一句话。用以概括主要的事实或揭示主题，具有吸引读者，引导阅读的作用。导语写作要简短生动，内容要新鲜明确。

3）主体

主体是消息的主干。主题承接导语，是对导语所概括的内容展开具体阐述，进一步表现和深化消息的主题。

4）背景

背景是指消息所报道事件的历史和环境条件。帮助读者了解事件发生的来龙去脉，前因后果，有助于烘托和深化主题。该部分可独立成段，也可穿插在导语、主体或结尾中。但是，背景必须为表现主题服务，做到简洁明了，与主要事实相融合，相得益彰，不可喧宾夺主，掩盖或冲淡消息中的主要事实。

5）结尾

结尾是消息的最后一段或一句话。阐明消息所述事实的意义，使读者对消息的理解、感受加深，从中得到更多的启示。消息的结尾方式有小结式、评论式、希望式等。有的消息，事实写完，文章就止住了，结尾就在事实之中。好的结尾能深化主题，增强可读性和感染力。

6.3.3　会展新闻稿的写作要求

会展新闻稿写作要求如下：

①注意利用展会期间的特殊宣传形式，捕捉新闻点。

a. 邀请政府领导、名人亲临企业展台，巧借东风，造成新闻热点。

b.争取企业代言人的公开发言机会,将企业代言人升级成行业专家。

c.积极参与重要媒体的在线访谈。

d.积极参与组委会、媒体的评奖活动。

e.巧妙推荐花絮报道。

f.发起针对性活动。

②要使一份新闻稿有新闻价值,内容必须是新闻媒介感兴趣的、有报道的价值。它就必须能引起目标受众广泛而普遍的兴趣,并具有明显的新闻视角(如重要信息、新进展、戏剧性、趣味性、当地视角、影响等)。

③作为一份提供给所有媒体的材料,展览会新闻稿必须做到背景资料全面又能突出重点。除介绍展览会的基本情况,包括举办的背景和意义,展览会的名称、时间、地点,参展商及专业观众数量,往届展览会的举办情况外,还要突出展览会的特点,如展览会的不同定位、参展商的层次和规模、新的现场服务项目等。展览会组织者在新闻稿中强调这些特点的目的就是争取广大媒体的报道,从而有效传达本展览会的差异性和竞争优势。

【例文评析】

例文6.5　2018北京国际游乐设施设备博览会盛大开幕	评　析
3月17日,由中国游艺机游乐园协会主办的2018中国(北京)国际游乐设施设备博览会在国家会议中心盛大开幕。 据了解,本届博览会展出面积5万平方米,参展商510余家,国外参展商106家。中外知名游乐设备制造商、供应商悉数参展。展品涵盖主题乐园、室内乐园、水乐园、儿童乐园、高科技等多个大类、上千个小类的游乐设施设备及相关产品,覆盖投资、规划、采购、运营管理等全产业链。 中国游艺机游乐园协会代会长、华侨城集团有限公司总经理姚军开幕式上表示,世界经济呈现复苏态势,我国经济增长好于预期。十九大报告提出全面建成小康社会、实现第一个百年奋斗目标为我们游乐业高质量发展提供了巨大的发展机遇。今天,我国社会主义进入了新时代,社会矛盾已转化为人民日益增长的美好生活需要和不平衡不充分的发展之间的矛盾。中国游乐行业高质量发展,为人民的幸福、美好生活创造了更多的娱乐空间。同时,中国巨大的游乐市场也引起了世界的瞩目,我们的博览会经过30多年的发展,已成为亚洲地区规模最大,最具影响力的专业游乐盛会! 据统计,近年来参加中国国际游乐设施设备博览会的有来自美国、意大利、荷兰、日本、西班牙、韩国等40多个国家和地区,国内30多个省、500多个游乐园及景区景点的供应商、开发商和专业卖家团,博览会成交额达500亿元人民币。 作为行业性组织,中国游艺机游乐园协会坚持"服务会员、服务行业"的宗旨,深入贯彻十九大精神,积极发挥在"一带一路"、全域旅游中的独特作用,在中外行业交流、标准建设、会员企业品牌建设、投融资等诸多方面持续发力,引导企业关注趋势,紧跟变化,提高综合竞争力,共同推动行业的繁荣发展。	本新闻稿不仅具有一般新闻稿的特点,同时针对该展会内容进行了具体的介绍,对展览会的特色及开办目的进行了明确交代

(资料来源:会展门户网)

【训练设计】

请根据下面所给资料,请为2019年第14届中国义乌文化产品交易博览会(简称"文博会")拟写一篇新闻稿,要求内容完整、中心突出、格式正确,语言精练。

时间:4月27—30日

地点:义乌市,义乌国际博览中心

文博会是创办于2006年,由文化和旅游部、中国国际贸易促进委员会、浙江省人民政府共同主办的文化领域国家级展会。

第14届义乌文交会将于2019年4月27—30日在义乌国际博览中心举办。将继续围绕文化产业"新业态、新技术、新产品、新概念、新工艺、新设计"的"六新"概念,紧扣"创新时代,美好生活"主题,设立文化创意和设计服务、动漫游戏产品、艺术品及收藏品、工艺美术品、生产性保护类非遗产品、文化娱乐产品装备及服务、消费类文化产品等七大行业。重点突出"一带一路"文化贸易、文化特色小镇、数字创意产业,打造文创、文化艺术、传统工艺振兴、非遗走进生活、时尚产业等板块,以产业发展需求,开展采购洽谈和经贸合作交流,进一步提升展会的市场化、专业化、国际化水平。

本届展会还将举办文化产业创业创意人才扶持计划系列活动、动漫衍生品制授权交易活动、文化文物单位文创设计相关活动、学院之星优秀作品展、义乌国际电子竞技大赛、新品发布会暨文创对接会、采购洽谈会以及组委会颁奖活动等配套活动。

展会规模:83 458名专业观众;1 395家参展商;65 000平方米展出面积。

主要展品:文化创意和设计服务、动漫游戏产品、艺术品及收藏品、生产性保护类非遗产品、文化娱乐产品装备及服务、文化产业装备技术公共服务平台;消费类文化产品等。

6.4　会展简报

【训练要领】

会展简报是在会展期间为反映会议进行情况,包括与会人员在讨论中提出的意见、建议以及会议的决定事项而出的简报。会展简报包括报头、报身和报尾。撰写格式要求严格,撰写时要做到快、简、精、准。

6.4.1　会展简报的含义

在展会进行过程中,会展简报是在会展期间为反映会议进行情况,包括与会人员在讨论中提出的意见、建议以及会议的决定事项而出的简报。

对规模比较大的展览会,主办方每天还会印刷《展览会通讯》(即《展览会快报》)。一般来说,《展览会通讯》是展览会组织者为参展商提供的免费服务(申请刊登广告除外),只要参展商提供的资料能突出本次展览会的特色,或者提交的照片精美适用,便很容易被选中。

在具体操作方式上,展览会主办单位可以自己操作,一般是将任务分配给公共关系部或宣传部门,也可外报给专业广告公司或杂志社来制作。例如,亚洲信息技术展览会(CeBIT Asia)的《展览会通讯》是由汉诺威展览公司下属的一个文化传媒部门制作的。整个简报就像一份正式的报纸,有目录、有展览会的相关新闻和采写的文章,当然也有广告;主办方还不失时机地在《展览会通讯》上宣传下一届 CeBIT Asia。目前,绝大多数国内展览公司都选择第二种方式。

6.4.2　会展简报的结构与写法

会展简报通常由报头、报身(正文)和报尾 3 个部分构成。

1)报头

报头多有一套专门设计的固定版式,上面正中用醒目大字标明简报名称,报名下面标明编印机关、印发日期、编号。简报名称可由会展全称和文种(简报)组成,也有的只标"会展简报"字样。编号常用括号标在标题正下方靠近标题的地方。

2)报身

报身又称正文,是会展简报的主体。通常的写法有以下 3 种:
①综述法。即由编者采集各方面的言论、意见加以概括而成,相当于会展的综合报道,将会展的进程、出席情况、会展的议程一一加以反映。
②重点报道法。重点反映会展的某个重要报告的内容,小组讨论情况或一个与几个人的发言等。
③摘要法。摘录代表发言的概要,供与会者参阅。

3)报尾

报尾写在简报最后一页的下方,注明主送单位或个人姓名、抄送单位、增发单位和印发份数。
会展简报的编写,要求及时、简明,要抓住有指导意义、能引导会议健康发展的内容加以报送。涉及各级机密事项的内容不应报道。

6.4.3　会展简报的写作要求

会展简报的写作要注意做到一快、二简、三精、四准。
快,即速度要快。会展简报一般是介绍头天展会的情况,第二天一早就要印出。这就要求编写简报必须是"快枪手",要练就一手一两小时便能整理出一份简报的功夫。
简,即文字简洁。顾名思义,简报要简,通常是"千字文",这就要求文字要干净、简练,不说废话。写法上要开门见山,直截了当。
精,材料要精。简报内容要紧紧围绕会展的主题,把参展者、参观者的认识、意见和建议反映出来。要扣紧主题,突出重点,抓住典型,提炼概括。一般的情况则可以省略。

准,内容要准确。会展简报反映情况一定要真实、准确,简报反映的观点材料,符合实际,能真实反映展会进展情况。

【例文评析】

例文 6.6　2016 年冬交会简报第一期	评　析
"冬交会"筹备工作有序推进 　　近期,"冬交会"各成员单位围绕"科技创新、供给改革、生态循环、互联融合"的主题,精心组织,周密部署,"冬交会"各项筹备工作有条不紊、顺利进行。 　　一是顶层设计方案适时出台。把工作想在前面、做在前面,8 月下旬将"冬交会"筹备工作方案(送审稿)上报省政府,9 月 9 日由何西庆副省长亲自主持专题会议研究,经修改完善后,10 月 8 日由省政府印发执行。 　　二是具体实施方案及时跟进。根据"冬交会"筹备工作方案要求,结合职能分工,各成员单位制订了具体实施方案,明确任务目标,设定时间节点,落实主体责任。 　　三是筹备组织机构强而有力。农业厅成立由厅主要领导及分管厅领导担任正副组长的筹备领导小组,组建了综合、会展、招商、重大活动、安保、宣传和产品质量等 7 个筹备工作组,分别承担具体的筹办工作任务。 　　四是展馆展区启动施工。目前,各成员单位均分别成立了由主要领导任组长的冬交会筹备工作领导小组,组织开展冬交会的筹备工作。冬交会成员单位及市县农业局上报了展馆展区设计方案 35 个,组委会综合组已组织专家对设计方案进行评审并下发评审意见,展馆展区已进入场外施工阶段。 　　五是客商邀请有序开展。已函请广西、贵州等 10 多个省份农业主管部门组团参会,邀请国内重点城市批发市场、大型采购商等农产品运销企业参展。 　　抄报:××× 　　抄送:××× 　　　　　　　　　　　　　　　　　　　　　　(共印×××份)	注意报头的内容和格式,力图精炼 本简报中心明确,思路清晰,就展会各阶段的工作进行了具体布置,对取得的阶段性进展进行了总结通报 一般简报的结尾会标明抄报、报送,还要写明打印份数

例文 6.7　20×× 年上半年教育装备及相关行业展会简报	评　析
近年来随着对教育投入的加大,学校教育装备现代化日益完善,与教育装备行业相关的展会也备受重视。截至 20×× 年 6 月,与教育装备行业相关的展会举办 20 余个,其中包括多媒体、仪器仪表等行业展会。从展会举办数量来看,教育装备及相关行业展会属于国内平均水平。从展出面积来看,总体规模小于国内展会的平均水平。主要原因在于该行业展会多为地方性小规模展会,展位数基本在 150～300 个,国际性的大型展会数量很少。	本简报思路清晰、重点突出,对近期的教育装备相关行业展会特点进行了总结,可为开办类似展会提供参考

1.展会举办时间主要集中在3—5月

首先,由图1可了解,从上半年的展会举办时间来看,展会主要集中在3—5月,1月、2月没有相关展会举办,而6月份展会数量也很少。一般展览行业把3—5月作为一年中比较适合举办展览的时间段。

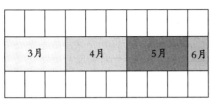

0% 10% 20% 30% 40% 50% 60% 70% 80% 90% 100%

图1 展会举办时间分布

2.展会举办城市大多选在北京、上海等地,而集中在华东地区

展会多在国内大中型城市举办,其中以北京、上海居多,仅这两个城市所举办的展会数量就占到上半年总数量的1/2,由图2可明显看出这点。

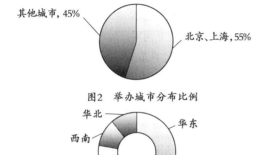

图2 举办城市分布比例

图3 举办地域分布比例

从地域的分布来看,由图3可知,教育装备及其相关行业展会大多选在华东地区举办,承办展会最多的城市是上海,其次是宁波、南京等城市。因为会展具有自己必备的前提条件,不同的城市具有不同的会展优势、展览资源和展览特色。举办教育装备行业展会较多的城市应该自身的教育装备资源较好,需求较大,才能促进该行业展会的发展和进步。这样就解释了为什么北京、上海这类城市举办教育装备行业展会数量较多,因为这些城市具备举办展会的硬件条件,且观众资源丰富,并且有足够的经济条件对学校的教育装备进行改进和完善。展会在这里更具备发展空间,并可体现出展会的价值,实现展会的经济效益。

3.展会同期活动丰富

另外,目前举办的展会中,80%的展会同期都会举办主题研讨会或是论坛,对当前行业的热门话题进行解读,对行业未来的发展趋势进行讨论。这不仅仅是形式多样化的表现,更是体现了会、展结合的意义,表达出了参会代表以及参观观众对展览同期活动的需求。展会

以简短的语言表达要说明的事实,也可使用表格和图表将这些内容具体化,令人一目了然

期间,不仅仅开阔了眼界,更是收获了其他业内人士对业界的看法,对行业发展的展望。而对于展会而言,同期活动无疑是加强展会内容丰富性的好方法。

4.结语

品牌展会是指有一定规模,能代表一个行业内的发展动态,能反映该行业的发展的趋势,能对该行业有指导意义并有较强影响力的展会。根据现在教育装备行业所举办的展会情况来看,教育装备行业的品牌展会少之又少。虽然有些展会举办历史比较长,已积累了一定的人气,但是还不能成为真正意义上的品牌展会。因此,展会主办方应根据观众需求以及行业特点和发展趋势,有方向的调整展会模式,以早日打造教育装备行业真正的品牌展会。

(资料来源:中国教育装备采购网)

【训练设计】

请根据下面所给资料,自选角度、自拟题目撰写2018年河南(郑州)国际现代农业博览会简报,要求内容完整、语言精练、中心突出、格式正确。

11月9日河南(郑州)国际现代农业博览会(以下简称"郑州农博会")在郑州国际会展中心隆重开幕。作为农业大省举办的盛会,全国优秀农产品纷纷"惠聚"郑州。这届郑州农博会由河南日报报业集团有限公司与河南省现代农业研究会共同主办。展会分种子植保肥料展区、农业机械展区、农特产品展区等15个展区,展期从11月9—11日,共3天。

11月9日9:00,河南省原副省长、河南省现代农业研究会会长刘新民宣布:2018河南(郑州)国际现代农业博览会正式开幕。在开幕式上,河南日报报业集团党委委员、大河网络传媒集团董事长、大河报社社长王自合在致辞中介绍,在乡村振兴战略和农民丰收节的新时代背景下,郑州农博会集中展示河南乃至全国现代农业发展的新技术、新产品、新成果,让河南广大涉农人员集中参观考察,在借鉴中提升自身水平,实现供需面对面交流,从而促进河南现代农业的进一步发展。

获悉中原地区举办农博会,全国各地涉农组织、企业踊跃报名参会参展。全国农产品加工产业联盟积极加盟联办,新疆、黑龙江、云南、浙江、山东、河北等客户纷纷报名参展;海南农业对外交流协会也专程赶来参会。在新疆叶城豫商联盟展台摆放的核桃、红枣、黑枸杞、雪菊、巴旦木等特色农产品备受青睐。新疆叶城豫商联盟组织者王成涛介绍,来自河南周口的他在叶城承包了4万亩地,依托新疆独特的自然条件,种植出绿色、优质的农产品。他和在新疆搞特色种植的几位老乡一起发起、成立了新疆叶城豫商联盟。农业领域联盟组织为本届郑州农博会增光添彩,河南省谷子产业技术创新战略联盟携手主打的小米(谷子)、小米油、花生、辣椒等产品参展;全国农产品加工产业发展联盟,中国国际一乡一品产业博览会等农业领域组织也组团参展。

在天润农业展台,两只湖羊吸引了大家的关注。"湖羊是我们从浙江湖州专门引进的肉用羊,适合大规模喂养,不易生病。"天润农业负责人曾兆军说。他提出的口号是"办公桌上养只羊",希望城市上班族们众筹养羊,众筹包括湖羊种母羊、湖羊小公羊两种类型,这样城市上班族平时可通过手机监控湖羊的生长情况,还能获得羊肉以及其他收益,实现"羊肉,只吃我养的"。

在羊妙妙展台,一盒盒蜂蜜羊奶引起关注,工作人员介绍,他们现在主打3种产品:纯羊奶、酸羊奶、蜂蜜羊奶。"最近准备上市针对儿童群体的系列羊奶以及面向餐饮行业、女性群体的特色羊奶。"河南羊妙妙生物科技股份有限公司董事长李文献说。

河南工业大学粮油学院以其雄厚、悠久的科研实力推出了各种新型粮油加工技术和产品。

除此之外,大米、谷子、茶叶、红枣、枸杞、核桃、苹果、海参、食用菌以及各种肉类加工品等展品琳琅满目,观众络绎不绝。中国驰名商标三门峡二仙坡苹果、新乡市平原示范区建华米厂、长垣县朝东绿豆制品作坊、延津县宴君甘薯种植专业合作社、河南天豫薯业股份有限公司、河南龙丰食用菌产业研究院、河南省家家宜米业有限公司等企业纷纷拿出"拳头"产品展现实力。

本章小结

通过本章的学习,要求学生掌握会展业务合同、会展业务协议、会展新闻稿和会展简报的写作方法,并能独立编写会展业务合同、会展业务协议、会展新闻稿和会展简报。在学习本章的基础上,让学生熟练掌握会展业务合同的格式,主要内容及应注意的问题;掌握会展业务合同与会展业务协议的区别;掌握会展新闻稿的格式、写作方法;掌握会展简报的独特格式及写作时应注意的问题,并通过结合课后实训项目,进行会展文案的实际操作,增强写作熟练度,为未来的会展工作打下文案写作基础。

复习思考题

一、名词解释

1. 会展业务合同

2. 会展业务协议

3. 会展新闻稿

4. 会展简报

二、多项选择题

1. 会展业务合同种类有哪些?(　　　　)

　　A. 会展租赁合同　　　　　　　B. 会展买卖合同

　　C. 会展运输合同　　　　　　　D. 会展仓储合同

　　E. 会展供用电、水、气、热力合同

2. 会展业务协议书的种类包括(　　　　)。

　　A. 会展合作协议书　　　　　　B. 会展服务承包协议书

　　C. 会展聘任协议书　　　　　　D. 委托协议书

E. 会展委托协议书

3. 会展新闻稿主要分为(　　　)。

A. 标题　　　　　　　　　　B. 导语

C. 主体　　　　　　　　　　D. 背景

E. 结尾

4. 会展简报报身的写法有(　　　)。

A. 综述法　　　　　　　　　B. 重点报道法

C. 摘要法　　　　　　　　　D. 说明式

5. 整理会展简报,要注意做到(　　　)。

A. 快　　　　B. 简　　　　C. 精　　　　D. 准

三、复习思考题

1. 简述会展业务合同的含义及其种类。

2. 会展新闻稿的标题有什么要求?

3. 会展简报的写作技巧可用哪 4 个字来形容? 它们各代表什么意思?

实训题

实训项目:撰写"中国华东进出口商品交易会"的参展书、新闻稿和简报。

实训目的:通过本次实训,使学生掌握会展业务合同、会展新闻稿和会展简报的写作与编写方法。

实训学时:4 学时。

实训内容:请根据下述材料,各编写一份会展业务合同、会展新闻稿及会展简报。

华东进出口商品交易会(简称"华交会")由中华人民共和国商务部支持,上海市、江苏省、浙江省、安徽省、福建省、江西省、山东省、南京市、宁波市 9 省市联合主办,每年 3 月在上海举行,由上海华交会展经营服务有限公司承办。华交会是中国规模最大、客商最多、辐射面最广、成交额最高的区域性国际经贸盛会。

自 1991 年以来,华交会已成功举办了 29 届。第 29 届华交会在上海新国际博览中心举行,展览面积达 12.65 万平方米,标准展位 5 868 个。设服装服饰展、纺织面料展、家庭用品展、装饰礼品展和现代生活方式展(下设进口产品展区和跨境电商展区),参展企业4 000 余家。境外展商分别来自日本、韩国、马来西亚、新加坡、越南、泰国、尼泊尔、巴基斯坦、印度、立陶宛,以及中国香港、中国台湾等 15 个国家和地区。第 29 届华交会有来自全世界 111 个国家和地区的 22 757 名境外客商和国内 14 408 名专业客户到会洽谈,出口成交总额达 23.06 亿美元。

实训观测点:

1. 会展业务合同的内容撰写得是否完整、严密?

2. 会展新闻稿中心是否明确,层次是否清晰,词语使用是否简洁明快?

3. 会展简报格式是否正确,是否达到快、简、精、准?

案例分析

展览展示合同

依照我国有关法规,并结合双方具体情况,在遵循平等互利、互惠互让的原则。甲乙双方就上述展会展台的设计、制作与搭建工作,经双方友好协商达成如以下合同项目:

一、乙方责任:

1. 乙方须严格按照双方确认的最终图纸施工,不得擅自更改。

2. 乙方须负责制作、安装及提供报价单所列项目。

3. 乙方在约定交工之日时,必须完成会场搭建工作。

4. 在搭建制作过程中,认真履行甲方提出合同书上的要求。

5. 在施工过程中,如工程质量、人员安全、安全设施发生了问题,均由乙方承担责任。

6. 在施工过程中,如甲方提出更改意见,乙方应尽量满足甲方的要求,如在报价范围之外,乙方可现场出报价单,经甲方签字认可后方可生效。

7. 展览期间,工程如因甲方人为损害或不可抗力所造成的损失,乙方不承担责任。

8. 乙方负责在展会期间每日派专人监测电路,并负责维修。

9. 乙方负责在7月17日15:00布展完毕,17日15:00主体工程完成交由甲方,并协助甲方展品进馆布展。

10. 场馆施工押金由甲方交付,如展览期间出现施工质量问题由乙方承担责任。

二、甲方责任:

1. 按甲方确认的活动设计方案(见图纸),监督乙方实施。

2. 甲方应向乙方确认正确的公司名称及标准字体和颜色。

3. 甲方应向乙方签字或盖章确认最终效果图纸及施工图。

4. 如有增加项目,需经双方协商,达成协议后乙方才可施工增加项目。

5. 若因甲方不能按时付款或未及时提供展览工程所需的相关资料,或参展产品未能按时到达现场,所导致的展览工程工期的延误及其他直接损失均由甲方承担。

三、总价及付款方式:

1. 总价:人民币_____元整(RMB:_____元)。

2. 付款方式:合同签订之日付全款的____%,即人民币_____元整(RMB:_____元);余款的____%,即人民币_____元整(RMB:_____元)在展会第二天(即2010年　　月　　日)一次性付清现金或者支票。

四、违约责任:

1. 工程交工后,如因施工质量问题给甲方人员、财产造成损失,乙方应予赔偿。如因施工质量问题给第三方造成损失,乙方应以自己的费用解决问题,并避免甲方因此遭受损失。

2. 任何一方违反本合同的规定,导致本合同无法履行的,违约方应支付200%的违约金。违约行为导致对方经济损失且违约金不足以补偿的,应赔偿对方相应的经济损失。双方因合同的解释或履行发生争议,可参照《中华人民共和国经济合同法》协商解决,如协商解决无效,任何一方有权向北京朝阳区人民法院或武汉市人民法院提起诉讼。

五、其他:

1.合同生效后,任何一方都不得擅自终止;否则,追究其经济责任。

2.因双方中任何一方的责任给对方造成损失,责任方须赔偿对方因此而造成的全部损失。

3.若有其他未尽事宜,由双方协商解决。

六、本合同自双方签字、盖章之日起生效。

七、本合同一式两份,双方各执一份,具有同等法律效力。

八、附加条款:须双方负责人签字后生效,否则视为无效。

以此对应的报价单、最终效果图为合同书附件(一)、(二)。以双方签字或盖章为准!

甲方(签字)　　　　　　　　　　　　　乙方(签字)

盖章:　　　　　　　　　　　　　　　　盖章:

　　　年　　月　　日　　　　　　　　　　　年　　月　　日

请认真阅读,并回答下列问题:

1.该合同属于什么类型的会展合同?

2.结合本合同谈谈会展合同在展会实施中的作用。

3.拟写展会合同需要注意哪些问题?

第7章
会展总结、反馈阶段的文案

【本章导读】

　　本章主要介绍展会结束后所要进行的展后调查、展后总结、展后评估和展后信函所涉及的文本文案。通过本章的学习,要求了解会展总结、反馈阶段文案的种类,能进行展后调查问卷的设计;掌握会展评估报告的写法和写作要求;了解会展工作总结和展后感谢信函的内容结构及写作要求。

【关键词汇】

　　展后调查问卷　　展后评估报告　　展后工作总结　　展后信函

【案例导入】

展后总结必不可少

2020 年 12 月 7 日,2020 湖南(郴州)蔬果产业博览会总结大会召开,市委副书记阚保勇出席会议并讲话。

本届展会精彩纷呈,共设 10 大展区,主题形象馆 19 个,企业特装展位 26 个,折合标准展位 1 215 个,共吸引 851 家参展企业,参展农产品和装备近万种;签约各类招商项目 38 个,签约金额 167.94 亿元;累计参观参展人流量达 28.7 万人次,现场交易额 5.83 亿元;共评选出深受消费者喜爱的蔬果品牌 15 个、金奖农产品 63 个、最具人气展馆奖 6 个、优秀展馆奖 11 个、最佳组织奖 6 个、优秀组织奖 12 个、直播带货奖 8 个。

阚保勇指出,本届展会节点特殊,意义重大。展会的成功举办,让"食在大湾区,食材在郴州"的理念进一步深入人心,让全省农业产业联动发展格局进一步提升拓展,让湘粤港澳开放合作态势进一步巩固深化。

阚保勇强调,要坚持以习近平新时代中国特色社会主义思想为引领,坚持农业农村优先发展的总方针,进一步把蔬果会办得更好、更精彩、更有实效,推动更多的优质农产品从郴州走出产地、走向全国、走向世界,为湖南"湘江源"蔬菜品牌、湘南柑橘品牌的建设,为深化与粤港澳大湾区的有效对接,发挥郴州作用,做出郴州贡献。

展会工作总结是在展会结束后不可缺少的一项重要工作,对会展活动经验的积累、会展管理等都有着重要的意义和作用。实践出真知,在会展活动执行过程中往往会凸显诸多问题,实际工作中必定会找出解决这些问题的办法。2020 湖南(郴州)蔬果产业博览会总结大会的举办意义正是如此,总结实际工作中的经验,并用以指导今后的会展活动,从而使会展活动办得更好、更精彩、更有实效。

7.1 展后调查问卷

【训练要领】

当展会落下帷幕,并不意味着展会就宣告结束,随着会展行业逐步健全发展,展会之后的调查越来越受到人们的重视,无论是组织者还是参展商,都要了解该届展会取得的效果、存在的问题和社会反响。因此,在展会结束后,有必要进行展后调查。

7.1.1 展后调查问卷的定义

展后调查一般是通过发放展后调查问卷的方式进行。因此,需要设计一份合理的调查问卷。

所谓展后调查问卷,是根据展后调查的目标,将需要调查的问题具体化,以便顺利地获取必要的信息资料,从而进行统计分析的文本。

7.1.2 展后调查问卷的设计步骤

一般而言,展后调查问卷必须通过认真仔细的设计、小范围间的测试和经过必要的

调整,然后才可以大规模的使用。通常展后调查问卷的设计可分为以下步骤:

1)根据展后调查目标,确定所需要的信息资料

在设计展后调查问卷之前,调查的工作人员必须明确希望通过此次调查了解哪些方面的信息,而这些信息中的哪些部分是必须通过问卷调查才能得到的,这样才能较好地设计调查问卷的问题,实现调研目标。因此,在这一步中,调查人员应先列出所需调查的项目清单。

2)根据项目清单,确定问题的设计和选择

在确定了所要收集的信息资料之后,问卷设计人员就应根据所列调研项目清单进行具体的问题设计。设计人员应根据信息资料的性质,确定提问方式、问题类型和答案选项如何分类等。对一个较复杂信息,可设计一组问题进行调查。问卷初步设计完成后应对每一个问题都加以核对,以确定其对调查目标的作用。没有实际意义的问题应该从问卷中删除,因为它会耽误被访者的时间,使被访者不耐烦,从而导致调查得不到应有的效果。因此,必须要确保问卷中的每一个问题都是必要的。

3)决定调查问卷的措辞

展后调查作为一个事后的调查,需要参加过此次展会的参展商及观众密切配合才能进行。措辞的恰当与否,将直接或间接地影响调研的结果。如使用不当的措辞,将有可能被拒绝调查。因此,对问卷问题的用词必须十分恰当,要力求通俗、准确、客观。不能使用有疑义的字词句,以免引起误会。

4)确定问题的顺序

根据调查目标设计好各项问题以后,要按照问题的类型、难易程度安排询问的顺序。一般来说,问题的排列要符合逻辑的次序,容易回答的有引导性的问题放在开头,回答有困难的问题或私人问题应放在问卷的最后,因如果涉及个人的问题,容易引起被访者的警惕、抵制情绪,尤其是在电话式问卷调查中。整个调查问卷应使被访者在回答问题时有循序渐进的感觉,同时能引起被访者回答问题的兴趣。

5)问卷的测试与检查

在展后调查问卷用于大范围的调查之前,应先在小范围之内选一些符合抽样标准的被访者来测试,在实际环境中对每一个问题进行讨论,以便发现设计上是否有缺失。如问题的设置是否能体现整个调研主题,措辞是否容易造成误解,语意是否清楚,以及是否抓住了调查的重点等,以便及时加以合理的修订。

6)审批、定稿

展后调查问卷经过修改后,还要呈交相关部门领导。审批通过后,才可定稿、复印。经适当培训实施调研的工作人员后,方可展开展后调查问卷。

7.1.3 展后调查问卷的结构与写法

一份展后调查问卷一般包括以下 4 个部分：

1）标题

标题一般由调查对象、调查内容和调查问卷组成。例如，"××展会展后调查问卷"。

2）前言

前言包括问候及填写说明，以亲切的口吻问候被调查者，使被调查者感到礼貌、亲切，说明调查的意义、目的、调查项目、内容以及对被调查对象的希望和要求等，从而让被访者提高回答问题的热情和确保调查结果的准确性。

3）调查内容

调查内容本身是指所调查的具体项目。它是问卷最重要的组成部分，是将调查的若干问题有顺序地进行排列，请被访者一一回答，问题的设置必须根据调查目标来设计。

展后调查问卷的题型一般有以下两种类型：

（1）客观题

客观题是设置有答案选项的题目，有单项选择题和多项选择题。单项选择题一般设置相互对立的几个答案，让被调查者选出其中唯一的一项。多项选择题一般设置 4 个以上的答案（答案的多少视题目设置情况而定），让被调查者选出其中的两项以上的答案，也就是在每个问题后面给出若干个选择答案，被调查者只能在这些备选答案中选择自己的答案。为了让被调查者回答起来方便，在设计展后调查问卷的时候要注意让其方便操作，如用简单的字母作选项序号，被访者只要在选项序号上画"○"或"×"或"√"，尽量少写文字。

（2）主观题

为了能了解到被调查者更多的信息，在设计展后调查问卷时也可设置一些主观题，也就是直接提出问题，而问题本身并不揭示任何暗示的答案，由被调查者自由发表自己的看法，允许被调查者用自己的话来回答问题。采取这种方式会得到各种不同的答案，材料也更真实，但不利于资料的统计分析。因此，在整个的展后调查问卷中，不宜设置过多的主观题。

4）被调查者基本情况

被调查者基本情况包括被调查者的性别、年龄、职业、文化程度等，根据调查需要，选择列出。其目的是便于进行资料分类和具体分析。

7.1.4 展后调查问卷的设计要求

无论是客观题还是主观题，展后调查问卷在设计时都要注意以下事项：

①展后调查问卷上所有的问题都是必要的,可有可无的问题不要列到调查问卷中。

②每一份展后调查问卷设置的问题不能过多,一般控制在20道题之内,占用被调查者15分钟的时间为宜。如果被调查的时间太久,被访者会不耐烦,或耽误其他工作而影响调查结果的典型性和代表性。

③展后调查问卷中的问题必须是被调查者所了解的。所问问题不能是被调查者不了解或比较难回答的问题。使人感到难以回答的问题会容易得到"我不知道"的答案。在"是"或"否"的答案后,最好能有一个"为什么?"

④在询问问题时不要转弯抹角。如果想知道参展商或者专业观众为什么要来参加这届展会,那么就不能问:"你为什么不去参加同期举行的其他展会?"这时可能得到的答案是他们为什么不喜欢那个同期举办的展会,而你其实想了解的客户参展目的就得不到真实的资料数据,因根据参展者对同期展会的看法来了解客户参展目的可能会导致错误的推测。

⑤问卷调查中的问题要提得具体而明确,不能引起误解。避免用引导性问题或带有暗示性的问题。诱导人们按某种方式回答问题得到的是自己提供的答案。

⑥问题的排列顺序要合理。一般先提出概括性、容易回答的问题,引导被访者,将其逐步引入调查核心内容,注意要做到循序渐进。

另外,如果是面对面进行访问,要注意给足够的时间,让被访者能讲完他们所要讲的话,调查者要快速、如实地记载被访者的语句。不能无礼打断,为了保证答案的准确性,在被访者回答完毕后,将答案向对方重念一遍。

【例文评析】

例文7.1　展后调查问卷	评　析
第三届学生用品综合展会展后调查问卷 尊敬的参展商: 　　非常感谢您对本届展会的大力支持。为了进一步改善、提高我们的工作质量,现开展一次展后调查,您的任何意见和建议都是我们的宝贵财富。烦请您在百忙之中填写本调查表,衷心地感谢您的合作及支持! 　　展会名称:第三届学生用品综合展会　　举办时间:　年　月　日 　　参展单位名称:　　　　　　　　　　展位号: 　　填表人姓名:　　　　　　　　　　联系电话: 　　1.您参加本次学生用品展会的目的是什么? 　　A.宣传企业形象(　)　　　　　　B.加强销售(　) 　　C.获取校园市场(　)　　　　　　D.与同行交流(　) 　　2.您获取本展会信息的渠道: 　　A.组展商邀请(　)　　　　　　　B.网络(　) 　　C.媒体广告(　)　　　　　　　　D.其他(　) 　　3.您对本次参展成效: 　　很满意(　)满意(　)基本满意(　)不满意(　) 　　4.您对本次展会的会场布置: 　　很满意(　)满意(　)基本满意(　)不满意(　)	标题 前言,以亲切的口吻问候被调查者 调查内容 将调查的若干问题有顺序地进行排列

5.您对本次展会的服务工作: 很满意( ) 满意( ) 基本满意( ) 不满意( ) 6.您对本次展会工作人员的组织管理工作的评价: 很满意( ) 满意( ) 基本满意( ) 不满意( ) 7.您对我们仓储人员业务及服务态度的评价是: 很满意( ) 满意( ) 基本满意( ) 不满意( ) 8.您对本展会的宣传效果: 很满意( ) 满意( ) 基本满意( ) 不满意( ) 9.您对本展会的观众数量: 很满意( ) 满意( ) 基本满意( ) 不满意( ) 10.您对我们此次展会的整体感觉评价是: 很满意( ) 满意( ) 基本满意( ) 不满意( ) 11.贵公司是否参加下一届展会? 参加( ) 不确定( ) 不参加( )	设置的问题不能过多,否则会引起被访者反感
12.上述问题中,如您选择了"不满意"选项,主要是哪方面不满意? 13.您对本次展会的建议:	主观题和客观题相结合
第二届学生用品综合展会组委会 2018 年 5 月	落款

【训练设计】
2017 纺织商会美国纺织服装 Magic 展后商务会议问卷调查

请将此表填好后 E-mail 或传真。

地址:北京市凌云大道 73 号

电话:010-784××××

传真:010-784××××

E-mail:×××@163.com

注意:

1.请尽量完善准确地填写此表。此表将用于我们的美方合作伙伴联系适合您的机构组织。

2.如有多位来自您公司的代表,只需填写一位主要联系人的信息。

3.请附上一份您公司的简介或小册。

普通信息:

姓名:＿＿＿＿＿＿＿ 职位:＿＿＿＿＿＿＿＿＿＿

公司名称:＿＿＿＿＿＿＿＿＿＿＿＿＿＿＿＿＿＿

地址:＿＿＿＿＿＿＿＿＿＿＿＿＿＿＿＿＿＿＿

电话:＿＿＿＿＿＿＿＿＿＿＿＿＿ 传真:＿＿＿＿＿＿＿＿＿＿＿＿＿

电子邮件:＿＿＿＿＿＿＿＿＿＿＿＿＿＿＿＿＿＿＿＿＿＿＿＿＿＿＿

网站:＿＿＿＿＿＿＿＿＿＿＿＿＿＿＿＿＿＿＿＿＿＿＿＿＿＿＿

重要官员或所有者(提供姓名、职位及联系方式)

姓名/职位	联系方式(电话/电子邮件)

公司类型:(独资、合资、集团、有限公司):＿＿＿＿＿＿＿＿＿＿＿＿＿

市场信息:

> 主要商务活动:＿＿＿＿＿＿＿＿＿＿＿＿＿＿＿＿＿＿＿＿＿
>
> 次要商务活动:＿＿＿＿＿＿＿＿＿＿＿＿＿＿＿＿＿＿＿＿＿
>
> ＿＿＿＿＿＿＿＿＿＿＿＿＿＿＿＿＿＿＿＿＿＿＿＿＿＿＿

1.列举与美国有业务往来的产品及服务项目,包括企业和公司名称:

＿＿＿＿＿＿＿＿＿＿＿＿＿＿＿＿＿＿＿＿＿＿＿＿＿＿＿＿＿

＿＿＿＿＿＿＿＿＿＿＿＿＿＿＿＿＿＿＿＿＿＿＿＿＿＿＿＿＿

2.您目标市场的销售信息是什么?

＿＿＿＿＿＿＿＿＿＿＿＿＿＿＿＿＿＿＿＿＿＿＿＿＿＿＿＿＿

＿＿＿＿＿＿＿＿＿＿＿＿＿＿＿＿＿＿＿＿＿＿＿＿＿＿＿＿＿

3.您以前是否在美国有过商业活动?

如果答是,请描述＿＿＿＿＿＿＿＿＿＿＿＿＿＿＿＿＿＿＿＿＿

＿＿＿＿＿＿＿＿＿＿＿＿＿＿＿＿＿＿＿＿＿＿＿＿＿＿＿＿＿

4.您的公司是否有过其他任何国际业务?

如果答是,请描述并列举相关国家＿＿＿＿＿＿＿＿＿＿＿＿＿＿＿

> 赴美商务目的:

5.描述您公司近期相关美国市场的兴趣和目标。

A.对美出口外销　　　　B.运营驻美独资外企

C.在美投资　　　　　　D.销售/经营管理/技术翻译

E.美国资源

F.其他＿＿＿＿＿＿＿＿＿＿＿＿＿＿＿＿＿＿＿＿＿＿＿＿＿

6.您希望与哪种类型的企业交流联系?

＿＿＿＿＿＿＿＿＿＿＿＿＿＿＿＿＿＿＿＿＿＿＿＿＿＿＿＿＿

＿＿＿＿＿＿＿＿＿＿＿＿＿＿＿＿＿＿＿＿＿＿＿＿＿＿＿＿＿

7.出口:描述您公司希望提供给美国的产品和服务项目以及它们的销售点:

＿＿＿＿＿＿＿＿＿＿＿＿＿＿＿＿＿＿＿＿＿＿＿＿＿＿＿＿＿

您是否在寻求一个独有成分的代表?　　□ 是　□ 不是

8.进口:描述您公司希望从美国引进的产品和服务项目:

＿＿＿＿＿＿＿＿＿＿＿＿＿＿＿＿＿＿＿＿＿＿＿＿＿＿＿＿＿

9.请确认预先与您取得联系的,或您熟知并打算在此会议期间拜访的个人、机构名称。

_____

10.请尽可能详细描述能最好地完成您公司在美国市场的目标的理想商业伙伴或商业事务。陈述任何有关语言能力、公司规模、年销售量及商业经验等方面的需求。(如有需要,可另附纸张)

_____

11.如果您还有其他任何有关此美国纺织服装商务会议的附加问题或评论,请填写如下:

_____

信息发布:

完全公开:我们特此认定公开这些信息给2016年Magic Show的所有组织机构,包括加州职业与经济发展委员会、加州国际贸易发展中心、美国驻华使馆、美国商务部、国际贸易管理部、美国媒体山歌联络部。

不完全公开:我们特此认定此信息公开给以下组织(请详细说明)。

不公开:不对外公开信息。

根据2017纺织商会美国纺织服装Magic展后商务会议问卷调查,回答以下问题:

1.展后调查问卷的题型有哪些? 此调查问卷主要采用哪种题型?

2.展后调查问卷在设计时需要注意哪些问题? 这份问卷有什么不妥之处?

7.2 会展评估报告

【训练要领】

为举办一次成功的展会,会展企业往往需要投入很多的财力、物力、人力,因此,无论是对组展商还是对参展商,每次参展都会有丰富的经验和深刻的教训值得借鉴和总结。因此,有必要在会展活动期间及展会结束后对此次展会进行系统的调查、统计、评估和总结。

7.2.1 会展评估的含义

会展评估是对会展活动的环境、效果等方面进行系统而客观、真实而深入地分析和评价,并做出有一定权威性的反馈。它是会展管理工作的一个重要环节,是会展产业链中不可缺少的组成部分。

评估工作一般分为两个方面:一方面是对会展环境和会展组织工作的评估,这一部分工作一般是在展会结束时完成;另一方面是对会展效果和效率的评估。会展效果分为现场效果和后续效果,因此对这部分的评估可在会展结束后进行,然后在会展的后续工作中进行跟踪评估。

对会展进行评估,最终目标就是提升会展的价值和品牌,而进行评估的信息来自参展商和观众的建议、投诉;会展主办部门在展前、展中、展后投放的调查问卷;会展工作人员的总结报告;各项主流媒体对此次会展的评价等。

7.2.2　会展评估的意义

会展评估具有以下意义:

①会展评估对于会展主办方而言,可根据会展评估结果进行客观理性分析,评价当前会展环境和发展方向,为今后会展立项、开发、运营做出相应的建议。同时,会展主办方还可根据会展评估的结论和建议,调整会展行业的发展方向、运营方式等,取长补短,完善区域展会品牌。

②对于会展行业行政主管机构而言,可根据会展评估的标准、结论来制订会展行业的制度章程,促进会展行业的健康发展,同时还可对一些评估效果良好的会展项目进行重点支持,形成地区会展品牌优势,而对一些评估效果不好,市场前景不明朗或同类化严重的展会,进行严格控制,起到规范会展市场秩序和行业竞争的目的。

③对于参展商而言,可根据评估的结果掌握会展的实际效果,系统分析评价和总结参展中的经验和教训、投入和产出、展会的举办质量,从而决定是否继续参展。目前,我国会展行业相对于发达的国家来说,会展业鱼龙混杂。很多展会的主办方经验不足,所办的会展档次参差不齐,管理混乱,重复办展和"拼盘"办展现象非常普遍,作为企业,选择参加哪一个展览,成了企业和商家头痛的问题,如果有了规范的、客观的评估报告,企业就可为自己是否参展找到客观的依据,避免出现很多负面的问题。

7.2.3　会展评估的程序

会展评估是一个有计划、有步骤的动态过程,必须循序渐进。通常会展评估有以下程序:

1)确定会展评估目标

会展评估的主要目标是掌握会展工作的效益及效率。会展评估的具体目标和内容应根据会展的主要目标确立,并根据评估目标的主次,确定评估的重点。

2)选择规范的评估标准

会展的评估标准包括会展的整体效果、宣传推广效果、成交效果等。根据会展目标,确定会展的评估标准。如果会展的目标是打开市场,就应把展会成交额和建立会展客户关系作为主要的评估标准;如果会展的目标是宣传产品,就应以接待参观和进行咨询的人数的数量等作为评估标准。总之,会展评估标准应中心突出,标准规范,指标明确,各标准之间协调和统一。

3）拟写评估方案

确定了评估目标和评估标准后，要根据会展目标和标准，拟写具体的评估方案，对评估时间的安排、所调查的对象和进行的方法、人员分工以及经费预算作出具体的计划，以便评估人员根据方案进行操作。

4）实施评估方案

根据制订的评估方案，评估工作人员各司其职，收集各类有效信息。

5）撰写评估报告

根据收集到的信息，并作出总体的评价和结论后，写出会展评估报告。

7.2.4 会展评估的内容

会展评估工作一般由会展的主办方或参展商自行完成，也有委托专业的评估公司进行专业评估。而评估的主体不同，评估的目标、内容、方向也有所不同，可分为会展组织者的会展评估和参展企业的会展评估。

1）会展组织者评估内容

作为会展组织者，其所关注的评估内容大致包括以下内容：

（1）会展规模评估

会展规模包括3个方面的含义：一是会展的展览面积是多少；二是参展单位的数量是多少；三是参观会展的观众数量是多少。

这3个方面的评估是会展组织者进行评估的着重点，要以实际的会展规模与预计的会展规模作对比，如果此会展举办过不止一届，还要与上届相对比，分析数量增多或减少的原因；展位数比往届或者预期中的数据是增多还是减少；参展单位的数量和质量评估中，目标客户、国外企业、行业龙头企业参展的数量占有的比例是多少；参展观众的质量与上届或预计中的是高或是低，其中专业观众占多少，普通观众占多少，观众的地区来源、行业分布、参观人数和密度如何等。

（2）会展举办的时间、地点、频率的评估

具体包括会展举办的时机和频率是否合适，是否符合展览题材所在行业特征，以及会展举办的城市和场馆选择是否符合展品要求。

（3）会展管理工作评估

具体包括对会展组织人员分工安排、招商招展工作成果、会展进度安排、现场管理措施、供应商合作情况、安保情况、会展相关活动组织情况等方面取得的经验和存在的问题等。

（4）会展成交情况

具体包括会展整个成交额数和成交笔数，还要与上届或同期举办的展会作出比较。

（5）会展经济效益评估

将此次会展的所有成本和会展的所有效益相比，或与往届及同类展会的成本相比较，是增长还是下降，分析其原因。

（6）会展印象评估

会展印象评估是指参展的客户在展会过后的一段时间内对展会情况的印象及影响，并对此次展会作出的评价，以及是否参加下届展会的态度等。

2）参展企业评估内容

参展企业的参展评估，主要是针对以下两方面的内容进行评估：

（1）展览组织工作的评估

①展览目标评估。根据参展企业的经营目标、市场环境、展出情况评估是否达到预期的展出目标。

②展品评估。对展品是否适应市场需求，展品保存、运输、市场效果等方面进行评估。

③展览管理工作评估。包括对展台工作人员的工作态度，对展览筹备和管理是否合理，执行情况是否达到要求，在整个展会环节有无错漏，由此得出的经验教训是什么等。

（2）展览效果评估

它是对整个展览工作的评估，包括参展效果评估，即对接待目标和潜在客户的评估，以及展览记忆率的评估。

7.2.5 会展评估报告的结构与写法

评估主体在对不同阶段、不同内容进行评估之后，要对展会总体效果作出总体的评价，由此形成会展评估报告。会展评估报告是会展评估活动过程的直接结果。

会展评估报告因评估主体的不同，其具体内容有所区别。但一般都应包含以下4个部分：

1）展会评估的背景及评估目标

在展会评估背景中，可引用有关的背景资料为依据，对此次评估的具体原因进行说明，并明确此次评估的最终目标。

2）评估方法

（1）评估对象

说明从什么样的对象中抽取样本进行评估。

（2）样本容量

抽取多少观众作为样本，或选取多少实验单位。

（3）样本的结构

根据什么样的抽样方法抽取样本，抽取样本后的结构如何，是否具有代表性。

（4）资料采集方法

说明是通过什么方式采集到的资料。一般的客户资料收集方法有询问法、观察法、集体思考法及德菲尔法。

（5）实施过程及问题处理

说明评估过程，已在实施过程中如何解决出现的问题。

（6）资料处理方法及工具

指出用什么工具、什么方法对资料进行简化和统计处理。

（7）访问完成情况

说明访问完成率及部分未完成或访问无效的原因。

3）评估结果

评估结果是将前期评估得到的资料整理出来。可用统计表和统计图来表现，同时必须对图表中的数据资料表现的趋势、关系和规律进行客观描述。也就是说，要对评估结果加以说明、讨论和推论。评估结果所包含的内容应反映出评估目的。根据评估标准的主次来突出所要反映的重点内容。一般来说，评估结果中应包括：展台效果；会展管理效率；成本效益比；成交笔数；成交额；接待客户数量；观众质量等。

4）结论和建议

要用简洁明晰的语言作出结论。如阐述评估结果说明了什么问题，得到什么实际意义。同时，必要时可引用调查得到的数据加以解释、论证。针对评估结论提出可行性措施，以获得更好的效果，或如何处理已存在的问题，最好能提供有针对性的行动方案。

7.2.6　会展评估报告的写作要求

会展评估报告的写作要求如下：

①报告语言要精练，数据必须真实，具有说服力。

②报告的措辞必须严谨、体裁简洁，能将各评估过程中各个阶段收集的全部有关材料整合起来，将有实际用处的材料纳入报告中，不能一味堆砌文字、罗列数字。

③注意仔细核对全部数据和统计资料，务必使资料准确无误。

④报告应对会展评估活动所要解决的问题提出明确的结论或建议。

【例文评析】

例文 7.2　报告	评　析
第×届中国—东盟博览会评估报告	标题
目录（略）	目录
前言	
经中国总理温家宝倡议，从 2004 年起每年在广西南宁举办中国—东盟博览会。中国—东盟博览会以促进中国—东盟自由贸易区建设，共享	展会评估背景

合作与发展机遇为宗旨,围绕《中国与东盟全面经济合作框架协议》,以双向互利为原则,以自由贸易区内的经贸合作为重点,面向全球开放,为各国商家共同发展创造新的机遇。

　　20××年 10 月 19—22 日,第×届中国—东盟博览会在广西南宁成功举行。受广西国际博览局委托,商务部研究院中国会展经济研究中心对第×届中国—东盟博览会进行评估。评估内容包括展出情况(展期、展览规模、展区设置、参展商、观众)、展会现场服务(展务服务、展会交通疏导与运输、现场餐饮、展馆基础设施服务、现场安保工作、展会新闻服务、客户服务中心等)、展会统筹组织(人力资源工作、统筹协调、招展招商、经贸促进工作等)、展会环境与综合保障(区位、气候环境、历史文化、产业与产品基础、交通条件等)。在对这些博览会子系统评估的基础上,再对博览会做出总体评价,并就如何继续办好中国—东盟博览会提出咨询建议。

引用有关的背景资料为依据,对此次评估的具体原因进行说明

　　本次评估方法采用现场观察法、问卷调查法、访谈法等。第×届中国—东盟博览会举行期间,评估组深入博览会现场一线认真观察,在 35 位大学生志愿者的配合下,现场发放调查问卷 1 200 份(其中中文的参展商问卷 500 份,专业观众 500 份,英文的参展商和观众问卷各 100 份),回收中文的参展商问卷 417 份、专业观众问卷 493 份,回收英文问卷 176 份,问卷总回收率达 90.5%。本次评估还分设问卷对博览会秘书处的 10 个内设职能处室和工作人员进行调查。评估组的访谈对象除一般参展商、专业观众外,还包括国内部分省市组团代表团团长、商协会负责人、博览会秘书处有关领导和工作人员等。本次评估的数据来源:问卷调查结果、评估组博览会现场观察结果、广西统计局资料、南宁海关资料、博览会秘书处编制的博览会有关资料等。

评估方法:资料收集方法

样本采集结构

　　评估组对评估数据进行详细统计和深入分析,参考国内外最新展会评估研究成果,借鉴国内部分省市评估工作经验,运用德国权威的展会评估机构 FKM(德国展览会统计资料自愿审核协会)的展览会评估指标体系,对照行业标准《专业性展览会等级的划分及评定》(SB/T 10358—2012)等,充分吸收广西博览局近日赴商务部研究院关于东盟博览会调研座谈会上的专家意见,在此基础上形成评估报告初稿,后经评估组集体多次反复修改方得以定稿。本评估报告力求客观中立,旨在总结本届博览会成功经验,并就事关博览会前途的一些重要事项提出合理化建议,为组委会更有效地组织后续的东盟博览会提供参考。

对展会各环节的工作进行评估,用图表、数据说明

　　本评估报告共分 3 个部分:第×届中国—东盟博览会各子系统评估、第×届中国—东盟博览会总体评价、关于继续办好中国—东盟博览会的建议。

　　一、第×届中国—东盟博览会各子系统评估

　　第×届中国—东盟博览会各子系统主要包括展出情况、展会现场服务、展会统筹组织、展会环境与综合保障等子系统。

　　(一)展出情况(以下只列出标题,内容略)

　　1.展期

　　2.展览规模

对参展商的全面评估

(1)展览面积	
(2)参展企业、参展商及展位数量	
3.展区设置	
4.参展商的组成结构	
(1)地区结构	
(2)行业结构	
(3)参展商企业规模结构	
(4)新参展商与老参展商的比例	
(5)参展商决策影响力情况	
5.参展商的行为结构	
(1)参展商到达南宁乘坐交通工具情况	
(2)参展商的参展成本分析	
A.实际经济成本调查分析	
B.机会成本调查分析	
C.时间成本调查分析	
D.展台人员接待每位观众的平均时间	
(3)参展商展后剩余展品处理	
6.观众情况	对观众的全面评估
(1)专业观众总数	
(2)专业观众	
(3)本国观众来自中国各行政及地理区域比例统计	
(4)外国观众来自各大洲的比例分配	
(5)外国观众最多的来源国家比例统计	
(6)观众来自不同的经济领域比例	
(7)对采购有影响力的专业观众比例统计	
(8)专业观众职位统计	
(9)专业观众工作岗位统计	
(10)专业观众参加历届展会情况	
(11)专业观众所在企业规模比例	
(12)专业观众停留时间统计	
7.参展商满意度	对展会印象的评估
(1)参展商的参展目标及其实现度	
(2)参展商对于光顾展台的客户评价	
(3)参展商对于展区商品类别设置的满意度	
(二)展会现场服务	对展会配套服务的评估
1.展务服务	
(1)展区和展位安排	
(2)展位配套服务	
(3)展出秩序管理	
2.展会指南服务	
3.展会交通疏导与运输服务	
4.展场保洁工作	

5. 现场餐饮服务	
6. 现场医疗服务	
7. 展馆基础设施服务	
8. 邮政电信礼品服务	
9. 现场安保工作	
10. 海关与检疫工作	
11. 展会新闻服务	
12. 客户服务中心	
(1)馆内客户服务中心	
(2)馆外呼叫中心式客户服务中心	
13. 论坛及相关活动	
14. 旅游与保险服务	
15. 撤展工作	
(三)展会统筹组织	
1. 人力资源工作	
2. 统筹协调工作	
3. 招展招商工作	
4. 经贸促进工作(贸易配对与项目撮合)	
5. 宣传工作	
6. 接待工作	
7. 票证管理工作	
8. 安全保卫工作	
9. 知识产权工作	
(1)东盟博览会自身品牌知识产权的开发管理	
(2)参展展品的知识产权驻会管理	
10. 财务工作	
(四)展会环境与综合保障	
1. 区位	
2. 气候环境	
3. 历史文化	
4. 产业与产品基础	
5. 交通条件	
6. 住宿条件	
7. 餐饮条件	
8. 旅游条件	
9. 治安条件	
10. 其他配套条件	
(1)金融条件	
(2)翻译服务	
二、第×届中国—东盟博览会总体评价	评估结果
第×届中国—东盟博览会比首届有长足进步,特色更加鲜明,组织管理	

坚强有力,专业化、国际化水平进一步提高,展会获得政治、经济、文化三丰收。 (一)特色更加鲜明 本届中国—东盟博览会具有以下不同于国内其他贸易类专业展览会的鲜明特色:进口与出口相结合,以进口为主;投资与引资结合,以中国企业"走出去"为特色;经贸盛会与外交舞台高度融合。 1.进口与出口相结合,以进口为主 2.投资与引资结合,以中国企业"走出去"为特色 3.经贸盛会与外交舞台相融合 (二)组织管理坚强有力 (三)专业化、国际化水平进一步提高 1.本届东盟博览会的专业性展览会等级评定 2.本届东盟博览会达到国际展览联盟规定的注册标准 (四)展会效果较之首届有长足进步 (五)展会获得政治、经济、文化三丰收 1.政治价值 2.经济价值 (1)促进中国与东盟自由贸易区的商品贸易 (2)促进中国—东盟自由贸易区的国际经济投资合作 3.文化价值 三、对于继续办好中国—东盟博览会的建议 (一)正确认识中国—东盟博览会的作用和地位 (二)进一步明确办展的方针、定位和目标 (三)进一步理顺办展、办会机制 (四)努力提高博览会实效 1.展区设置进一步专业化、合理化 2.加强境内外专业观众的招徕 (五)逐步提高市场化办展水平 (六)进一步提高博览会组织和服务水平 1.提高展会工作人员专业化水平 2.简化展会工作程序 3.展会服务人性化 4.加强证件发放管理 5.加强展会现场管理 6.加强安保队伍管理 7.加快培训翻译人才 8.进一步拓展呼叫中心式客户服务中心的应用项目 9.加强志愿者岗前培训	评估结论和建议,从各方面提出解决问题的办法

(资料来源:《第二届中国—东盟博览会评估报告》)

【训练设计】

我国的会展业虽然发展只有20多年的时间,但发展迅速,其对区域经济、产业与行业经济发展都起着越来越重要的作用,然而,随着会展业发展的加速,各种弊端也逐步显现出来。商务部研究院副院长沈丹阳表示,在中国,展览已成为一种重要的经济活动,国内外大量企业参与其中,无论是政府部门制定宏观政策,还是学者们的研究,都需要会展业真实、客观的数据和分析。但目前国内对会展的研究分析普遍地、比较多地仅从现象和个案入手,加上统计口径的不统一,所得出的研究结论和观点一方面表现出较大差异性,另一方面往往不足以服人,难以正确引导展览业的发展。

针对这种现象,会展评估已成为业界的迫切需要,商务部研究院中国会展经济研究中心副主任俞华博士在接受记者采访时表示,第三方的客观公正的评估结论,可推介给国内外的宣传媒体,对展会的成效进行宣传,有利于树立展会的品牌形象,打造品牌展会。作为客观的评估报告,发现展会的组织、管理、服务等环节中的不足之处。作为中立的第三方可得到第一手真实的参展商的反馈信息,可为展会把脉,从中发现展会存在的弊端、突出矛盾和主要问题,最权威的评估机构、评估专家可对症下药。根据国内外会展评估理论,集合所评估的展会自身实际情况,理论与实践双向互动,向展会的组织者提出继续办好下一届展会的高招和策略。也可将评估结果作为权威数据提供给国际认证机构,因其更真实、客观,容易得到国际认证机构的认可。由于我国会展产业散、乱的粗放型现状,因此,会展评估标准就成为引导会展产业向品牌化、高层次化发展的迫切需要。

结合上述文字,回答下列问题:

1. 会展评估有什么意义?

2. 参照例文评析中的格式,请为你所在城市刚刚举办的展会做一份会展评估报告。

7.3 展后工作总结

【训练要领】

展后工作总结是会展管理工作的组成部分,对会展经营和会展管理有着非常重要的意义和作用。它是在会展举行后对各方面资料进行整理研究分析,为以后的工作提供数据、资料、经验和建议等。

7.3.1 展后工作总结的含义

展后总结报告是在展后工作总结的基础上形成的书面文字。它是在会展工作中使用极为广泛的事务文书。

7.3.2　展后工作总结的作用

1）总结经验,获得教训

展会工作的成功经验和失败的教训对提高会展管理效率具有重大意义。通过回顾和总结,将获得的经验教训以书面的形式记录下来,为后来者提供借鉴,将有利于会展行业的健康发展。

2）相互学习,取长补短

展后总结可作为主办者或者参展商相互交流的材料,取长补短,促进共同发展的作用。

3）汇报工作,存档材料

展会举办者在展会工作结束后,要向主管单位或其他相关单位汇报展会组织管理等工作的情况,通过展会各部门的小结形成组织者对于展会全部工作的总结,形成书面材料给相关领导,并在会后分门别类汇集整理、装订成册,以便在以后的工作中阅读、查询,发挥总结材料的作用。

7.3.3　展后工作总结的种类

由于展览会是一个十分庞杂的系统,业内曾经就有专家统计,一次展览会从开始到结束,将由 3 000 多个事项构成。因此,在展览会结束后,要总结的事项很多,可按照不同的标准分为以下几类:

1）按照内容性质分类

（1）管理类总结

管理类总结主要是由此次展会的主管部门就会展管理所作的管理工作总结。

（2）组织类总结

组织类总结主要是由此次展会的组织者就展会的策划、组织、招商招展及举办过程中的问题进行的总结。

（3）参展类总结

参展类总结主要是由参加此次展会的参展商和专业观众针对参加此次展会的收获和不足之处所作的总结。

2）按照总结范围分类

（1）综合性的总结

综合性的总结又称全面性总结,是对展会的各项工作进行回顾,面面俱到,涉及面很广。

（2）专题性总结

专题性总结是围绕展会的某项具体工作进行单项总结,内容较集中,有较强的针对性。如针对会展招展工作的总结。

3）按照总结的时间分类

（1）定期总结

展会作为一种涉及多个行业的综合性大型活动,办展机构一定要对会展的招展、招商、宣传推广、筹展撤展等环节进行严格的时间管理,并在整体进度上进行统筹。因此,有必要根据整体进度安排,定期进行总结,以便根据实际进展调整进度安排。

（2）不定期总结

在展会工作进行过程中,可根据当时的条件和形势,在部门内进行不定期的总结,督促工作的顺利进行。

7.3.4 展后工作总结的结构与写法

1）标题

一般来说,展后工作总结的标题有以下写法:

①由单位名称、时限、主题、文种构成。这类标题主要适用在定期总结和专题类总结中,如《中国东盟博览会2018年招展工作总结》。

②由总结对象名称和总结组成。这类标题一般适用于综合性会展总结,如《第七届中国高交会电子展展后总结报告》。

③采用普通文章标题的写法,用短语概况总结的主要观点,不出现总结字样。这类标题主要是用于报纸杂志上发表的总结,如《第六届慕尼黑上海电子展各项指标再创新高》。

④由正副标题组成。正标题整体揭示总结的主题,副标题说明总结的单位、期限、种类等,主要用于报刊发表、简报转发或会议上交流的总结,如《硕果累累,傲人业绩——第四届东盟博览会工作总结》。

2）正文

（1）开头

这一部分的内容主要是简要说明本次展会的基本情况,如展会名称、举办地点、主办单位、主要展品、展会主题、展出规模及概要提示会展工作的主要成绩、经验和问题。开头要力求简洁、开宗明义。

（2）主体

主体的内容一般由3个部分组成:第一部分是展会组织工作的具体做法,取得的成绩;第二部分是获得的经验和体会;第三部分是存在的问题和教训等。

具体来说,展会工作总结的主体部分内容主要有:

①对展会策划工作进行总结。主要是对展会策划方案进行评估,对展会的举办时间、地点、展品范围、展会规模、办展机构、会展价格、人员分工等工作进行总结,分析出成绩和不足之处。

②对展会招展招商工作的总结。内容包括展区和展位划分、招展函的编印、招展招商分工、招展招商代理的工作、招展招商进度的安排、招展招商的策略是否得当等。

③对展会宣传和服务工作的总结。内容包括展会的宣传推广计划是否合适,能否起到多面宣传的作用;展前、展中、展后各服务环节做得是否到位,服务质量是否优秀,提供服务的方式是否多样,能不能满足参展商及专业观众的需要。

④对展会现场管理工作进行总结。包括是对布展撤展的时间安排是否恰当,各展区工作人员解决现场问题的能力等进行总结。

⑤对展会指定服务商工作进行总结。包括对展会指定展位承建商、展品运输代理商、指定旅游代理、指定住宿代理和现场清洁、保全公司的工作进行总结。

⑥对会展财务管理的总结。主要是进行效益分析和成本核算。

⑦对参展商和专业观众参展情况的总结。包括参展商和专业观众的基本情况、参展收获、参展反馈及是否参加下一届的参展意向。

⑧对展会同期活动的总结。主要是对与展会同期举办的活动进行评估,总结这些展会相关活动对展会是否起到促进作用。

(3)结尾

总结的结尾部分主要是针对总结过程中发现的问题提出解决办法和改进意见,指出未来的努力方向,对未来的展望,或表示决心、信心等。

7.3.5 展后工作总结的写作要求

1)设置专职总结负责人

展后总结是会展管理后期一个最重要的环节,在开始策划展会时就应列入工作计划中,并设置专门的管理人员,负责根据需要制订总结的范围和内容及总结的形式,督促各部门的工作人员做好收集、整理、编写部门小结工作,并掌控总结工作的效率和质量。

2)展后总结在展会开始时着手

展会的总结工作应在展会工作正式开始时就要着手进行,因为展后总结的内容主要就是总结整个展会的情况。因此,在展会过程中,主要是记录展会中每一个重要环节的各种情况,随时收集、记录、统计各种数据和资料,以便在展会结束后能够在总结中运用有效数据阐明事实。

3)展后总结内外有别

拟写总结材料时,需要注意总结材料的适用对象。如果总结材料的面向对象是内部人员,就必须全面、严谨、实事求是、成绩不夸大、缺点不缩小,以便发现更多的问题,改正工作,为下一届做好更充分的准备。如果总结材料的面向对象是外部人员,那总结内容就必须注意措辞,否则将会造成不好的影响。同时,总结材料还必须注意保密级别,有些总结材料只是在一定范围内公开的,应明确总结材料的保密范围和程度。

4)总结形式可以多种多样

在展会结束后,一般会进行问卷调查,在问卷结束后,要根据调查的结果进行满意度测评等,结合调查的数据进行总结,这是一种总结形式,同时,负责总结报告的管理人员,可召开总结大会,让工作人员就此次展会的管理、组织、服务等工作评价总结,对各种发言,要做好记录,在会后整理成文,再结合发言者自拟的书面总结材料,整理成一份完整的总结报告。

【例文评析】

例文7.3 展后工作总结	评 析
第×届中国高交会电子展展后总结 第×届高交会共有来自23个国家及地区的3 464家参展商,1 896家投资商参加了展示、交易和洽谈。其中知名跨国公司65家,国际组织代表团104个。专业展海外展区面积比例达38%。共接待55万名海内外观众。 第×届中国高交会电子展ELEXCON 20××历时6天,汇聚14个国家和地区的266家参展商,展览总面积15 000平方米。其中,光地面积占电子展总展览面积的80%以上。海外展商113家,展览面积占总展览面积的58.6%;跨国知名企业16家,展出面积占总展览面积的11.8%。 本届电子展吸引了NEC、ALPS、泰科电子、京瓷、EPCOS、太阳诱电、美国国家仪器、信利半导体、福禄克、西门子、松下、环球仪器、安必昂、欧姆龙、德州仪器、飞思卡尔半导体、杰尔系统、美国国家半导体、富晶半导体、特瑞仕、iSuppli、矽玛特半导体、欧姆龙、汉高乐泰、3M、SONY、IEI等国际企业以及珠海炬力、中国电子器材深圳有限公司、劲拓、日东等中国本土知名电子企业参加展览及技术发布,展品包括了半导体、被动元件、测试测量仪器、生产设备及无铅制造技术等内容,业界为之瞩目,具有行业代表性,被誉为"覆盖整个产业链的综合性电子展"。 本届电子展6天展期共接待海内外专业观众逾10万名,专业观众人数、专业观众人气指数均创历史新高。ELEXCON 20××的成功举办,无论对电子信息制造产业的发展还是对展览会本身都起到了巨大的促进和推动作用。 深圳市中电创意会展有限公司在展览期间对展商、观众采取了随机抽样问卷调查、电话访问等办法,对本届高交会电子展ELEXCON 20××参展参观人员的基本构成情况,以及两者对高交会电子展的评价及20××年参展意愿等情况进行了统计分析。 一、第×届高交会电子展参展商分析 (一)参展商基本情况 高层次、国际化、明星企业云集的年度电子盛会。 参展商以新产品展示为主。73.8%的参展商是为了利用展会机会进行市场推广,寻找新的合作伙伴,显示了专业馆展商参展目的的务实趋势,为专业馆的成功举办及吸引专业买家奠定了基础。	题目 正文开头简要说明此次展会的基本情况 对参展商进行分析

外商比例较高。海外展商 113 家,参展面积占总展览面积的 58.6%,其中跨国知名企业 16 家,参展面积占总展览面积的 11.8%。海外参展企业主要来自美国、英国、日本、韩国、瑞士、新加坡、德国等国家,以及中国香港和中国台湾地区。

展商素质高。NEC、京瓷、泰科电子、ALPS、3M、索尼化学、EPCOS、美国国家仪器、太阳诱电、安凯、特瑞仕、信利半导体、富晶、韩国世宗、美国福禄克、AGC、IEI、BRADY、INTERTEK、STAUBLI、伯东等著名企业参与了本次展览,在行业有代表性。

分析参展商的质量

附图　高交会电子展 ELEXCON 设立以来展商的发展

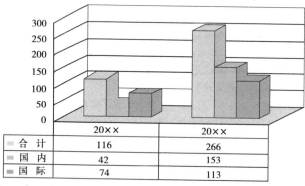

	20××	20××
合　计	116	266
国　内	42	153
国　际	74	113

用图示说明展商质量
逐年提高,简洁明了

(二)参展商反馈

1.专业性定位获展商认同

电子技术是高新科技的重要组成部分,电子技术及电子生产技术的发展及应用对推动高新科技产业的发展有着重要的意义及作用。电子展的设立,重点展示集成电路、被动元件、无铅制造技术、测试测量等主题,展出国际电子及生产领域的前沿技术,并配合专题研讨会,为广大参展商提供一个展示企业核心竞争实力、技术交流、合作洽谈的平台。

参展商注重参展质量

专业性突出,展示内容针对国内电子制造业的需求,业界瞩目。本次电子展是高交会继续朝着专业化发展的再一次成功尝试。

2.展商参展目的注重实效

高交会电子展参展商的第一参展目的是推广市场及产品,而提高企业知名度成为第二目的。这表明本届高交会的参展商的参会目的更加务实,参展商更注重展览的实效。

3.技术发布及研讨会受欢迎

调查显示,技术研讨会与产品发布深受展商欢迎。本届电子展期间的技术研讨会吸引了业界的关注。

4.专业观众的数量和质量获得好评

细致、一流的观众组织服务获展商一致认可。主办方展前借助行业网站、专业买家数据库、各专业合作媒体宣传以及印制大量的展会前瞻、观众指南等推广资料,包含所有同期研讨会及部分展商信息,于展前发送给潜在的业内观众,确保了电子展专业观众的数量及质量。

本届高交会电子展的观众来源包括特别邀请的 VIP 买家,专业买家数据库邀请的观众,高交会原有观众群,网站及传真反馈的专业观众,各支持专业媒体、行业协会协助邀请的观众、展商邀请的客户等。

　　参展商对专业观众的数量和质量评价颇高,尤其是数量方面,获得一致好评。对专业观众的质量,83%以上的参展商感到满意或基本满意,同时希望专业观众的素质能进一步提高。

　　5. 下届高交会电子展参加意向

<table>
<tr><td></td><td>是否有意向参加下届展会</td></tr>
</table>

　　在针对所有参展商的调查中,96%的参展商有意向20××年继续参展,同时有32%的参展商表示下届展会将扩大展览面积。另有多家企业在参观展会现场后对未能及时报名参展表示遗憾。本届电子展现场ELEXCON 20××展位预订处至大会闭幕时止,逾4成展位已被本届参展商续订。

　　针对本届未参展的客户,主办方也得到了积极的反馈,现场及会后的电话调查中有60%以上的客户表示将考虑参加下一届高交会电子展。

　　展商抽样调查:

　　1. 是否有兴趣参加下一届高交会电子展?

　　是57.1%　　考虑38.9%　　否4%

<table>
<tr><td></td><td>参展商满意度调查</td></tr>
</table>

　　2. 对大会的总体评价

　　非常满意19.5%　　满意并超出预期69.5%　　一般11%　　不满意0

　　3. 对买家及观众的评价

　　非常满意20%　　基本满意63%　　一般15%　　不满意2%

　　附图　高交会电子展ELEXCON 20××展商满意度调查

大会综合评价

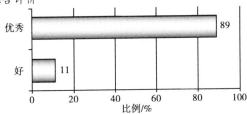

是否参加下届展会

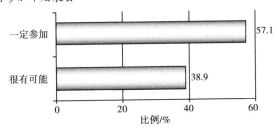

二、第×届高交会电子展观众分析

(一)参观观众构成

1. 专业观众比例

<table>
<tr><td></td><td>参展观众分析,介绍观众成分</td></tr>
</table>

高交会电子展ELEXCON 20××以全球前沿的电子技术及电子生产技术为主题,邀请了大批国内外电子制造商的决策人员、研发技术人员、采购经理参观,6天接待专业观众累计超过100 000人。专业观众的参观目的主要是为寻找合作伙伴、发掘业界新的技术及产品、寻找新的供应商,也有的是来收集相关的市场资料。

参展商对20××年的观众数量都表示满意,大量专业观众为参展商创造和提供了显著的市场机会。

附图　高交会电子展 ELEXCON 20××邀请观众构成

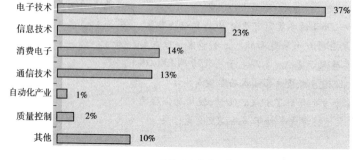

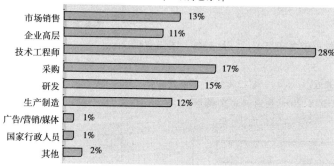

用图示表明专业观众领域和观众质量

2.参会观众从事电子和通信制造业最为突出

电子展通过专业支持媒体、行业协会以及买家数据库广泛邀请国内外电子信息制造企业的高层、专业技术人员、买家、零部件及设备供货商参观。其中,专业买家主要来自消费类电子制造及通信制造领域,其在所有观众中所占比例高达53%。

在观众结构上,电子展吸引众多企业的中高层管理人员、技术和采购人员,这类观众占据的比例最高。

用图示表明专业观众结构

附图　第×届高交会电子展 ELEXCON 20××专业观众结构

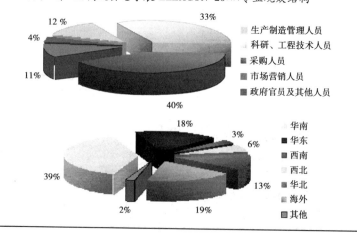

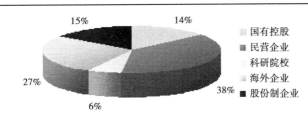

国有控股
民营企业
科研院校
海外企业
股份制企业

15% 14% 27% 6% 38%

（二）观众分析

观众分析

1.电子展参观观众

调查数据显示,此次高交会电子展的专业观众数量得以保证,表明了电子展在组织参展商和参观观众方面具备成熟有效的经验,观众在参观过程中,确保了展商在电子展上宣传推广产品收到了良好的效应。

2.专业观众群体开始形成,下一届参观意愿较高

本届高交会电子展的观众中,71.9%是参观过上一届高交会电子展的观众。而20××年入场参观超过两次的观众达到37%,反映出绝大多数的观众是由于专业馆的吸引而到场参观,这为专业馆未来的发展奠定了必要的观众基础,也证明高交会专业化发展是必然趋势。

90.1%以上的观众表示将参展或参观下一届高交会电子展,其中超过34.9%的观众明确表示将会考虑报名参加下一届高交会电子展,7.8%的观众表示有兴趣在20××年展会上采购,而明确表示不会参加的观众仅2.1%。

观众抽样调查

1.对本届大会的总体评价如何?

非常满意29.2% 基本满意61.6% 一般8.8% 不满意0.4%

2.对本届高交会举办电子展的参展商素质评价?

非常满意27.2% 基本满意63.8% 一般9% 不满意0%

3.第×届中国高交会电子展贵公司是否有兴趣参展、参观、采购?

有兴趣参展34.9% 有兴趣参观55.2%

有兴趣采购7.8% 否2.1%

三、专业研讨会

专业研讨会分析

第×届高交会电子展期间,深圳市中电创意会展有限公司与中国通信学会通信制造技术委员会、美国电子电路和电子互联行业协会(IPC)等机构合作,举办针对手机制造、便携式产品设计、电源管理技术、无铅制造技术等多场专业技术研讨会。

系列主题技术研讨会吸引了国内外主要的电子制造商及通信设备制造商高层的关注,众多企业首脑出席了活动。研讨会及企业新产品发布会的成功举办在电子信息制造领域影响深远。

（一）第×届中国手机制造技术论坛

逐项说明展会相关活动的举办情况

中国通信学会通信设备制造技术委员会、深圳市中电创意会展有限公司于20××年10月13—14日在深圳圣廷苑酒店锦绣厅举行了第二届中国手机制造技术论坛(CMMF20××)。

全球最领先的电子生产技术提供商们再度光临本次论坛,突显电子制造技术提供商对于手机生产领域的重视。松下生产科技曾在CMMF20××上重点介绍了松下的手机量产技术,20××年则详解全球手机

技术发展趋势与实装技术要求,并对最新实装工艺和实装系统进行了系统介绍;此外,西门子、环球仪器、安必昂、3M 的技术专家也再度光临了本次论坛,探讨应用于手机生产领域的表面贴装技术和先进的生产材料等。作为成功举行过一届的权威专业论坛,20××年的活动吸引了更多业界同行的关注,欧姆龙、美亚、汉高、索尼等公司积极参与,与业界分享更多在手机生产方面的最新技术和解决方案;同时,政府主管部门领导、业界专家也阐述了中国手机产业政策和发展趋势,来自手机整机厂的代表与业界同行共聚一堂,共同分享了手机生产管理方面的先进经验。

本届论坛的成功举办,CMMF 业已成为手机制造业界的技术交流盛会;本次大会得到来自中兴、波导、TCL、海信、普天、桑菲、东方通讯、科健等厂商的数名主管生产的高层管理人员以及华为、步步高、创维、金立等刚刚拿到手机生产牌照的厂商高层的积极参与,参加论坛的总人数达到300 多人,已成为 20××年手机制造业最有影响力的专业盛会。

(二)20××便携式产品设计与电源管理技术研讨会

第×届高交会电子展作为电子业界的专业盛会,跟踪行业热点,于20××年 10 月 15—16 日在深圳圣廷苑酒店锦绣厅举办了"20××便携式产品设计与电源管理技术研讨会"。来自海内外 10 余家公司的技术专家到会进行演讲。飞思卡尔半导体在会上阐述多年积累的应用于便携产品的核心技术和设计平台;SIGMATEL 和珠海炬力全球两大 MP3 芯片厂商各自展示 MP3 设计方略;AGERE 关于 3G 移动终端的存储解决方案更是吸引了众多手机厂商的关注;此外,3M 的技术专家也就应用于便携产品中的液晶体背光技术作了精彩演讲。

德州仪器作为便携电源管理技术的领导厂商,对本次论坛极其重视,派出了最强的技术专家向业界介绍最新的便携电源管理技术;美国国家半导体、特瑞仕、富晶半导体等公司也对该主题进行系统的演讲。另外,著名研究机构 iSuppli 也在会上作了题为"便携产品中的电源的数字控制和管理的重要性"的深度分析报告。

300 余名来自国内手机、PDA、数码相机、MP3、PMP、笔记本电脑等厂商的研发工程师和管理人员到会参与交流。

(三)20××国际无铅制造技术研讨会

第×届中国高交会电子展 ELEXCON 20×× 领先推出"无铅制造"主题。其间,美国电子电路和电子互联行业协会(IPC)与深圳市中电创意会展有限公司共同举办的"20××国际无铅制造技术研讨会"引起业界普遍关注。大会于 20××年 10 月 14 日在深圳圣廷苑酒店二楼多功能厅隆重举行。

大会在美国 IPC 副总裁 David Bergman 先生的主持下进行。会议期间,信息产业部、摩托罗拉、美国 IPC、中国香港日电 NEC、瑞士 SGS、宜特科技 IST、国际电子制造协会 iNEMI 等业界知名企业和权威机构的资深专家们就中国即将发布的《电子信息产品污染控制管理办法》、无铅标准与规划、大批量电子生产、无铅焊料与合金、半导体产品、无铅制程、供应链管理、检测与评估以及商业成本控制等主题进行了系统的阐述和热烈讨论。来自华为、美亚、富士、意法半导体、康佳、信维、东海、欧科、汤姆逊实业等国内外大中型制造企业的高层管理人员,技术、生产、质管、研发部的工程师及采购经理与会,其中部分来自电子设备、通信制造设备、电子元件及电器生产商的董事长、总裁、副总经理或总工程师。

20××国际无铅制造技术研讨会为超过200名来自全球的电子制造业同行就"无铅制造"相关的标准与实施提供技术发布与交流,对促进中国电子制造业对"无铅制造"的重视以及贯彻实施起到了积极推动作用。

(四)企业新产品及技术发布会

电子展期间,众多关注中国市场的海外知名企业纷纷借助高交会电子展这一平台,就企业的最新技术及产品推出技术研讨会和新产品发布会。其间,"WEEE/ROHS指令的最新发展与解决方案研讨会""闪存卡技术研讨会"等活动吸引了众多业内厂商的关注。

参加新产品及技术发布的企业对主办方的组织安排给予了较高的评价,尤其对主办方前期媒体记者的组织安排及工作人员的服务给予了肯定。根据现场结果及会后反馈来看,客户认为达到了预期效果,并高度评价了选择在高交会电子展期间作企业新产品、新技术的发布是一项卓赋成效的推广方式。

四、展望 ELEXCON 20××

第×届高交会电子展及其系列专业技术研讨会与各专业媒体、协会组织积极合作,吸引了10万多名观众,众多海内外电子制造及通信制造企业的高层、技术工程师及买家前来参观,不仅为广大参展商提供了一个展示企业核心竞争实力、拓展新兴市场的机会,同时也为参展商与到访观众建立联系,寻求合作商机提供了平台。本届高交会电子展是一场技术交流、专业进取的行业盛会!

第×届高交会电子展 ELEXCON 20××将于20××年10月12—17日举行。20××年大会的目标是加大国际化力度,深化展会主题,提升电子展的综合水平。我们热切地期待在 ELEXCON 20××召开的时候在深圳再次相逢!

（对下一届展会的期望）

（资料来源:电子展览网）

【训练设计】

2019第十三届全国食品博览会(简称"食博会")于2019年5月12日在济南国际会展中心圆满闭幕。

2019第十三届全国食品博览会由山东省食品工业协会、中国国际贸易促进委员会济南分会、山东中贸国际经济贸易发展促进中心、中贸科技集团主办,山东中贸国际会展有限公司承办,全国各省市酒类、食品协会协办的食品行业盛会,得到了业界一致认可,为推动行业发展做出了极大的贡献。

一、规模、成交额

2019第十三届全国食品博览会共设展位2 400余个,总展览面积43 000平方米,吸引了来自法国、西班牙、澳大利亚、智利及国内22个省市的1 800余家知名企业参展。参展产品涵盖食品产业上中下游完整的产业链,分设食品、酒水、饮料、乳品、加工包装设备、食材等六大类展区。共有来自全国各地和海外近9.8万名专业客商参会参观。本届食博会总成交额116.2亿元(人民币),达成意向8 000余项。

二、展商情况

本届展会吸引了众多知名品牌参展,如贵州茅台酒业、习酒、贵州省大唐酒业、贵州怀庄酒业、贵州昊皇酒业、贵州国威酒业、金沙酒业等酱香型白酒代表企业,还有五粮液、泸州老窖、浏阳河、趵突泉酿酒、杏花村汾酒、西凤酒、北京二锅头等;来自法国、西班牙、智利、澳大利亚、加拿大、南非、意大利、匈牙利、格鲁吉亚、摩尔多瓦等葡萄酒主产区驻华贸易公司、青岛绿辰进口商品展示交易中心等展出了千余款葡萄酒;东方海盐、同福碗粥、完达山、九芝堂、怡和堂、好彩头、山楂树下等食品企业同场竞技。本届博览会吸引了哈尔滨、丹东、乐陵、汉中、宝鸡等省市政府派出本地区名优特色产品组团参展,为博览会增添了极大的亮点,众多厂商携新品亮相全国食品博览会,为展会增光添彩。

三、观众情况

本届博览会以其专业性、综合性和国际性吸引了山东省16地市以及北京、天津、河北、山西、河南、安徽、江苏等省市的专业观众9.8万人到会参观采购,大会组委会派出80余辆直通车接送VIP专业观众。组委会提供住宿接待5 320余人,本届博览会专业观众范围涵盖华北、东北、华东、华中地区14省市;专业观众的群体涵盖商超、流通、团购、电商、餐饮等渠道。

四、配套活动

本届展会不仅展品琳琅满目,配套活动也同样精彩纷呈,2019年全国经销商成长论坛为各位经销商代理商解决行业痛点;经销商升级转型之道讲座,为各大经销商指明升级转型的方向;山门岗酱酒新品发布会暨酱香酒品鉴会吸引了300余家经销商参加,会场座无虚席;在红酒专场品鉴会中,一起品味红酒的芬芳,感受红酒的岁月醇香,享受诗一般的生活;媒体直播间现场,向参展商了解公司详情、产品种类等,向观众了解参会收获,参会感受。展会设立传统酒类、进口葡萄酒、食品、饮料、调味品、火锅食材等专业性主题展区,展区特色鲜明,产品琳琅满目,全新展示3 000+新品、90 000+种产品,集中展示各白酒、啤酒等传统酒、葡萄酒、烈酒以及各种食品食材等。展会品类之齐全、规模之磅礴使全国食品博览会交易额再创新高。

五、取得的成就以及行业、展商认可

第13届全国食品博览会作为华东地区举办较早的酒类食品行业盛会,经过13届的发展壮大,已经为近2万家参展企业品牌宣传、开拓市场、寻找代理商提供了极大的便利,为260万余家经销代理商寻找产品商机提供了平台,已成为众多厂商开拓山东及周边地区市场首选的行业盛会。

结合以上案例,回答以下问题:

1.拟写展后工作总结有哪些注意事项?

2.请为第十三届全国食品博览会拟写一份展后工作总结。

7.4 展后信函

【训练要领】

当展会结束后,无论是作为展会组织者,还是作为参展商、专业观众,都会收集到很多潜在客户的联系资料,如果在展会之后不正确利用这些联系资料,将会失去很多的业务机会。

同时,作为潜在客户,当看到所想要的产品的详细介绍和展示后,会很希望能进一步洽谈。因此,在展会结束后,要趁潜在客户还处于情绪兴奋期时,在竞争对手抢到订单前和潜在客户联系,就极有可能签下这笔订单。因此,展后的后续跟踪工作与其他的展后工作一样,具有举足轻重的作用。

7.4.1 展后信函的含义

一般来说,展后后续跟踪联系工作主要是通过展后感谢信函来进行。

展后感谢信函是指在展会结束后,通过在展会上收集到有效的联系资料,为搭建沟通桥梁,促成交易,给潜在客户拟写的信函。

7.4.2 展后信函的作用

无论对于组织者还是对于参展商来说,展后感谢信函都可起到以下3个作用:

①加深潜在客户的印象。对于组织者(参展商)来说,当潜在参展商或者潜在观众收到组织者(参展商)寄来的感谢信函,会加深他们对于这个展会和这个展会上的公司的印象。

②树立展览会(企业)品牌形象。通过邮寄展后感谢信函,能让更多的潜在客户认识并了解展会(企业),从而能把形象推广出去。

③为下一届展览会做预告或为新产品做宣传。在展后信函中,除了表示对对方的感谢之外,还可发布下届展览会的信息或企业即将面世的新产品,起到提前宣传的作用。

7.4.3 展后信函的结构与写法

展后信函通常有标题、称呼、正文、结语及落款5个部分构成。

1)标题

展后信函的标题的写法有这样3种形式:"感谢信"——单独由文种名称组成的;"致×××的感谢信"——由感谢对象和文种名称共同组成的;"××展会致××公司的感谢信"——由感谢双方和文种名称组成的。

2) 称呼

开头顶格写被感谢的参展商或者潜在客户的名称或姓名,如是给个人的感谢信函,则在姓名后面附上职称或者职务称号,然后再加上冒号。

3) 正文

展后感谢信函的正文从称呼下面一行空两格开始写,应分段写出以下 3 个方面:

(1) 感谢的事由

概括叙述感谢的理由,表达谢意。对这些来参加展会的参展商或者专业观众表达由衷的谢意。

(2) 展会背景,对方的参与事迹

简要阐述展会举办的背景、主办单位或出席的嘉宾,叙述对方对此次展会所起的重要作用。叙述时,务必交代清楚人物、事件、时间、地点、原因及结果,尤其重点叙述对方给予的关心和支持。

(3) 揭示意义

在叙述事实的基础上,指出对方的支持和帮助对整个事情成功的重要性以及体现出的可贵精神。

4) 新一届展会预告

在结束阶段,可适当介绍下一届展会的举办时间、地点,或展会筹备的最新情况,诚挚邀请对方参加。

5) 结语

展后信函收尾时表示敬意、感谢的话。例如,"此致敬礼""致以最诚挚的敬礼"等。

6) 落款

落款署上写信的单位名称或个人姓名,并且署上成文日期。前者在上,后者在下。

7.4.4　展后信函的写作要求

1) 展后感谢信函必须尽早着手

展后感谢信函做得越早,效果就越明显,这是因展会结束后,参展商和专业观众对展会的印象仍然比较清晰,而通过展后的感谢信函更得到进一步加强。如果不及时发出展后感谢信函,参展商或专业观众就会失去在展会上产生的短暂热情,意味着将会失去这些客户。

2) 内容要真实,评誉要恰当

展后感谢信函的内容必须真实,确有其事,不可夸大溢美。应以感谢为主,表达谢意

时要真诚,说到做到。评誉对方时要恰当,不能过于拔高,以免给人一种失真的印象。

3)用语要适度,叙事要精练

展后感谢信函的内容以主要事迹为主,详略得当,篇幅不能太长,所谓话不在多,点到为止。用语要求是精练、简洁,遣词造句要把握好一个度,不可过分雕饰,否则会给人一种不真实、虚伪的感觉。

【例文评析】

例文7.4　展后信函	评　析
64CEF 暨第三届国际电子测试与测量研讨会感谢信	题目
尊敬的各与会单位:	称呼
首先感谢各位贵宾能够在百忙之中抽出时间参加我们的第三届国际电子测试与测量专业研讨会。正是各位的大力支持和全力配合,我们的研讨会才取得了圆满成功。	开头致谢
此次研讨会是在全国电子产品展览会同期举办的又一盛会,是大会的重要组成部分,已成功举办了两届。第三届国际电子测试与测量专业研讨会在总结前两届会的经验和教训的基础上,首度移师浦东,变得更加成熟与精益求精。11月16—17日的两天内,研讨会现场可谓场场精彩,著名院士、教授及著名企业的高级工程师们轮班登场,各授绝技,异彩纷呈。	简要介绍此次会议
研讨会由中国电子器材总公司副总经理王爱平致开幕词,由中国电子仪器行业协会秘书长徐春龄亲自主持。首先中国工程院院士张钟华先生就21世纪的电子测试与测量技术的发展趋势作了宏观的、高屋建瓴的演讲。接着,来自德国罗德与施瓦茨公司的产品专家安毅博士、美国泰克科技(中国)有限公司的应用工程师张鹏先生、美国安捷伦公司高工冀卫东先生、中国电子科技集团第13研究所研究员曾广兴先生、美国吉时利仪器公司王忠武先生、美国艾法斯亚太张洪京先生以及中国台湾固纬电子廖岳儒先生等分别就各自专业领域的最新技术作了精彩演讲。最后,教育部世界银行贷款专家组电子组组长罗伟雄教授的关于"十一五"期间教育系统电子测量仪器的需求的演讲,为第一天的研讨会画上了圆满的句号。第二天的EMC专场将现场互动气氛推向高潮。	对方介绍,感谢事由
没有梧桐树,哪引得凤凰来?正是有了这些业界的精英,才吸引了一大批高层次、高质量的听众。他们有来自电子百强企业的海尔、横店东磁集团,也有松下电器、戴尔(中国)、三星等国内外巨头应用企业的经理和主管;有来自上海中国物理研究院计测中心、中国计量科学研究院、中科院上海硅酸盐研究所、信产部五所、空军装备导弹技术研究所、上海804研究所、中航一集团614所、中国电子科技集团第五十研究所等一大批国家级科研院所的主管和高工等;有来自北京大学、上海交通大学、北京工业大学、华南理工大学、武汉理工大学、成都电子科技大学、浙江大学等高等院校的教授学者;还有来自北无二、华锋电子公司、宁波中策、康泰电气、微盟电子、泰安电子和杨中先锋电子等国内众多仪器企业的经理和技	

术人员。会后,各参会人员反响强烈,普遍给予了较高评价,认为确实有所学、有所获,希望有机会继续参会。	
经过各界的同心协力,我们的研讨会圆满闭幕。今后,在各界的共同努力下,我们有信心、有能力把下一次研讨会推向一个更高的发展阶段,使更多的人认识并认可该研讨会。	表达信心
在此,再次向各界所给予的支持和配合表示衷心的感谢! 期待着下次研讨会的再相逢!	再次感谢
全国电子产品展览会组委会 20××年 12 月 1 日	落款

【训练设计】

2018 第 32 届中国国际网印及数字化印刷展感谢信

尊敬的参展商:

在贵公司的大力支持下,第 32 届中国国际网印及数字化印刷展已于 2018 年 11 月 23 日在广州琶洲保利世贸博览馆圆满落下帷幕。本届展会由中国印刷技术协会、中国印协网印及制像分会、广州粤展展览有限公司、广州市特印展览服务有限公司联合主承办,得到了海内外商协会的大力支持。

作为世界著名的数码印花、丝网印刷、个性化定制行业展会,本届展会展出面积达到 50 000 平方米,报名参展的中外企业近 800 家。展会期间吸引的中外专业参观观众达到 407 600 人次(线下 127 600 人次,线上逾 280 000 万人次),各家参展企业带来了精心准备的新产品、新设备和新技术,以展会友、开展贸易、展示实力、寻求合作。

此外,展会同期召开了 ASGA 2018 融合创新高峰论坛、网印及数码印刷价值创新主题论坛、SGIA 技术培训、跨境电商助力企业开拓新市场论坛、阿里巴巴 1688 跨境专供助力"中国造"走出去、国际可印花模式的中国化运作-跨行业柔性供应链资源整合论、"印象华彩"T 台秀、"网印+数码"创新产品展示、院校设计力量展示区、个性化定制体验活动、时尚应用力量展示区、展会直播、个性化定制体验等活动。邀请了国内外著名专家、知名的跨境平台共同探讨行业最新技术、行业趋势及未来发展方向。

本届展会得到了所有参展单位的全力支持,在展出规模和内容层次上较上届有显著提高。在此,作为大会组委会及主办方,再次对贵方参展、参会表示真诚的感谢! 希望贵公司对今年的展会提出反馈与建议,我们将从中汲取经验,提高工作水平,为广大参展商提供更加优质、周到的服务!

下一届展会将分别于 2019 年 5 月 9—11 日,越南胡志明市西贡国际展览会议中心;2019 年 10 月 30 日—11 月 1 日,上海新国际博览中心 N1—N2 馆;2019 年 11 月 19—21 日,广州琶洲保利世贸博览馆举办,期待与贵公司再次合作,携手共赢,推动行业发展!

再次对贵司表示衷心的感谢! 祝愿贵司生意丰盈、财通四海,事业更上一层楼!

第 32 届中国国际网印及数字化印刷展会组委会

2018 年 11 月 29 日

(资料来源:搜狐网)

请结合此案例,回答以下问题:

1.请分析此感谢信的写作结构及值得学习之处。

2.按照展后信函的写作格式,请自行选择一个展会,并为该展会拟写一份展后感谢信。

本章小结

本章主要介绍展会总结、反馈文案的写作,具体是指展后调查问卷的设计、会展评估报告的写作、展会工作总结的拟写以及展后信函的编制。展后调查问卷是在展会结束后,为了了解参展者对此次展会的印象和掌握本次展会各项工作的成效而做的调查。会展评估报告是会展管理工作的一个重要环节;展后工作总结是为了能吸取经验教训,为下一届工作做好更充分的准备;展后信函是为了加深参展者的印象,推广展会品牌。总之,会展总结、反馈阶段的文案是会展文案中必不可少的一个文案。通过本章的学习,会展从业人员要求了解会展总结、反馈阶段文案的种类,能设计一般的展后调查问卷;掌握会展评估报告的内容结构和写作要求;了解会展工作总结和展后信函的内容结构及写作要求。

复习思考题

一、填空题

1.展后调查一般是通过发放_____进行的。

2.展后调查问卷的题型有_____和_____两种。

3.展后工作总结报告按照内容性质,可分为_____总结、_____总结和_____总结;按总结范围,可分为_____总结和_____总结;按照总结时间,可分为_____总结和_____总结。

4.展后后续跟踪联系工作主要是通过_____来进行。

5.展后工作总结报告的主体内容一般由3个部分组成:第一部分是展会组织工作的具体做法,取得的成绩;第二部分是_____;第三部分是_____。

6.评估工作一般分为两个方面:一方面是对_____的评估;另一方面是对_____的评估。

7.会展规模包括3个方面的含义:一是_____;二是_____;三是_____。

8.展后感谢信函的用语要求是_____、_____,遣词造句要把握好一个度。

二、判断题(请判断对错,并写出错误的原因)

1.展后调查问卷的开头一般来说不用问候对方,直接提问可以更节省对方的时间。

( )

2.展后调查问卷设置的问题越多越好,这样能得到更多的反馈意见,更好地达到调查目的。   (   )

3.会展评估是一个有计划、有步骤的动态过程,通常会展评估的第一个程序是确定会展评估目标。   (   )

4.展后感谢信函的内容要将对方的事迹适当夸大,以显示对对方感谢的诚意。
                                                          (   )

5.展后工作总结的标题可以由正副标题组成。正标题整体揭示总结的主题,副标题说明总结的单位、期限、种类。   (   )

6.当展会宣告闭幕,意味着所有的工作就结束了。   (   )

7.展会工作总结应等所有的项目都结束之后再着手进行,否则得不到真实的数据。
                                                          (   )

8.会展评估工作是会展管理工作的一个重要环节。它是会展产业链中不可缺少的组成部分。   (   )

三、名词解释

1.展后调查问卷

2.会展评估报告

3.展后信函

四、简答题

1.设计一份展后调查问卷一般有哪些步骤?

2.拟写展后信函有什么意义?

3.会展评估有哪些程序?

4.展后工作总结的作用是什么?

5.展后工作总结报告的注意事项有哪些?

实训题

实训项目:设计展后调查问卷。

实训目的:通过本次实训,使学生掌握展后调查问卷的结构及要求。

实训学时:2 学时。

实训内容:请根据下述材料编写一份完整的展后调查问卷。

第二十二届（2019）西湖艺术博览会

第二十二届（2019）西湖艺术博览会

The Twenty-second (2019) West Lake Art Fair

和美中国 · 庆祝中华人民共和国成立七十周年美术作品展

展会主题 Exhibition Themes

/ 和美中国 / 文化自信是一个国家、一个民族发展中更基本、更深沉、更持久的力量。我们国家始终注重不断提升社会文明程度，增强国家文化软实力，扩大中华文化影响力。在中国梦深入人心的今天，传统文化艺术广泛弘扬，当代文化艺术持续繁荣。今年，正值中华人民共和国成立七十周年，本届艺博会以"和美中国"作为展会主题，就是要充分体现新中国的文化之美、艺术之美、和谐之美、生活之美、百姓之美。

展会定位 Exhibition Positioning

聚集当代原创、传统经典、创意生活于一体的全艺术服务平台

展会内容 Exhibition Areas

四大板块：艺粹精华、艺荟画廊、艺尚生活、艺想未来

展览日期 Exhibition Date

2019年11月15日至11月18日

展览时间 Exhibition Time

开馆 09:30　闭馆 17:30(18日为15:00)

展览地址 Exhibition address

杭州和平国际会展中心（杭州市绍兴路158号）

Exhibition address

Hangzhou Peace International Convention And Exhibition
Center NO.158 Shaoxing Road, Hangzhou

* *

主办机构：中华文化促进会、浙江省文化产业学会
承办机构：浙江省文化艺术发展有限公司
执行机构：西湖艺术文化股份有限公司

一、展会介绍

西湖艺术博览会1998年由中国文联艺委会和浙江省文联创办并主办,浙江省文化艺术发展有限公司承办,至今已经成功举办了20届。2000年起西湖艺术博览会被列为中共杭州市委和杭州市人民政府举办的"中国杭州西湖国际博览会"注册项目,2011年中华文化促进会参与主办,成为国家级艺术博览会。

在国家、省、市、区有关领导和部门的关心和支持下,西湖艺术博览会经历了二十年打造,已经形成了具有一定规模的综合类国际艺术品展示和交易平台,得到了海内外众多画廊、艺术机构、艺术家、企业家、收藏家、美术爱好者等各界人士的一致好评。最近几届的西湖艺术博览会规模均达到20 000平方米、1 000个标准展位,每届都组织到100多家海内外画廊和艺术机构参展,每届都推选出数百名艺术家前来展示和交流他们创作的数千件原创艺术品,每届都吸引了数万人前来观摩、交流和互动。目前,西湖艺术博览会已成为我国影响最广、规模最大的艺博会之一。

第二十二届(2019)西湖艺术博览会定于2019年11月15日—18日在杭州和平国际会展中心举办(11月14日19:00开幕式暨VIP专场),我们衷心期待您的参与! 著名艺术家的油画作品亮相本届艺博会。

二、展会日程

展会时间:2019年11月15—18日(周五至周一共4天)

展会地点:杭州和平国际会展中心 浙江省杭州市绍兴路158号

布展:2019年11月14日(周四)8:00—15:00

预展:2019年11月14日(周四)18:00—21:00

展期:2019年11月15日(周五)至11月17日(周六)9:30—18:00

　　　2019年11月18日(周一)9:30—16:00

撤展:2019年11月18日(周一)16:00—18:00

面积:10 000平方米　规模:展位数量:500个标准展位

三、组织机构

主办单位:中华文化促进会、浙江省文化产业学会

承办单位:浙江省文化艺术发展有限公司

四、展品范围

1.三大版块:

当代·原创、传统·经典、手艺·创意。

2.七大专题:

回顾展、邀请展、主题展、推荐展、机构展、外围展、艺术论坛等。

3.十大类别:

国画、油画、版画、雕塑、陶艺、水彩、摄影、装置、手艺、创意。

(资料来源:第一展会网)

根据主办商的资料,上届展会亮点如下:

亮点1:西湖艺术博览会1998年由中国文联艺委会和浙江省文联创办并主办,浙江

省文化艺术发展有限公司承办,至今已成功举办了20届。

亮点2:在国家、省、市、区有关领导和部门的关心和支持下,西湖艺术博览会经历了20年打造,已形成了具有一定规模的综合类国际艺术品展示和交易平台,得到了海内外众多画廊、艺术机构、艺术家、企业家、收藏家、美术爱好者等各界人士的一致好评。

亮点3:2000年起西湖艺术博览会被列为中共杭州市委和杭州市人民政府举办的"中国杭州西湖国际博览会"注册项目,2011年中华文化促进会参与主办,成为国家级艺术博览会。

亮点4:目前,西湖艺术博览会已成为我国影响最广、规模最大的艺博会之一。

亮点5:最近几届的西湖艺术博览会规模均达到20 000平方米、1 000个标准展位,每届都组织到100多家海内外画廊和艺术机构参展,每届都推选出数百名艺术家前来展示和交流他们创作的数千件原创艺术品,每届都吸引了数万人前来观摩、交流和互动。

(资料来源:好展会网)

案例分析

2019 中国(上海)国际乐器展览会总结报告

由中国乐器协会、上海国展展览中心有限公司和法兰克福展览(香港)有限公司共同主办的2019中国(上海)国际乐器展览会(Music China 2019)于10月10—13日在上海新国际博览中心圆满落幕。

一、展会概况

近年来,乐器市场可谓几经动荡,在遭遇世界经济增长放缓、中美贸易摩擦、环保政策整顿、供给侧结构性改革的重重压力下,乐器企业的生存空间面临空前挑战。在充满挑战的经济形势下,上海乐器展的行业聚拢力更备受业界关注。2019年,上海乐器展规模再创历史新高,展区面积达到145 000平方米,较去年增长7 000平方米,共有来自34个国家和地区的2 414家国内外企业参展,来自比利时、捷克、法国、德国、意大利、日本、荷兰、西班牙、英国、俄罗斯,以及中国香港、中国台湾12个国家和地区展团共同亮相。珠江、敦煌、星海、凤灵、海伦、雅马哈、卡西欧等国内外知名乐器企业和品牌携新品、精品展示。黄桥、扬州、贵州、漳州、无锡、桐乡、兰考等国内产业基地组团参展,展示乐器产品的同时,展现了当地的文化特色与产业集群。随着音乐教育市场的持续升温,展会的音乐教育展馆呈现了海内外各类培训模式与教学系统,通过市场的检验与整合,促进行业的良性发展与进步。

4天展期共吸引了122 519名海内外观众,观众达177 845人次,较去年分别增长10%和8%。来自全球的意见领袖、行业精英、教育专家、演奏大师、艺术大家等各界人士齐聚,全球无限商机尽现,是国内外商贸采购、企业品牌拓展、行业间互相交流学习的绝佳平台。展会专业观众的数量和质量稳步提升,获得了来自行业各方的认可。

95%的展商对现场订单表示满意;96%的展商通过展会建立了新的业务关系;98%

的展商对观众质量表示满意;94%的展商对观众数量予以肯定。

1.观众感兴趣的产品

项　　目	2019 年	2018 年
钢琴及键盘	45%	40%
民族乐器	41%	41%
乐器配件	40%	36%
木吉他、弹拨乐器	39%	34%
打击乐器	37%	35%
音乐教育机构	36%	35%
铜管、木管乐器	35%	33%
乐谱书籍出版	35%	31%
电声乐器	31%	29%
提琴	24%	23%
音乐相关计算机硬件软件	22%	20%
口琴手风琴	13%	12%
协会/媒体	15%	12%
其他	1%	2%

数据显示基本反映了各类产品的受关注度,钢琴、木吉他增长较为显著。

2.观众业务性质

项　　目	2019 年	2018 年
社会音乐培训机构	25%	47%
音乐类院校、艺教中心	18%	
零售/批发	14%	13%
文艺团体	9%	7%
进出口/代理/经销	9%	5%
制造商	8%	5%
青少年活动中心/中小学/大学	6%	8%
协会	2%	3%
媒体	2%	2%

从观众的群体分类来看,来自音乐培训机构、音乐院校及零售/批发、经销的观众为展会观众的主要组成部分,专业观众占了展会参观人数的90%以上,商贸、教育类观众依然为展会群体的核心组成。

3.参观目的

项　　目	2019 年	2018 年
看样订货	55%	55%
收集市场和产品信息	53%	48%
寻求合作伙伴	30%	30%
比较不同产品/供货商/同行对手	30%	26%
联络固有的供应商和销售商	24%	24%
参加会议论坛	13%	15%
观看现场表演、活动展区	9%	15%

观众参观目的数据调研分析显示,收集市场产品信息、比较不同产品的需求比例持续上升近9%,参加同期活动、观看演出的人群的比例下调了8%,看样订货、收集市场产品信息、比较不同产品、寻求合作伙伴的需求占了大部分,其中看样订货的比例更是达到了55%,展会的贸易洽谈、国际合作、同行交流的商贸平台作用越来越显著和稳固。

二、同期活动

以创新助推产业升级,以科技引领行业进步

Music China 全球业界新品首发平台系列活动

展会倾力打造全球业界新品首发平台系列活动,旨在提升乐器企业科创研发能力,将展会打造成行业的新品聚集地、传播孵化点、创新推动器。一经推出,即受到了行业广泛关注,多家企业踊跃参与。展会特邀多位行业专家、音乐演奏家、教育家、专业媒体组成评委会,从创新理念、工艺质量、产品设计、市场预期、环保健康五大维度进行评审,在众多入围新品中优选出了 20 个具有创新性、实用性和时代感的"首发新品"进入展期特设的首发新品展示区。展会首日为 20 家入围企业举行了盛大的授牌仪式,并提供了产品路演、媒体专访、专家点评、VR 展示、网络直播等一系列强势宣传,最大化地为新产品的发布提供推广渠道。

展会新型活动区"音乐实验室",涵盖了 MIDI 技术、音乐制作、数字音乐、电声产品、DJ 设备等内容。历经 3 年打磨,已初具规模,活动内容不断升级,创新理念深入人心。活动区分为互动展示区、访谈演出区、游戏体验区,总面积达 1 500 平方米。互动展示区内 Roland, Native Instrument, Buchla, Novation, Bitwig, ASM, Hotone 等圈内大牌纷纷展出潮流新品;游戏体验区内,各路玩家在苹果设备上尽情体验音乐制作软件;访谈演出区邀请到著名游戏音乐人卢小旭、电子音乐制作人王璐(L+R)、年轻电子音乐人 3ASIC 等知名音乐人分享业内经验,吸引了大批音乐玩家驻足,成为行家交流的集聚地。

国际论坛引领行业方向,实操课程指导专业实践

NAMM CMIA 行业论坛

行业论坛一直以其"聚焦热点"的选题、"中西合璧"的嘉宾、"多元广角"的视点和"引领行业"的导向,受到中国乐器行业上下的一致关注。今年的论坛围绕《乐器集体演奏——快乐音乐分享》展开了热烈研讨。来自国内外的业界领袖、专家大咖,包括中国乐

器协会理事长王世成、美国国际音乐制品协会国际事务总监石碧天、中央音乐学院教授周海宏、墨尔本大学副教授 Neryl Jeanneret 女士、香港教育大学教授梁宝华、九拍教育科技集团董事长李红育以各自浸淫行业多年的亲身实践，深入探究论坛主题，在观点碰撞中为中国乐器行业寻求更多的发展思路。

（一）"如何操作"——经销商培训课程

每年一度的经销商培训课程，已成为中国乐器从业者必到的专业提升平台。今年邀请到国内知名琴行及艺校管理者秦川、刘宏、杨志钢等展会老朋友，为广大从业者带来本土发展的最新策略与成功经验，也首次加入了营销专家林加平、绩效管理资深实战专家蒋春燕、教育行业连续创业者李翼成，为行业分享了更加新鲜的视角。两位来自美国乐器行业的一线专家也不吝分享了国际同行的实践经验。两天的八节课程，精彩连连，场场爆满，共吸引了 3 000 余名来自全国各地琴行的专业听众。

国际 MIDI 技术与交流论坛

为探索 MIDI 的技术创新和应用领域、接轨国际 MIDI 行业的最新发展趋势，展会连续 6 年举办了上海国际 MIDI 技术发展和应用论坛。论坛始终关注最前沿的 MIDI 技术，设置了技术讲座、圆桌论坛等活动，探讨 MIDI 应用和发展前景。本届论坛邀请了混音传奇人物 Chris Lord-Alge（CLA）、制订发布 MIDI 2.0 标准的美国 MIDI 制造商协会（MMA）主席 Tom White、上海计算机音乐协会会长陈强斌等国内外先锋人士作为演讲嘉宾，与业内人士和 MIDI 爱好者共享专业权威技术，引领行业技术发展。

（二）钢琴高级调律师培训讲座

往年安排半天内容的钢琴高级调律师培训讲座，以其国际化与专业性的知识分享，广受中国调律师的欢迎。为了满足业界急需专业提升的现状，今年的讲座扩充为整日的内容。本次专家分别来自日本河合、雅马哈、浜名捆包输送株式会社及万宇钢琴技术服务中心。专家们在讲座现场进行了专业示范与详细讲解。紧凑充实的四节讲座，吸引了近 200 名中国调律工作者与会学习。

（三）提升中国音乐教育水平，为乐器产业发展蓄能

1. 新时代美育论坛

"创新·均衡·优质"由中国教育学会主办的第二届"中国音乐教育大会"今年在展会期间举办，1 500 余位来自各级各类学校、幼儿园、教培机构的教育工作者、院校专业师生与会并参观了上海国际乐器展。展会现场也增设了新时代美育论坛，为体制内外音乐教育与乐器行业打通对接渠道。（略）

2. 教育大师班

作为展会长期坚持的品牌活动，每年的教育大师班都是中外音乐教育名家齐聚授教的大讲堂。今年有幸邀请到中央音乐学院教授周海宏、音乐教育专家赵易山、著名钢琴家茅为蕙、《摇滚地狱吉他》作者小林信一、九拍创始人李红育、澳大利亚著名音乐教育 Sarah Brooke 博士与奥尔夫教学法专家徐迈。中外著名音乐教育家先后现身说法，分享话题聚焦在婴幼儿音乐启蒙、教育心理学、钢琴、吉他、爵士鼓和音乐教学法。嘉宾们娓娓道来，既为广大音乐师生传道授业，也为众多琴童家长答疑解惑，分享教与学两大方面的经验得失。6 场大师班场场爆棚，现场吸引了超过 1 500 人次的听众。

3.音乐分享课

音乐分享课则聚拢了社会音乐培训知名品牌,着力聚焦中国音乐教育市场的最新风向。(略)

4. music + Talks TM

今年展会开启了一项全新的教育主题活动——music + Talks TM,致力为中国广大的社会音乐教育工作者提供国际性的专业教育、交流和服务平台。活动形式相当新颖,由音乐家、专家学者、音乐教师共同参与并完成活动内容,有效实现针对痛点、教学相长的目标。展期四天穿插进行了主题讲座、工作坊、互动论坛、音乐教育海报展及优秀海报演讲分享、儿童音乐工作坊等活动形式,注重分享与体验联动,聆听与交流结合,有效帮助与会的音乐教师拓展国际视野,提升教学能力,首次活动即获得广泛好评。

5.儿童音乐城堡

"儿童音乐城堡"是展会专为 4~14 岁的儿童打造的音乐趣味乐园。今年特邀了教育专家根据当下儿童的身心特征,精心设计了欢乐小鼓手、音乐爬爬梯、魔法大门、AR 音乐绘本、神奇音乐积木桌、音符宝宝躲猫猫、音乐星球花园等妙趣横生的互动项目。成功将音乐与科技进行融合落地,通过形式各样的互动游戏,寓教于乐,帮助孩子们深入浅出地了解乐理知识。现场吸引了来自沪上多家音乐特色幼儿园与小学的师生们实地体验,每个体验项目前排队的孩子络绎不绝,激发了他们探索与学习音乐的热情。

名师大家亲临现场,传扬中外音乐精粹

华乐国际论坛

致力于传播中国民族音乐文化的华乐论坛,今年在传统古韵中新添了几分创意色彩。跨界音乐家、国家级非物质文化遗产笙的传承人吴彤,以及旅加二胡演奏家高韶青先后带来了融入创变思维的民乐演奏,对于传统民乐多元性与未来感的激发在现场引起高潮不断。论坛也有幸邀请到传统民乐艺术家,为大家再现琴筝古老韵律:著名古筝演奏家周望拨动秦筝,奏响跨越两千年岁月的筝乐魅力;著名斫琴师倪诗韵与古琴文化学者陶艺讲述老琴修复档案,重现老琴琴韵。从传承到创新,华乐论坛联结起传统国乐的旧颜和新貌,唤醒民族音乐在走向世界舞台的征途上所迸发的无限可能。

中国传统人文空间

展会在 E7 民乐馆内专门开辟了 150 平方米的中国传统人文空间,打造专注传播中国人文生活方式的公益活动展区。活动区设计融汇国学经典元素,以中式家具、各色器物立体烘托,体现了国风美学的基底。此次活动主线是中国民乐,但茶、花、书、画等中国传统文化元素一应俱全。展期内既邀请到当代五弦琵琶代表人物方锦龙、中国音乐学院箜篌专业教师鲁璐、古琴(广陵琴派)代表性传承人田泉等国乐艺术家现场演奏与分享,也有花道、茶艺领域的专家来此做客,共传国之风雅,散播传统之美。

(一)艺术沙龙

今年的艺术沙龙嘉宾云集,高朋满座,迎来了多位享誉中外乐坛的音乐艺术家。首场沙龙"中国交响 70 年"高峰论坛分量极重,由上海交响乐团团长周平主持,著名作曲家何占豪、叶小纲、贾达群、音乐学家杨燕迪、竹笛演奏家唐俊乔、上音出版社总编辑费维耀一齐亮相,立足国际语境,共同回望与梳理中国交响乐征程上的重大事件。此外,全国十大音乐 DJ 周婕先后访谈了国际著名小提琴家宁峰、青年钢琴家贾然,经典 947 主持人洪韵对话环球音乐签约艺术家王弢,就器乐学习、古典乐普及等话题展开了精彩分享。整个沙龙活动在悠扬美妙的郑荃四重奏音乐会中画上了优美的休止符。

(二)提琴制作大师工坊

今年提琴工坊的制琴师阵容、展示工艺、场次数量均比往年更加丰富、多元。此次邀请到了九位制琴师及制弓师现场献技,分别来自中国和意大利两大制琴国度。各位制作大师倾囊而授,为广大同行们带来零距离的学习与求教的机会。首场制作交流即由中央音乐学院提琴制作研究中心创始人郑荃教授领衔,高形形、于慧东、杨金龙、李建峰、吴祖亮随后带来各自多年专业积累,一展中国顶尖制琴师的风采。Stefano Conia, Andrea Schudtz 等 3 位意大利制琴师也陆续展示了代表国外一流水准的制琴技艺。

三大赛事发掘新生力量,推动本土音乐产业发展

第二届"爵士高手 乐坛争霸"赛

展会与 JZ School 联手推出的重磅级音乐赛事——"爵士高手 乐坛争霸"如期归来。大赛不设任何门槛限制,只为全球爵士爱好者提供一展风采的舞台。两大优质平台联袂,不仅带来世界一流音乐家组成的强大评委阵容,更有 JZ 全国巡演计划参演名额、现金等丰厚奖品加持。集结散落在民间的爵士新势力,一同绽放中国爵士乐坛的耀眼光芒。60 天海选征战,近百组参赛作品,26 组乐人现场同台竞艺,自由与即兴的声音迸发出强烈的化学反应,带给听众前所未有的听觉冲击。该人气赛事尽显博爱、包罗万象的爵士魅力,助推了中国爵士乐的推广与人才培养。

(一)第二届 EDM 电子音乐原创大赛

大赛由展会与北京现代音乐研修学院联合主办,旨在推动发掘国内最具潜力的优秀电音制作人、DJ。专家评审委员会由谭伊哲 TYZ、严俊、郑伟、王璐(L+R)、于思源 Why-BeatZ、冷炫忱 Curtis、袁立宾 7 位业内大咖组成,彰显比赛的专业性和权威性。本次大赛共收到 326 个作品,包括来自中国、加拿大、英国、美国、澳大利亚、韩国以及中国港澳台地区等全球各地的参赛作品。经过严格评选,最终有 18 首作品入围决赛。决赛现场,通过音频播放、现场 DJ 表演或参赛选手与合作歌手共同表演的方式,展开了一场电子音乐和原创才华的实力比拼,最终决出大赛冠、亚、季军及 3 个优秀作品奖。

(二)2019 首届国际电子音乐大赛

展会主办方与上海计算机音乐协会联合举办的"2019 国际电子音乐大赛(IEMC)",聚焦当代国际最领先的数字音乐科技领域的技术研发、行业应用与艺术创新。大赛邀请了董冬冬、楼南立、彭程等大牌音乐制作人以及中国音乐学院作曲系主任金平、上海音乐学院院聘教授金复载等国内顶尖音乐院校学术派专家,组成大赛专业评审委员会,对参赛作品进行综合评定,经过初选、复选环节,最终 20 部作品入围决赛,并在展会现场举行了盛大的颁奖仪式。著名美籍华裔作曲家杜韵等嘉宾也亲临现场,为获奖选手颁奖。

声色无限,"乐"动人心

户外三大舞台连番上演"音乐缤纷季"现场演奏会,以近百场的音乐现场,为展会掀起一阵阵的热浪。乐手们精湛的演绎,感染着现场的每一位观众。美国吉他大神 Neil Zaza 用精湛的推弦、揉弦、速弹、点弦、扫弦等吉他技巧,将音乐特有的旋律和个人的吉他风格融为一体;来自音乐世家的德国鼓手 Felix Lehrmann,在精准的鼓点声中,其高超的音乐造诣一览无余;音乐综艺节目《乐队的夏天》中脱颖而出的键盘手杨策,将跳动的音

符和变幻的节奏,于挥舞的指间编织出一首首华丽的乐谱……

展会的公益之心——"音乐开启心灵"关爱自闭症儿童公益活动

随着影响力的不断提升,展会自发承担起了更多的社会责任。自2014年起正式发起"音乐开启心灵"公益项目,6年来展会持续为多家辅读学校、康复机构带去爱心馈赠,惠及江浙沪地区的近千名自闭症儿童。今年我们将爱延续,在展期设立"有爱咖啡馆",为自闭症儿童提供岗位培训和社会实践的基地。现场还特邀著名小提琴演奏家宁峰、单簧管演奏家王弢和旅德钢琴解静娴作为爱心大使,与孩子们合奏互动。此次募得小号、长笛、黑管、电子琴、非洲鼓、吉他、尤克里里、乐谱书籍等多品类乐器,加上展会认捐的咖啡爱心善款及现场咖啡售卖款,均定向捐赠给了沪上10多家自闭症机构,为星星们提供更多维度的帮助。

三、媒体推广综述

展会通过线上线下全方位联动,专业媒体与公众媒体相结合的方式,在展前、展中、展后,向乐器行业相关从业人员及爱乐爱好者、消费终端进行全面报道。在运用传统且有效的推广方式的同时,也进行了新渠道的拓展和开发,使得广大观众能通过多种途径第一时间了解到展会信息。

展会历经18年的发展,已经积累了逾50万的观众数据。覆盖全球经销代理商、音乐院校、演出团体、音乐家/艺术家及广大爱乐人,并通过直邮、短信、电子展讯、电话邀约、微信推送、社群发酵等方式,配以新品速递、品牌介绍、活动预览等特色板块,针对不同群体进行精准定位及个性化宣传,为不同观众提供有效信息。

专业媒体方面,甄选了海内外报纸杂志17家和10家网站、1家电台、逾50家微信公众号,针对琴行经营从业者、音乐教育教师群体、社会音乐教育培训机构从业人员等行业从业者,在前期宣传、现场采访、展后总结等各方面对展会进行了全方位的报道。媒体通过对展会期间的展品发布、行业领袖采访、同期行业活动的深度报道,将业内热点问题迅速传播,使所有从业人员能第一时间获取行业最新资讯。

公众媒体针对消费终端及音乐爱好者,共选择了9个电视频道,12个电视栏目,3个电台频率,7个广播栏目,美国、欧洲、拉美、亚洲等逾1 200个海外网站,美通社大陆地区逾500家媒体进行多轮宣传,媒体曝光量近100 000次,上海本地及中央电视台的多个重要栏目到场拍摄,海内外杂志网站都进行了专题报道,采用了软性广告和新闻报道相结合的形式,并在门户网站和客户端上做了较大突破和大胆尝试,更多在pc端和手机端进行投放,于多个重量级央媒上推广预热,为展会带来了更多的热度,提升了展会影响力。

在新媒体的推广上展会也是不遗余力,视频直播、朋友圈、今日头条、门户网站、搜索引擎、媒体KOL等多方位的推广,交织起展会的信息网,为不同使用习惯的观众提供多种类的信息接收方式。本届展会搜索引擎关键词达30 000余条,网络直播累计观看人次逾360 000人次。此外,值得一提的是今年展会还新增了微信小程序功能,观众除了能够第一时间了解展会动态、活动日程、新品发布等信息,还能一键通过手机端实现展会预登记、活动报名等操作,并新增了点赞和评论功能,增加与参展企业之间的互动联系,为观展提供便捷、提升体验感。

四、展会服务

为提升企业参展与观众观展的良好环境,展会主办方一直在不断改进和提高展会服务,为参展商提供更为人性化的服务。从意见征询表的统计和会后的电话回访情况来看,主办方的服务得到了众多参展企业的认可,98%的展商对主办方展前工作及现场服务表示满意。

(一)音量控制

由于乐器发声的客观需求,因此,展会的音量也是一直以来展商和观众最为关注的问题之一。更好的优化展会洽谈环境,管理音量噪音问题也是目前的主办方展会服务的工作重点。设置静音馆和有声馆,区分有展台演出和无展台演出的展馆;前两日专业观众参观日的上午全场禁演,创造安静的洽谈环境;对有演出的相邻展台,也错开了场次,尽可能地减少干扰与噪音叠加;此外,加强现场巡查管理,对违规企业,根据严重程度,进行没收押金和停电的处罚措施。

虽然管理过程中,会有很多问题与难点,主办方将会一如既往,砥砺前行,在此,也倡议所有的参展商积极配合主办方的工作,良好的展会环境需要大家的共同努力,自觉遵守相关规定,每个企业都从自己做起,不要互相看样、比拼音量,这样既影响了别人,又不利于自身,美好的环境需要大家共同来创建。

(二)展馆新规

随着乐器展展出展馆对安全管理的日益加强,近年来逐步增加了车辆入场轮候证、空箱堆放收费管理、严禁携带KT板、展位搭建材质的清理等多个新规,主办方接到展馆通知后也第一时间制作展商手册、布展须知、现场指南等文件,通过邮件、短信、邮寄、官方微信等方式告知参展企业,帮助企业更便捷地做好展前准备工作,在现场也给予广大企业相关协助。与此同时,也希望广大企业积极配合展馆的相关规定,共创良好的参展环境。

(三)在线互动

为展商更便捷的参展备展、最大化获取贯穿全年的行业宣传平台,经过主办方多年的精心打造,展会官网、微信、展商在线服务平台已日趋成熟,完善了在线展位预订、提交资料、上传展品介绍及视频、在线邀请客户免费观展、获取展会资讯等多项便捷服务,今年更是在往年基础上,增设了官方微信的小程序功能,与官网展商在线平台联通,提供更便捷和更为人性化的服务同时,链接了参展商和展会观众的互动联系,展品速递板块不仅为展商提供了365天不落幕的展示空间,增设的观众点赞、评论功能,为企业了解观众需求、观众及时获取企业信息,搭建了良好的互通桥梁和有效联动,使展商与观众的互动和展会的平台作用延伸至全年。

2019上海乐器展已落下帷幕,在此我们衷心感谢一直以来给予我们关心和指导的各方领导及合作伙伴,感谢长久以来支持和理解我们的参展企业,感谢始终关注我们的广大观众朋友们,正是有了你们的参与和肯定,上海乐器展才能成为备受瞩目的业界盛会,才有了今天的辉煌。

2020年10月28—31日,中国(上海)国际乐器展览会,与您再次相约新国际博览中心!详情垂询:021-62956677或浏览中国(上海)国际乐器展览会网。

中国(上海)国际乐器展览会组委会

2019年11月

(资料来源:中国乐器协会网)

结合这篇《2019 中国(上海)国际乐器展览会总结报告》回答以下问题：

1. 这篇总结报告属于展后总结报告中的哪个种类?

2. 请结合本例文来说明展后总结的拟写对会展管理工作的作用。

3. 这是一份较典型的展后总结报告,请结合展后总结报告的内容结构和写作时需要注意的问题,对本文进行分析。

参考文献

[1] 杨忠慧,吴晓林.应用写作[M].北京:中国财政经济出版社,2004.

[2] 向国敏.会展文案[M].上海:立信会计出版社,2006.

[3] 毛军权,王海庄.会展文案[M].上海:复旦大学出版社,2006.

[4] 丁霞.会展策划与管理[M].北京:高等教育出版社,2006.

[5] 龚维刚.会展实务[M].上海:华东师范大学出版社,2007.

[6] 丁萍萍.会展实务[M].北京:高等教育出版社,2004.

[7] 劳动和社会保障部教材办公室,上海市职业培训指导中心.会展经营策划员[M].北京:中国劳动社会保障出版社,2006.

[8] 劳动和社会保障部教材办公室,上海市职业培训指导中心.助理会展经营策划师[M].北京:中国劳动社会保障出版社,2006.

[9] 向国敏.会展实务[M].上海:上海财经大学出版社,2005.

[10] 廖雄军.会议组织规范与技巧[M].南宁:广西人民出版社,2007.

[11] 王春雷,陈震.展览会策划与管理[M].北京:中国旅游出版社,2006.

[12] 王瑾秀.会展文案[M].北京:高等教育出版社,2006.

[13] 华谦生.会展策划与营销[M].广州:广东经济出版社,2004.

[14] "会展策划与实务"岗位资格考试系列教材编委会.会展文案[M].北京:旅游教育出版社,2007.

[15] 许传宏.会展策划[M].上海:复旦大学出版社,2005.

[16] 刘松萍.会展营销与策划[M].北京:首都经济贸易大学出版社,2006.

[17] 刘金同,范晓梅.应用文写作教程[M].北京:清华大学出版社,2006.

[18] 吴信菊.会展概论[M].2版.上海:上海交通大学出版社,2003.

[19] 王云玺.会展管理[M].上海:上海交通大学出版社,2004.

[20] 陈颖.会展实训综合教程[M].重庆:重庆大学出版社,2019.

[21] 张金祥.会展实务[M].2版.重庆:重庆大学出版社,2019.

[22] 吴虹.会展项目管理[M].2版.重庆:重庆大学出版社,2018.

[23] 刘晓杰,杜娟.会展项目管理[M].2版.北京:化学工业出版社,2017.

[24] 杨劲祥.会展实务[M].3版.大连:东北财经大学出版社,2014.

[25] 尹丽琴,夏慕禹.会展策划实务[M].北京:清华大学出版社,2014.

[26] 韦晓军,玉晓新.会展综合实训教程[M].大连:大连理工大学出版社,2013.